SCRUM

SCRUM

A arte de fazer o dobro do trabalho na metade do tempo

JEFF SUTHERLAND
Cocriador do Scrum
e J.J. SUTHERLAND

SEXTANTE

Título original: *Scrum: The Art of Doing Twice The Work in Half The Time*

tradução: Nina Lua
preparo de originais: Rachel Agavino
revisão: Luís Américo Costa e Tereza da Rocha
capa: Justin Thomas Kay
diagramação e adaptação de capa: Ana Paula Daudt Brandão
impressão e acabamento: Associação Religiosa Imprensa da Fé

CIP-BRASIL. CATALOGAÇÃO NA PUBLICAÇÃO
SINDICATO NACIONAL DOS EDITORES DE LIVROS, RJ

S967s Sutherland, Jeff
Scrum: a arte de fazer o dobro do trabalho na metade do tempo/ Jeff Sutherland, J. J. Sutherland; tradução de Nina Lua. Rio de Janeiro: Sextante, 2019.
256 p.; 16 x 23 cm.

Tradução de: Scrum: the art of doing twice the work in half the time
ISBN 978-85-431-0716-5

1. Gestão de projetos. 2. Planejamento empresarial. 3. Administração do tempo. I. Sutherland, J. J. II. Lua, Nina. III. Título.

19-54619 CDD: 658.4012
CDU: 005.51

Rua Voluntários da Pátria, 45 – Gr. 1.404 – Botafogo
22270-000 – Rio de Janeiro – RJ
Tel.: (21) 2538-4100 – Fax: (21) 2286-9244
E-mail: atendimento@sextante.com.br
www.sextante.com.br

Sumário

Prefácio

Por que Scrum?

Criei o Scrum, com Ken Schwaber, há mais de 20 anos, como uma forma mais rápida, confiável e eficiente de desenvolver softwares na indústria de tecnologia. Até aquele momento – e até 2005 –, a maior parte dos projetos de desenvolvimento de softwares era executada com base no método em cascata, segundo o qual um projeto era concluído em etapas distintas e conduzido passo a passo até o lançamento para os consumidores ou usuários. O processo era lento, imprevisível e muitas vezes não resultava em um produto que as pessoas quisessem ou pelo qual se dispusessem a pagar. Atrasos de meses ou até de anos eram comuns. Os antigos planos passo a passo, confortavelmente detalhados em diagramas de Gantt, davam à gerência a sensação de que se tinha total controle sobre o desenvolvimento de um projeto. No entanto, quase sempre o cronograma logo estava atrasado e o orçamento era ultrapassado em uma escala desastrosa.

Para superar essas falhas, inventei, em 1993, um novo jeito de fazer as coisas: o Scrum. Trata-se de uma mudança radical em relação às metodologias prescritivas e hierarquizadas empregadas no passado no gerenciamento de projetos. Ao contrário delas, o Scrum se assemelha a sistemas evolucionários, adaptativos e autocorretivos. Desde sua concepção, a estrutura do Scrum se tornou *a* maneira como o setor de tecnologia cria novos softwares e produtos. Porém, apesar de ter obtido muito sucesso no gerenciamento de projetos de software e hardware no Vale do Silício, o Scrum permanece relativamente desconhecido no mundo dos negócios em geral. Por isto escrevi este livro: para revelar e explicar o sistema de gerenciamento Scrum para setores fora do mundo da tecnologia. Aqui falarei sobre as origens do Scrum no Sistema Toyota de Produção e no ciclo OODA da aviação de combate. Mostrarei como organizamos projetos em torno de equipes pequenas – e por que esse é um modo tão eficiente de trabalhar.

Explicarei como priorizamos projetos; como definimos os "sprints" de uma semana a um mês, para ganhar impulso e para que todos na equipe sejam responsáveis pelos resultados; e como conduzimos reuniões diárias rápidas, com todos de pé, para nos mantermos informados sobre o que já foi feito e sobre os desafios que inevitavelmente surgem. Além disso, explicarei como o Scrum incorpora os conceitos de aprimoramento contínuo e produto viável mínimo (MVP, na sigla em inglês) para receber retorno imediato dos consumidores em vez de esperar até que o projeto esteja completo. Como você verá nas páginas a seguir, já usamos o Scrum para tudo, desde fabricar carros com custos viáveis que fazem mais de 42 quilômetros por litro de combustível até levar os sistemas de bancos de dados do FBI para o século XXI.

Continue lendo. Acho que você verá como o Scrum pode transformar a maneira como sua empresa trabalha, cria, planeja e pensa. Acredito de verdade que o Scrum pode revolucionar o funcionamento dos negócios em praticamente qualquer setor, assim como revolucionou a inovação e a entrada no mercado de uma gama impressionante de novas empresas e uma variedade incrível de novos produtos vindos do Vale do Silício e do mundo da tecnologia.

– Dr. Jeff Sutherland

CAPÍTULO 1

A maneira como o mundo funciona está errada

Jeff Johnson tinha certeza de que aquele dia não seria bom. Em 3 de março de 2010, o mais ambicioso projeto de modernização do Federal Bureau of Investigation (FBI) foi cancelado – projeto que deveria evitar outro 11 de Setembro, mas que se transformara em um dos maiores fiascos de todos os tempos na indústria de software. Havia mais de uma década que a agência tentava atualizar seu sistema de computação, mas agora parecia que o plano não seria concretizado. *De novo.* E dessa vez o projeto era de Jeff.

Ele chegara ao FBI sete meses antes, persuadido por Chad Fulgham, novo diretor-executivo de Informação da agência, com quem havia trabalhado no banco Lehman Brothers. Jeff seria o diretor-assistente da Divisão de Tecnologia da Informação (TI). Ganhou um escritório no último andar do edifício J. Edgar Hoover, no centro de Washington, D.C. Era uma sala grande. Tinha até vista para o Monumento a Washington. Mal sabia ele que, nos dois anos seguintes, acabaria em uma sala sem janela do tamanho de uma lata de sardinhas no porão do prédio, tentando consertar algo que todos diziam não ter conserto.

"Não foi uma decisão fácil", conta Jeff. Junto com o chefe, resolveu se dar por vencido e cancelar um projeto que já se arrastava havia quase 10 anos e custara centenas de milhões de dólares. Àquela altura, fazia mais sentido a própria agência assumi-lo. "Mas precisávamos realizá-lo, e bem."

O projeto era o tão esperado novo sistema de computação que levaria o FBI para os tempos modernos. Em 2010 – a era do Facebook, do Twitter, da Amazon e do Google –, a maioria dos relatórios da agência era preenchida em papel. O sistema usado pelo FBI se chamava Automated Case Support (Auxílio de Caso Automatizado). Rodava em computadores gigantescos que tinham sido o suprassumo da tecnologia em algum momento dos anos 1980. Muitos agentes especiais nem se davam o trabalho de usá-lo. Era lento e inconveniente demais para uma época de ataques terroristas e criminosos sagazes.

Quando um agente do FBI queria fazer algo – na verdade, *qualquer coisa*, desde pagar um informante para ficar de olho em um terrorista até preparar um relatório sobre um ladrão de bancos –, o procedimento não era muito diferente do empregado 30 anos antes. Johnson o descreve da seguinte forma: "Era necessário escrever um relatório em um processador de texto e imprimir três vias. Uma delas era enviada para aprovação. Outra era arquivada no local, para o caso de a primeira se perder. Quanto à terceira, você pegava uma caneta vermelha – sem brincadeira, uma caneta vermelha mesmo – e circulava as palavras-chave, que deviam ser inseridas no banco de dados. Você mesmo tinha que indexar seu relatório."

Quando um pedido era aprovado, a via em papel voltava dos andares superiores com um número. Um número anotado em um pedaço de papel era o método utilizado pelo FBI para manter o controle de todos os arquivos de casos. Era um método tão ultrapassado e falho que foi apontado como um dos culpados pelo fato de a agência não ter conseguido "ligar os pontos" que mostravam vários ativistas da Al-Qaeda entrando no país semanas e meses antes do atentado de 11 de Setembro. Um dos escritórios desconfiava de um indivíduo. Outro se perguntava por que tantos estrangeiros suspeitos estavam tendo aulas de voo. Outra unidade tinha um homem na lista de vigilância, mas não compartilhou a informação. Ninguém no FBI foi capaz de juntar os dados.

Após os ataques, a Comissão do 11 de Setembro conduziu uma investigação profunda para tentar descobrir o principal motivo pelo qual a agência permitira que o atentado ocorresse. A conclusão foi que os analistas não tinham acesso às informações que deveriam analisar. "A ineficiência dos sistemas de informação do FBI fazia com que esse acesso dependesse em grande parte das relações interpessoais do analista com indivíduos nas unidades operacionais ou com equipes que detinham tais dados", dizia o relatório.

Antes dos ataques, o FBI nunca tinha realizado uma avaliação completa da ameaça terrorista aos Estados Unidos. Havia vários motivos para isso: desde o foco em progresso na carreira até a falta de compartilhamento de informações. Entretanto, a carência de sofisticação tecnológica foi apontada como sendo talvez a principal razão de o FBI ter falhado de forma tão grave nos dias que antecederam o 11 de Setembro. "Os sistemas de informação do FBI eram completamente inadequados", concluiu o relatório da Comissão. "O FBI não tinha a capacidade de saber o que sabia; não havia nenhum mecanismo adequado para acessar ou compartilhar o conhecimento institucional."

Quando os senadores começaram a fazer perguntas constrangedoras, a agência se limitou a dizer: "Não se preocupem, já temos um plano de modernização em andamento." Esse plano era o sistema Virtual Case File (VCF), que supostamente mudaria tudo. Sem deixar a crise passar em branco, os dirigentes do FBI afirmaram que só precisavam de mais 70 milhões de dólares, além dos 100 milhões já orçados, para concluir o trabalho. Quando lemos os relatórios sobre o VCF elaborados naquela época, duas palavras saltam aos olhos: *revolucionário* e *transformação* aparecem aos montes.

Três anos depois, o programa foi cancelado. Não funcionava. Nem um pouco. O FBI gastara 170 milhões de dólares dos contribuintes para bancar um sistema de computador que nunca seria usado – nem uma única linha de código, nem um aplicativo, nem um clique. Era um completo desastre. E não se tratava apenas de um erro da IBM ou da Microsoft. A *vida* das pessoas corria perigo, literalmente. Na época, o senador democrata Patrick Leahy, de Vermont, então presidente do Comitê Judiciário do Senado, declarou ao *Washington Post*:

> Tínhamos informações que poderiam ter impedido o 11 de Setembro. Estavam bem ali, diante de nós, e ninguém fez nada. [...] E não vi os problemas serem corrigidos. [...] Talvez cheguemos ao século XXII antes de termos a tecnologia do século XXI.[1]

O fato de muitos dos funcionários da época do desastre do Virtual Case File não estarem mais no FBI é bastante ilustrativo.

Em 2005, a agência anunciou um novo programa, o Sentinel. Dessa vez daria certo. Tomariam todos os cuidados necessários, realizariam os procedimentos orçamentários corretos e usariam as ferramentas de controle adequadas. Haviam aprendido a lição. O preço? Meros 451 milhões de dólares. Em 2009 o sistema estaria em pleno funcionamento.

O que poderia dar errado? Em março de 2010 a resposta caiu na mesa de Jeff Johnson. A Lockheed Martin, empresa contratada para desenvolver o Sentinel, já gastara 405 milhões de dólares do orçamento, desenvolvera apenas metade do projeto e já estava um ano atrasada. Um estudo independente estimou que seriam necessários de seis a oito anos adicionais para concluir o Sentinel, além de mais 350 milhões de dólares dos contribuintes.

A tarefa de Johnson era encontrar uma solução para o problema.

O que deu errado e como a situação foi resolvida é o motivo pelo qual estou escrevendo este livro. O problema não era que as pessoas não fossem inteligentes. Nem que o FBI não tivesse o pessoal certo nos lugares certos. Tampouco uma questão de tecnologia errada. Não tinha nada a ver com a ética de trabalho ou com o nível adequado de competitividade.

A questão era a *maneira* como as pessoas trabalhavam. A maneira como a *maioria* das pessoas trabalha. O modo como todos achamos que o trabalho *deve* ser feito, porque foi assim que aprendemos.

Quando se analisa o que aconteceu, a princípio tudo *parece* fazer sentido: os funcionários da Lockheed se reuniram antes de entrar na concorrência pelo contrato, analisaram as exigências e planejaram como desenvolver um sistema que atendesse a todas as necessidades do cliente. A empresa designou muitos funcionários inteligentes para trabalhar meses a fio estudando o que precisava ser feito. Em seguida, a equipe passou mais alguns meses planejando como tudo aquilo seria realizado. Fez lindos diagramas que mostravam todas as metas a serem alcançadas e o tempo que seria gasto em cada uma das etapas. Então, com uma cuidadosa escolha de cores, expôs como cada fase sucederia à anterior, na forma de uma cascata.

MÉTODO CASCATA

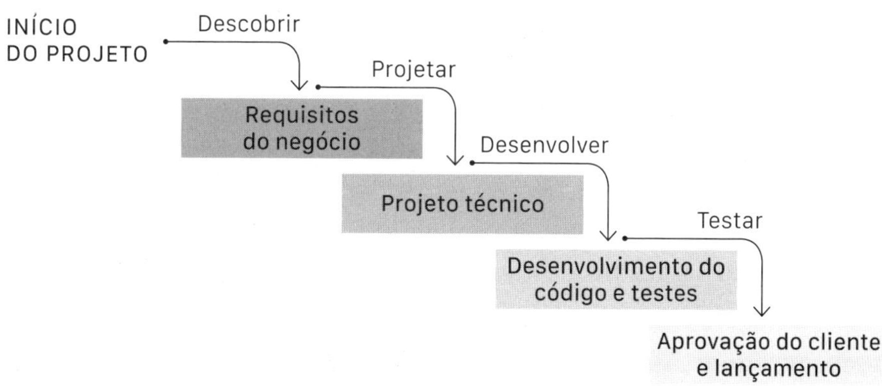

Gráficos como esse se chamam diagramas de Gantt, em homenagem a seu criador, Henry Gantt. Na década de 1980, com o advento dos computadores pessoais, ficou bem mais fácil criar esses gráficos complicados – e torná-los realmente *complexos* –, e eles se tornaram verdadeiras obras de arte. Todas as etapas do projeto são detalhadas. Cada evento importante. Todas as datas de entrega. Esses diagramas são de fato impressionantes de se ver. O único problema é que estão sempre, sempre *errados*.

Henry Gantt inventou esses famosos gráficos por volta de 1910. Eles começaram a ser usados na Primeira Guerra Mundial pelo general William Crozier, chefe de Material Bélico do Exército dos Estados Unidos. Qualquer um que tenha estudado essa guerra sabe que a organização não foi um ponto notável. Nunca entendi muito bem por que uma ferramenta da Primeira Guerra Mundial passou a ser *aplicada* ao gerenciamento de projetos no século XXI. Já não existe mais a guerra de trincheiras, mas, de algum modo, as ideias que a organizaram ainda são populares.

É muito tentador esmiuçar diante dos olhos de todo mundo todo o trabalho a ser feito em um projeto imenso. Já visitei diversas empresas em que há funcionários cujo *único trabalho* é atualizar os diagramas de Gantt todo dia. O problema é que aquele lindo plano cai por terra no instante em que dá de cara com a realidade. Só que, em vez de descartá-lo ou de mudar seu modo de pensar, os gerentes contratam gente que faça parecer que o plano está funcionando. No fundo, pagam alguém para mentir para eles.

Esse padrão desastroso lembra os relatórios que o Partido Comunista da União Soviética recebia na década de 1980, pouco antes do colapso do bloco. Uma miragem. Como naquela época, os relatórios de hoje se tornaram mais importantes do que a realidade que deveriam mostrar. Caso surjam discrepâncias, o problema está na prática, nunca nos gráficos.

Quando eu era cadete na Academia Militar, dormia no antigo quarto de Dwight Eisenhower. À noite, a luz da rua refletia em uma placa dourada em cima da lareira e às vezes isso me acordava. A placa dizia: DWIGHT D. EISENHOWER DORMIU AQUI. E então eu lembrava que, certa vez, Eisenhower disse que se planejar para o combate é importante, mas o plano vira fumaça assim que o primeiro tiro é disparado. Pelo menos ele tinha o bom senso de não usar um diagrama de Gantt.

Então a Lockheed apresentou todos aqueles lindos gráficos ao FBI, que assinou o contrato. Em tese, a tarefa tinha sido tão bem planejada que nada poderia dar errado. "Olhe só, o plano tem diversas cores, cronogramas e gráficos de barras."

Mesmo assim, quando Jeff e seu chefe, o diretor-executivo Chad Fulgham, examinaram o plano na primavera de 2010, sabiam exatamente o que era aquele gráfico – a mesma coisa que *todos* os outros: uma farsa completa. Quando começaram a analisar o avanço real e o que de fato tinha sido entregue, os dois perceberam que o problema não tinha solução. Novos defeitos no software eram descobertos num ritmo muito mais acelerado do que aquele em que se corrigiam os antigos.

Chad informou à Inspetoria-Geral do Departamento de Justiça que seria possível concluir o Sentinel se o desenvolvimento fosse feito pela própria agência e se o número de desenvolvedores fosse reduzido. Com isso, eles entregariam a parte mais difícil do projeto em menos de um quinto do tempo estimado e por menos de um décimo da quantia orçada. O ceticismo é evidente nos severos relatórios da Inspetoria-Geral (IG) para o Congresso. No documento de outubro de 2010, depois de expor nove pontos da proposta que geravam preocupação, a IG concluiu:

> Em suma, temos preocupações e dúvidas significativas quanto à capacidade que essa nova abordagem teria de finalizar o projeto Sentinel dentro do orçamento e do prazo previstos e com funcionamento semelhante [...].[2]

Uma nova forma de pensar

O nome dessa nova abordagem é "Scrum". Eu a criei há mais de 20 anos. Hoje, ela é a *única* maneira comprovada de auxiliar projetos desse tipo. Há duas formas de fazer as coisas: o antigo método em "cascata", que gasta centenas de milhões de dólares e, com frequência, não apresenta nenhum resultado; ou a nova forma, que, com menos gente e menos tempo, garante mais resultados, com qualidade melhor e custos menores. Sei que isso parece bom demais para ser verdade, mas os resultados provam: funciona mesmo.

Há duas décadas, eu estava desesperado. Tinha que encarar o trabalho de um jeito novo. Com muita pesquisa, experimentação e análise de dados, percebi que todos precisávamos de uma nova forma de organizar os esforços humanos. Não estou falando de coisas de outro mundo; tudo isso já foi dito antes. Estudos da época da Segunda Guerra Mundial mostram algumas das melhores formas como as pessoas trabalham. Contudo, por algum motivo, ninguém tinha ligado os pontos. Por 20 anos, tentei fazer exatamente isso. E agora essa metodologia se tornou onipresente na área em que a pus em prática pela primeira vez: a de desenvolvimento de softwares. Em gigantes como Google, Amazon e Salesforce.com, assim como em pequenas startups sobre as quais você ainda não ouviu falar, essa estrutura mudou radicalmente o modo de trabalho.

O motivo pelo qual essa estrutura funciona é simples. Observei como as pessoas *realmente* trabalham em vez de me basear em como elas *dizem* que trabalham. Analisei pesquisas realizadas ao longo de décadas e práticas que deram certo em empresas do mundo inteiro. Também examinei as melhores equipes dessas empresas. O que as tornava superiores? O que as tornava diferentes? Por que alguns grupos atingiam resultados excepcionais e outros só chegavam a desfechos medíocres?

Por motivos que explicarei melhor nos próximos capítulos, chamei essa estrutura de trabalho em equipe de "Scrum". O termo vem do rúgbi e se refere à maneira como um time se une para avançar com a bola pelo campo. Tudo se alinha: posicionamento cuidadoso, unidade de propósito e clareza de objetivo. Trata-se de uma metáfora perfeita para o que desejo que as equipes façam.

Tradicionalmente, a gerência quer duas coisas em qualquer projeto: controle e previsibilidade. O resultado disso é uma quantidade imensa de relatórios, gráficos e diagramas – justamente o que ocorreu na Lockheed. Gastam-se meses no planejamento de todos os detalhes para que nenhum erro ocorra, o orçamento não estoure e tudo seja entregue no prazo.

O problema é que esse cenário cor-de-rosa nunca se torna realidade. Todo o esforço investido no planejamento, na restrição de mudanças e na previsão do imponderável não serve para absolutamente nada. Em todo projeto surgem problemas e há rompantes de inspiração. Toda tentativa de restringir um empreendimento humano de qualquer magnitude a diagramas coloridos é uma bobagem fadada ao fracasso. Não é assim que os indivíduos trabalham e os projetos avançam. Não é assim que as ideias florescem e se desenvolvem criações excepcionais.

Pelo contrário, isso gera frustração, porque ninguém consegue o que quer. Os prazos não são cumpridos, os orçamentos estouram e muitas vezes os projetos acabam em completo fracasso. Isso é ainda mais verdadeiro para equipes que trabalham na criação de algo novo. Na maioria das vezes, a gerência só se dá conta de que tudo caminha para o fracasso quando milhões de dólares e milhares de horas já foram investidos em vão.

O Scrum questiona por que tanto tempo e esforço são gastos na realização de uma tarefa, e por que somos tão ruins em prever o tempo e o esforço que as atividades vão exigir. A Catedral de Chartres levou 57 anos para ser construída. Posso apostar que, no início do projeto, os pedreiros viraram para o bispo e disseram: "Vinte anos, no máximo. Acho até que a gente faz em 15."

O Scrum acolhe a incerteza e a criatividade. Cria uma estrutura em torno do processo de aprendizagem, permitindo que as equipes avaliem o que já criaram e de que forma o criaram, o que é igualmente importante. A estrutura do Scrum procura aproveitar a maneira como as equipes de fato trabalham, fornecendo ferramentas para se auto-organizarem e otimizarem em pouco tempo a rapidez e a qualidade do trabalho.

Na essência, o Scrum se baseia em uma ideia simples: quando começamos um projeto, por que não verificar a intervalos regulares se ele está indo no caminho certo e se isso é de fato o que as pessoas querem? E por que não se perguntar se é possível aprimorar a forma como você está trabalhando para obter resultados melhores e mais rápidos, e o que estaria impedindo você de fazer isso?

O nome disso é ciclo de "inspeção e adaptação". De tempos em tempos, pare o que está fazendo, revise o que já fez e verifique se deveria continuar fazendo a mesma coisa e como poderia fazer melhor. É uma ideia simples, mas executá-la exige reflexão, introspecção, honestidade e disciplina. É para mostrar como fazer isso que estou escrevendo este livro. E não estou pensando apenas em empresas de desenvolvimento de softwares. Já vi o Scrum ser aplicado com sucesso na fabricação de carros, no gerenciamento de uma lavanderia, no ensino em sala de aula, na construção de foguetes, na organização de um casamento. Até minha esposa o utiliza para se certificar de que a minha lista de afazeres domésticos seja cumprida todo fim de semana.

Os resultados do Scrum – o objetivo do projeto, se preferir – são equipes que melhoram consideravelmente a sua produtividade. Ao longo dos últimos 20 anos, montei várias equipes assim. Já fui CEO, diretor de TI e chefe do departamento técnico de várias empresas, desde pequenas startups com poucos funcionários aglomerados em uma sala até grandes organizações com escritórios espalhados mundo afora. Já prestei serviços de consultoria e coaching para centenas de outras companhias.

Os resultados podem ser tão impressionantes que firmas líderes de mercado em pesquisa e análise, como a Gartner, a Forrester Research e o Standish Group, hoje afirmam que o antigo modo de trabalhar se tornou obsoleto. As empresas que continuam insistindo nas ideias já testadas e malsucedidas de comando e controle e que tentam impor um nível de previsibilidade muito alto estão fadadas ao fracasso, caso seus concorrentes usem o Scrum. A diferença é grande demais. Empresas de capital de risco, como a OpenView Venture Partners, de Boston, da qual sou conselheiro, afirmam que o Scrum oferece uma vantagem competitiva grande demais para não ser aplicada. Os profissionais dessas companhias não são condescendentes; são homens de negócios de visão aguçada que simplesmente afirmam: "Os resultados são inquestionáveis. As empresas têm duas opções: mudar ou morrer."

Consertando o FBI

No FBI, o primeiro problema que a equipe do Sentinel enfrentou foram os contratos. Cada mínima mudança acabava se transformando em uma negociação contratual com a Lockheed Martin. Assim, Jeff Johnson e Chad Fulgham levaram meses esmiuçando todos os acordos firmados, passando o desenvolvimento para equipes internas e reduzindo o número de funcionários de centenas para menos de 50. A equipe principal era ainda menor.

Na primeira semana, eles fizeram o que muitos fazem nesse tipo de situação: imprimiram toda a documentação de requisitos. Se você não imagina o que isso significa em um projeto de grande porte, digamos apenas que o material pode chegar a centenas ou milhares de páginas. Já vi pilhas que tinham metros de altura. Presenciei isso em vários projetos – pessoas cortando e colando textos pré-fabricados, sendo que ninguém de fato lê aqueles milhares de páginas. É impossível. Esta é a questão: os executivos construíram um sistema que os obriga a corroborar uma ilusão.

"Havia 1.100 requisitos. Formavam uma pilha de alguns centímetros", conta Johnson. Só de pensar nisso sinto pena das pessoas que provavelmente dedicaram semanas de sua vida a produzir documentos que *não serviam para nada*. O FBI e a Lockheed Martin não estão sozinhos – já vi isso em quase todas as empresas nas quais trabalhei. Aquela grande pilha inútil é um dos motivos pelos quais o Scrum pode ser uma mudança tão significativa para as pessoas. Ninguém deveria passar a vida fazendo um trabalho sem propósito. Não é ruim apenas para os negócios – isso acaba com as pessoas.

Então, depois de obter essa pilha, eles a analisaram e deram uma ordem de prioridade aos requisitos, o que é de suma importância e mais difícil do que parece. Com frequência, as pessoas apenas dizem que tudo é importante. Mas a pergunta que precisam fazer, e as equipes do Sentinel fizeram, é: o que agregará mais *valor* ao projeto? Faça isso primeiro. No desenvolvimento de softwares, a regra, criada a partir de décadas de pesquisa, é que 80% do valor de qualquer programa estão em 20% de suas funcionalidades. Pense nisto: quando foi a última vez que você usou o editor do Visual Basic no Microsoft Word? Você provavelmente não sabe o que é Visual Basic, muito menos por que precisaria usar essa ferramenta. Mas ela está lá, e alguém gastou tempo em implementá-la, mas garanto que ela não aumenta o valor agregado do Word de maneira significativa.

Fazer as pessoas estabelecerem prioridades de acordo com o valor as obriga a produzir esses 20% primeiro. Em geral, depois que essa parte é concluída, elas se dão conta de que não precisam dos outros 80%, ou que o que parecia importante no início do projeto na verdade não é.

Para a equipe do Sentinel, a questão se tornou: "Tudo bem, nós vamos desenvolver esse projeto enorme que é de vital importância e no qual já desperdiçamos centenas de milhões de dólares. Quando ele ficará pronto?" Depois de pensar nisso, eles prometeram entregar o sistema no outono de 2011. O relatório da Inspetoria-Geral no outono de 2010 é um exemplo de incredulidade:

> O FBI afirmou que vai utilizar uma "metodologia ágil" para concluir o desenvolvimento do Sentinel, usando menos funcionários do FBI, da Lockheed Martin e das empresas que forneceram os principais componentes-padrão do Sentinel. Ao todo, o FBI planeja reduzir de cerca de 220 para 40 o número de funcionários contratados trabalhando no Sentinel. Ao mesmo tempo, o número de funcionários do FBI designados para o projeto também será reduzido de 30 para 12. [...] O FBI nos informou que acredita que conseguirá concluir o Sen-

tinel com os aproximadamente 20 milhões de dólares restantes do orçamento no prazo de 12 meses a partir da implementação dessa nova abordagem.[3]

O uso da expressão "metodologia ágil" mostra quão pouco a Inspetoria-Geral sabia a respeito do Scrum. O termo "ágil" data de uma reunião de 2001, na qual eu e 16 outros líderes no desenvolvimento de softwares criamos o que se tornou conhecido como "Manifesto Ágil". Nele, declaramos os seguintes valores: indivíduos em vez de processos; produtos que de fato funcionem em vez de documentação dizendo como deveriam funcionar; colaboração com o cliente em vez de negociação com ele; e responder às mudanças em vez de seguir um plano. O Scrum é a estrutura que construí para pôr esses valores em prática. Não existe uma metodologia.

É claro que a promessa de Johnson de entregar tudo em 12 meses era um pouco ilusória. Porque, na realidade, eles não sabiam de quanto tempo precisariam; não era possível saber. O FBI não sabia com que rapidez suas equipes conseguiriam trabalhar. É algo que sempre digo para os executivos: "Só vou saber a data quando vir quanto as equipes melhoram. Quão rápidas ficarão. Quanto conseguirão *acelerar*."

Também é essencial que os integrantes da equipe descubram o que poderia *impedi-los* de acelerar. Nas palavras de Jeff Johnson: "Lidei com a remoção do obstáculo." "Obstáculo" é um conceito que vem da empresa que concebeu várias das ideias nas quais o Scrum se baseia: a Toyota – para ser mais específico, o Sistema Toyota de Produção, desenvolvido por Taiichi Ohno.

Não vou entrar em detalhes, mas um dos conceitos-chave que Ohno apresentou foi o de "fluxo". Isto é, a produção deveria fluir de forma calma e rápida por todo o processo, e ele dizia que uma das principais tarefas da gerência era identificar e remover os obstáculos para que tal fluxo ocorresse. Tudo que atrapalha esse processo é desperdício. Ohno dá ao desperdício um significado moral e também comercial em seu clássico livro *O Sistema Toyota de Produção*:

Não é exagero dizer que, em um período de baixo crescimento, tal desperdício é mais um crime contra a sociedade do que uma perda nos negócios. Eliminar o desperdício deve ser o principal objetivo de uma empresa.[4]

Ohno fala bastante sobre os diversos tipos de desperdício e obstáculo que podem atrapalhar a produção. Para que o Scrum funcione de fato, alguém do alto escalão da gerência precisa compreender a fundo que os obstáculos são praticamente criminosos. Vou explicar *como* eliminar o desperdício mais à frente neste livro. Por ora, basta dizer que o efeito é drástico, mas as pessoas não costumam fazer isso porque para tal precisam ser honestas consigo mesmas e com os outros.

Jeff Johnson sabia que esse era o seu trabalho.

A equipe do Sentinel levou cerca de três meses para descobrir quanto tempo *realmente* seria necessário para concluir o projeto. Por quê? A resposta nos remete àquele ciclo de "inspeção e adaptação" que mencionei antes. O Scrum funciona com a definição de objetivos sequenciais, que devem ser atingidos em um prazo definido. No caso do FBI, eles optaram por ciclos de duas semanas, com a compreensão de que ao fim de cada um desses intervalos haveria uma parte *concluída* do produto. Isso significa que era preciso ter algo funcionando, algo que pudesse ser mostrado para qualquer um que quisesse ver – sem dúvida, para os stakeholders ou partes interessadas e, de preferência, para os futuros usuários do sistema.

Essa metodologia permite que as equipes recebam um feedback quase imediato do trabalho realizado. Estão caminhando na direção certa? O que planejam fazer em seguida é *de fato* o que deveriam fazer, após considerarem tudo que descobriram durante o ciclo anterior?

No Scrum, chamamos esses ciclos de "sprints". No início de cada ciclo, faz-se uma reunião para planejar o sprint. A equipe determina a quantidade de trabalho que acredita ser capaz de realizar nas duas semanas seguintes. As tarefas são selecionadas a partir da lista de prioridades e anotadas em post-its, que são colados na parede. A equipe resolve quantas tarefas será capaz de executar durante o sprint.

Ao fim do sprint, os integrantes do grupo se reúnem e mostram o que conseguiram realizar naquele tempo. Analisam quantos dos post-its foram de fato concluídos. Será que elegeram tarefas em excesso e não conseguiram concluir todas? Será que definiram poucas? O importante nessa etapa é que comecem a estabelecer uma noção básica do ritmo de trabalho – a velocidade que conseguem atingir.

Depois de mostrarem o que conseguiram realizar – e é aqui que as ideias de Ohno entram –, as pessoas discutem não o que fizeram, mas *como* fizeram. Elas perguntam: "Como podemos trabalhar melhor em conjunto no próximo sprint? O que nos atrapalhou no último? Quais são os obstáculos que desaceleram o nosso ritmo?" (Você encontrará explicações mais detalhadas de como o Scrum funciona no Apêndice.)

Foi por isso que Jeff Johnson precisou de alguns meses para poder dizer quanto tempo o projeto levaria. Ele queria mensurar a velocidade de cada equipe com base em alguns sprints, então ver quanto elas poderiam melhorar – quanto poderiam acelerar. Depois de analisar quantas tarefas cada equipe concluíra em cada sprint e verificar quantas ainda faltavam até o final do projeto, Johnson foi capaz de prever uma data de conclusão.

Além de descobrir a velocidade das equipes, ele também queria saber quais eram os obstáculos que as atrasavam. No fundo, o que queria era *acelerar* as equipes para que produzissem mais rápido – não trabalhando mais horas (explicarei mais à frente por que esse é um caminho inútil que acaba fazendo com que as coisas demorem mais), mas trabalhando *melhor* e de forma *mais inteligente*. Jeff Johnson diz que suas equipes *triplicaram* a produtividade. Passaram a avançar três vezes mais rápido do que no início do projeto. O motivo? Ficaram melhores no trabalho em equipe, e o mais importante é que descobriram o que as atrasava e a cada ciclo, a cada sprint, passaram a tentar se livrar dos obstáculos.

Por fim, foram necessários 18 meses de programação para implementar o sistema de banco de dados do projeto Sentinel, e mais dois meses para disponibilizá-lo para todo o FBI. "Foi uma tremenda pressão em relação aos prazos", contou Johnson em uma entrevista. "E vocês têm de entender que o sistema é usado para *tudo*: pagamento de informantes, armazenamento de provas, arquivos dos casos, agendas. *Esta* reunião está no Sentinel."

E, na opinião dele, qual era a parte mais eficaz do Scrum? "Os protótipos. A busca por um produto que pudesse ser demonstrado com regularidade." A cada duas semanas a equipe do Sentinel se reunia e demonstrava tudo que tinha realizado. E essa apresentação não servia apenas para quem trabalhava no projeto. A equipe submetia o que tinha feito ao crivo daqueles que realmente usariam o sistema. Todos que tinham interesse no projeto enviavam um representante, o que significava casa cheia. Arquivo. Inteligência. Agentes especiais. O Gabinete da Inspetoria-Geral. Representantes de outras agências governamentais. Muitas vezes, o diretor ou o vice-diretor do FBI estava presente, assim como a própria inspetora-geral da época. Não era um público fácil.

E foi isso que fez a coisa funcionar, afirma Johnson. "O Scrum não é sobre os desenvolvedores, mas sim sobre os clientes e os stakeholders ou demais partes interessadas. Foi uma verdadeira mudança organizacional. Mostrar o *produto real* era a parte mais eficaz."

Na verdade, mostrar o produto era eficaz porque as pessoas estavam bastante desconfiadas, para dizer o mínimo, quanto ao progresso que a equipe relatava. Elas não conseguiam acreditar que o Sentinel avançava em ritmo cada vez mais acelerado. "Eu disse ao Congresso que com 5% do orçamento e em 20 meses nós conseguiríamos o que a Lockheed não tinha sido capaz de fazer com 90% do orçamento em 10 anos", conta Johnson. "Todos estavam céticos. Tínhamos que fazer relatórios para o procurador-geral adjunto. Éramos transparentes em relação ao nosso progresso, mas nosso público desconfiava de que estávamos sendo desonestos. Antes, quando eles viam aqueles indicadores, os relatórios eram menos detalhados e o que acontecia na verdade era outra coisa."

Aquele ceticismo contagiou o restante do FBI. *Os caras do porão vão ferrar com tudo de novo*, era o que todos pensavam. Seria só mais um sistema temporário que um dia os deixaria na mão, e eles teriam que voltar a usar o papel.

Jeff reproduziu para seus funcionários uma citação que tivera de decorar quando era cadete naval. Era um trecho do discurso "Citizenship in a Republic" (Cidadania numa República), proferido por Teddy Roosevelt na Sorbonne em 1910:

> Não é o crítico que interessa; não é aquele que aponta como o homem forte tropeça, ou como aquele que age poderia ter feito melhor. O crédito pertence ao homem que está de fato na arena, cujo rosto está maltratado pela poeira, pelo suor e pelo sangue; que luta com coragem; que erra, que quase consegue de novo e de novo, porque não existe esforço sem erros e falhas; mas que realmente se esforça para realizar as obras; que conhece os grandes entusiasmos, as grandes devoções; que se consome em uma causa digna; que, na melhor das hipóteses, conhece por fim o triunfo das grandes realizações, e que, na pior, se fracassar, pelo menos fracassará ousando grandemente, de forma que seu lugar nunca será junto às almas frias e tímidas que não conhecem a vitória nem a derrota.[5]

A equipe enfrentou alguns atrasos enquanto tentava descobrir exatamente com que rapidez conseguiria trabalhar e qual era o nível de dificuldade do que tinha que ser feito. Por fim, em julho de 2012, eles ativaram o Sentinel. E tiveram que ativá-lo por completo, para todos, de uma só vez. Não era possível encenar algo assim.

"Aconteceu de um dia para outro. Em um caso de crime ou de contraterrorismo, algo ocorrendo em Los Angeles poderia estar relacionado com algo em Chicago", explicou Jeff Johnson. "Não podíamos permitir que pistas fossem perdidas. *A cada etapa, tínhamos de apresentar uma posição clara e reconhecidamente boa.*"

E essa posição tinha que ser clara e boa o suficiente para se sustentar na Justiça. Os dados do Sentinel seriam usados em julgamentos, não poderia haver qualquer sombra de dúvida sobre sua integridade.

Jeff estava agitado e nervoso naquele primeiro dia. Foi até seu escritório e ligou o Sentinel. O sistema carregou. Bom sinal. Depois, tentou aprovar um documento com uma assinatura eletrônica – uma tarefa cotidiana básica que dezenas de milhares de funcionários do FBI teriam que executar o tempo todo. Surgiu uma mensagem de erro. Não funcionou. Johnson lembra que entrou em pânico, com visões desastrosas pipocando na cabeça. Então leu com cuidado o código do erro e se deu conta do que havia acontecido. Ele não tinha inserido o cartão de identificação para que o computador verificasse a sua identidade. Inseriu o cartão, deu um clique no mouse e o Sentinel estava pronto.

O sistema teve um impacto impressionante no FBI. A capacidade de comunicação e compartilhamento de informações mudou de maneira fundamental o que a agência é capaz de fazer. Em janeiro de 2013, um agente do FBI foi chamado quando uma conta de uma pequena empresa foi hackeada. A quantia de 1 milhão de dólares tinha sido transferida para outro país antes que os bancos americanos pudessem impedir. Usando o Sentinel, o escritório local foi capaz de coordenar uma ação conjunta com a embaixada do país de destino. A embaixada alertou as autoridades locais, que por sua vez impediram que a transferência fosse concluída no sistema bancário. Tudo isso aconteceu em questão de horas, algo que simplesmente não seria possível na época das três vias de papel e canetas vermelhas. Era o equivalente à diferença entre pegar um bandido e permitir que ele se safasse.

A equipe do Sentinel ainda se encontra no porão do FBI. As divisórias foram removidas para que os funcionários possam se ver. Há um grande pôster na parede com os princípios do "Manifesto Ágil" – princípios que ajudei a escrever e a cuja disseminação pelo mundo dediquei minha vida. Por mais estranho que isso possa parecer, naquela sala sem janela uma saudável alfazema cresce sob a luz fluorescente. "Alfazema" era o codinome do protótipo do Sentinel. Os integrantes da equipe ainda estão nos seus postos, fazendo aperfeiçoamentos e acrescentando novas funcionalidades ao sistema que desenvolveram.

Existe uma piada antiga na comunidade do Scrum. Uma galinha e um porco estão caminhando pela estrada e a galinha diz:

– Ei, porco, acho que a gente devia abrir um restaurante.

– E qual vai ser o nome dele? – pergunta o porco.

– Que tal "Presunto e Ovos"?

– Não, obrigado – responde o porco. – Eu teria que me comprometer, mas você só precisaria se envolver!

A ideia do Scrum é que os "porcos" são os indivíduos completamente comprometidos com o projeto. Eles são os responsáveis pelo resultado. As "galinhas" são as pessoas informadas sobre os progressos realizados, ou seja, os stakeholders. Na parede da sala do Sentinel há uma campainha no formato de um porco. Quando ela soa, quem fez algo que todos disseram ser impossível sabe que está sendo chamado. Há outra campainha do lado de fora, na porta, mas essa é só para as galinhas.

O mundo está ficando cada vez mais complicado, e o trabalho que realizamos se torna mais complexo e acelerado. Veja os carros, por exemplo. Eu costumava fazer consertos simples no meu carro o tempo todo. Há uns 30 anos, eu era capaz de reconstruir um radiador. Agora, quando abro o capô, é como se estivesse olhando dentro de um computador. Na verdade, é basicamente isso que estou fazendo, já que um Ford novo tem mais linhas de código do que o Facebook e o Twitter juntos. Criar algo tão complexo é um grande empreendimento humano. Sempre que as pessoas estão envolvidas em um esforço criativo e intricado, seja para enviar um foguete para o espaço, inventar um interruptor de luz melhor ou capturar um criminoso, os métodos tradicionais de gerenciamento simplesmente não funcionam.

E nós sabemos disso – tanto enquanto indivíduos como enquanto sociedade. Vemos reflexos da nossa vida real representados em distopias ficcionais, como as que são mostradas no desenho *Dilbert* ou no filme *Como enlouquecer seu chefe*. Todos nós já chegamos em casa e falamos com nosso cônjuge ou com amigos sobre a loucura que é a "organização" corporativa moderna. Todo mundo já ouviu de alguém que preencher o formulário corretamente é mais importante do que realizar o trabalho, ou que é preciso fazer uma reunião para se preparar para outra reunião preparatória. É uma loucura. Ainda assim, continuamos fazendo a mesma coisa. Mesmo que estejamos diante do fracasso absoluto.

O lançamento do Healthcare.gov, o site no qual, em tese, os americanos poderiam se cadastrar para o seguro-saúde, é um ótimo exemplo disso. A interface era linda, inteligente, clara – uma maravilha de design. Foi concluída em três meses com o uso do Scrum. No entanto, o *back end* – a funcionalidade – era um fracasso. Simplesmente não funcionava. O site deveria conectar os dados da Receita Federal aos bancos de dados dos estados, das seguradoras e do Departamento de Saúde e Serviços Humanos. Trata-se de um sistema complexo, desenvolvido por mais de 20 empresas contratadas que se incumbiram de diferentes partes da empreitada e planejaram tudo usando as técnicas em cascata. Elas só testaram bem o site no final do projeto, durante alguns dias, em vez de realizar testes de desenvolvimento ao longo de todo o processo.

A tragédia é que todo mundo sabia o que ia acontecer. As pessoas que trabalham para essas empresas não são burras. Elas sabiam. O problema foi que todo mundo disse: "Não é minha responsabilidade." Cada empresa entregou a sua parte e ficou por isso mesmo. Elas nunca olharam o site da perspectiva do usuário; apenas do próprio ponto de vista. Fizeram isso porque não se alinharam – não estavam unidas em torno de um objetivo comum. O que o Scrum faz é promover a união das equipes para criar grandes projetos, e isso exige que todos enxerguem o objetivo final e façam entregas parciais para atingi-lo. Não havia ninguém no comando do projeto do Healthcare.gov que tivesse insistido em que tudo fosse testado enquanto era desenvolvido.

E, infelizmente, em se falando de fracasso, a história desse site não pode ser considerada atípica. E quanto às pessoas que consertaram o Healthcare.gov? Essas usaram o Scrum.

Quantas vezes você ouviu falar de algum projeto gigantesco com custo de milhões e milhões de dólares que foi cancelado não apenas porque os custos ultrapassaram o orçamento, mas também porque simplesmente *não deu certo*? Quantos bilhões de dólares são gastos todo ano para produzir *nada*? Quanto tempo da sua vida é desperdiçado em um trabalho que tanto você quanto seu chefe sabem que não gera valor? Se pensar bem, você verá que está enxugando gelo.

Não precisa ser assim. Não mesmo. Só porque todos sempre disseram que é assim que o mundo funciona, isso não significa que estivessem certos. Existe, *sim*, uma maneira diferente de fazer as coisas – um jeito diferente de trabalhar.

E, se *não o fizer*, você será substituído. Ou a sua empresa vai morrer. O mundo hipercompetitivo do século XXI não tem espaço para desperdícios e disparates.

Uma questão ainda mais importante: trabalhar da forma mais produtiva possível – do modo Scrum – não precisa se restringir aos negócios. E se esse método fosse usado para resolver os grandes problemas da humanidade, tais como a dependência do petróleo, as deficiências na educação, a falta de água potável nas localidades mais pobres do mundo ou o aumento nos índices de criminalidade? E se de fato existisse uma maneira melhor de viver, trabalhar e resolver os problemas? Uma forma de mudarmos o mundo de verdade? Pois *existe*. Há pessoas usando o Scrum para lidar com cada uma dessas questões que mencionei, e elas estão causando um grande impacto.

Neste livro você vai aprender algumas das maneiras fundamentais de trabalhar melhor, por que somos péssimos em fazer estimativas e por que fazer hora extra vai resultar em mais atrasos no projeto. Mostrarei todas as pesquisas e formas de aplicação que pessoas comuns, cientistas e organizações desenvolveram diligentemente durante anos e explicarei como o Scrum une tudo isso de um jeito que você pode começar a usar amanhã mesmo.

E vou mostrar *como* fazer isso. Mas, primeiro, quero contar como cheguei até aqui.

RESUMO

- **Planejar é útil. Seguir cegamente os planos é burrice.** É muito tentador desenhar inúmeros gráficos. Todo o trabalho que precisa ser feito em um projeto de grande porte aparece ali, detalhado, para todos verem – mas, quando deparam com a realidade, os planos desabam. Inclua no seu método de trabalho a possibilidade de mudança, descoberta e inovação.
- **Inspeção e adaptação.** De tempos em tempos, pare o que está fazendo, revise o que já fez e verifique se deveria continuar fazendo a mesma coisa ou se existe uma maneira melhor de fazer.
- **Mude ou morra.** Agarrar-se ao modo antigo de fazer as coisas – comando, controle e previsibilidade rígida – só resultará em fracassos. Nesse meio-tempo, o concorrente que estiver disposto a inovar vai deixar você para trás.
- **Fracasse rápido para que possa corrigir o problema quanto antes.** A cultura corporativa costuma dar mais valor a formulários, procedimentos e reuniões do que à criação de valor concreto, que possa ser verificado a curtos intervalos de tempo pelos usuários. O trabalho que não resulta em valor real é loucura. Trabalhar em um produto em ciclos curtos permite que se obtenha o feedback do usuário logo no começo do desenvolvimento. Assim, você pode eliminar imediatamente tudo aquilo que constitui um desperdício óbvio de esforço.

CAPÍTULO 2

A origem do Scrum

Para os pilotos de combate americanos no Vietnã, o período de serviço militar significava 100 missões de voo em território inimigo. Metade dos pilotos era abatida. Alguns deles eram resgatados, mas a maioria nunca conseguia voltar. Em 1967, eu era um jovem e inexperiente piloto de combate e fui enviado da base aérea de Mountain Home, em Idaho, para a base Udorn Royal Thai Air Force, no norte da Tailândia, para realizar o trabalho mais perigoso na Força Aérea dos Estados Unidos: reconhecimento.

Isso foi muito antes da era das missões com drones Predator e imagens confiáveis de satélite. Meu RF-4C Phantom teve todas as suas armas retiradas e foi equipado com câmeras e um tanque de combustível extra. Minha missão era sobrevoar o território inimigo para que meu navegador tirasse fotos de antes e depois dos nossos bombardeios. A maioria desses voos era à noite e eu passava pela escuridão tropical a poucas centenas de metros do chão, quase esbarrando na copa das árvores. No momento em que eu cruzava a fronteira do Vietnã do Norte, o painel do avião se acendia como uma máquina de fliperama e o sistema de aviso antimísseis soltava bipes e apitos. O céu se iluminava com os disparos dos canhões antiaéreos e eu sabia que, em questão de minutos, o radar de um míssil teria a minha aeronave na mira, a não ser que 150 metros fosse uma altitude baixa o suficiente para me manter incógnito.

Naqueles momentos, a adrenalina corria nas minhas veias, mas nunca perdi a calma. Pelo contrário, o perigo quase me acalmava. Acredito que isso se devesse ao treinamento que recebi na Força Aérea para controlar o risco. Nele, aprendi a fazer quatro coisas: **O**bservar, **O**rientar, **D**ecidir e **A**gir. Para ser mais específico, eu observava a região-alvo, planejava o melhor caminho para entrar na zona de ataque e a melhor rota de fuga, me orientava para o caso de eventos inesperados e, por fim, agia de forma decisiva com base no meu instinto e no treinamento que recebera. A hesitação poderia significar a morte para os pilotos, assim como a imprudência. Tão logo meu navegador tirava as fotos, eu puxava o manche para trás e saía da zona de guerra a toda a velocidade, com a visão reduzida a quase nada por causa da força G. Com frequência, meu navegador desmaiava por causa disso e, em alguns casos, perdia o controle do intestino. Mas nunca reclamava. Porque eu sempre nos levava de volta, sãos e salvos.

Naquela época, eu era apenas um jovem piloto rezando para sobreviver às missões que me eram designadas. Não sabia que minha experiência de voo e o treinamento que tive para pensar e agir em situações de vida ou morte definiriam para sempre minha forma de trabalhar. Cheguei ao Vietnã em 1967, junto com duas esquadrilhas de caças F-4 e duas outras da aeronave de reconhecimento RF-4C, em um total de 100 aviões, que substituíram duas esquadrilhas de RF-101. Dos 50 RF-101, apenas quatro não tinham sido derrubados no ano anterior. E esses quatro tinham tantos buracos de bala que era impossível voar com eles. Ainda não sei como os pilotos conseguiram pousá-los depois da última missão. O RF-4C era uma aeronave de combate mais resistente; mesmo assim, metade dos aviões foi abatida em um ano. Ainda que tenhamos melhorado a taxa de sobrevivência, 50% dos que chegaram junto comigo não voltaram para a base. Alguns sortudos foram resgatados na floresta antes que se tornassem prisioneiros.

Quando voltei da Guerra do Vietnã, fiz mestrado em estatística em Stanford e passei o maior tempo possível no laboratório de inteligência artificial da universidade. Depois, me tornei professor de matemática na Academia da Força Aérea e iniciei um doutorado em biometria na faculdade de medicina da Universidade do Colorado. Lá, perguntei ao meu orientador, Dr. John Bailar, um dos mais reconhecidos pesquisadores em medicina e estatística, como eu poderia escrever uma tese que fosse útil e não terminasse em uma prateleira empoeirada na biblioteca. Ele me entregou 300 artigos sobre câncer publicados em periódicos médicos. Cada um deles continha gráficos com dados estatísticos que variavam radicalmente para humanos e animais e de acordo com tipos de tumor. Bailar disse que, se eu conseguisse explicar por que todos eram diferentes, ele me daria o título de doutor. Foi exatamente o que fiz, e consegui o meu doutorado.

Para isso, passei anos tentando descobrir o que acontecia em uma célula para que ela se tornasse cancerosa. Aprendi muito sobre teoria de sistemas e como um sistema apresenta apenas certas condições estáveis. Quando uma célula evolui, ela passa de um estado estável para outro. Dediquei quase 10 anos à pesquisa das regras para passar um sistema adaptativo complexo de um estado a outro e para fazer com que o estado seguinte fosse positivo em vez de negativo.

Anos mais tarde, ocorreu-me que organizações, equipes e pessoas são sistemas adaptativos complexos. Os elementos que fazem com que uma célula passe de um estado a outro são os mesmos que movem as pessoas de um estado a outro. Para mudar uma célula, é necessário injetar energia no sistema. No começo é o caos, parece não haver regras, tudo está em fluxo. Quando alguém faz isso em uma organização para tentar mudá-la, as pessoas costumam se apavorar. Não entendem o que está acontecendo e não sabem o que fazer. No entanto, de forma notavelmente rápida, como ocorre com as células, a organização volta a se estabilizar. A única questão é se o novo estado é melhor do que o antigo. A célula é cancerosa ou saudável? Eu me perguntava: *Como podemos descobrir algumas regras simples capazes de guiar as equipes em direção a um estado mais produtivo, feliz, encorajador, divertido e realizador?* Passei os 15 anos seguintes tentando descobrir a resposta.

Durante o governo Reagan, houve uma redução drástica nas verbas destinadas à pesquisa científica. O corte incluiu minha bolsa nos National Cancer Centers, onde eu trabalhava como pesquisador-chefe de coleta de dados e análise dos estudos clínicos e epidemiológicos do Colorado Regional Cancer Center. Enquanto eu pensava no que fazer, uma empresa chamada MidContinent Computer Services entrou em contato comigo porque tinha ouvido falar que eu era o principal especialista na área da mais nova tecnologia da firma. A MidContinent prestava serviço para 150 bancos em toda a América do Norte e seu mais novo produto era o que chamavam de "Automatic Teller Machine" (ATM), que mais tarde seria conhecido como caixa eletrônico. Estávamos em 1983, quando sacar dinheiro significava entrar em uma fila no banco ou passar de carro em um drive-through bancário. Era necessário preencher um cheque e entregá-lo ao caixa para "sacar" a quantia desejada.

Os caixas eletrônicos resolveriam esse problema, mas naquela época a MidContinent estava tendo dificuldade para fazer suas redes se comunicarem. Eles precisavam de alguém que estudasse sistemas para corrigir a falha e me fizeram uma lucrativa proposta para ser o vice-presidente de sistemas avançados. Os computadores que formavam a rede da empresa eram iguais aos que eu usara durante anos para rodar meus programas de doutorado, portanto eu me encaixava bem no cargo.

Foi o que pensei. Mas as coisas nunca são fáceis, não é mesmo? Quando entrei na empresa, dei de cara com um departamento que usava o método em cascata para planejar os projetos. Havia centenas de programadores que se sentavam às suas mesas o dia inteiro e trabalhavam de maneira ostensiva mas não conseguiam entregar nada dentro do prazo ou do orçamento. Os custos dos caixas eletrônicos eram 30% maiores do que a receita. A ineficiência era assustadora.

No início, passei um tempo tentando entender como tudo funcionava. Você pode imaginar como a alta diretoria tratava a minha equipe. Havia muitos gritos, microgerenciamento, comportamento passivo-agressivo e exigências de mais trabalho e horas extras. Mas não importava quanto os chefes pressionavam, os atrasos eram crônicos, os projetos continuavam acima do orçamento previsto e nada era entregue como deveria.

Decidi que a melhor alternativa era mudar tudo. A operação tinha problemas em demasia para que a consertássemos de forma gradual. Dessa forma, resolvi criar uma empresa dentro de outra empresa. Pedi permissão a Ron Harris, nosso CEO, para formar uma organização separada com todos os funcionários envolvidos nas redes de caixas eletrônicos. Teríamos nossas equipes de vendas e de marketing e nosso departamento financeiro. Ron era um CEO brilhante e criativo que confiava em meu trabalho. Talvez isso nunca tivesse acontecido sob a direção de outra pessoa. Depois de ouvir minha ideia, ele disse: "Sutherland, se você quer uma dor de cabeça dessas, fique à vontade."

E foi o que fiz. Reuni os desenvolvedores e os gerentes e disse a eles: "Nossa primeira medida será parar de fazer as coisas que estão acabando conosco." A situação era como aquela velha piada sobre ficar batendo com a cabeça na parede só para se sentir melhor depois de parar. "Precisamos descobrir um jeito melhor de trabalhar, e precisamos começar agora mesmo", afirmei.

Então passamos a dirigir nossa pequena empresa como uma equipe dividida em equipes menores. Os bônus não eram baseados no desempenho individual, mas no desempenho da empresa como um todo. Criamos ferramentas que acabaram entrando no Scrum 10 anos mais tarde – por exemplo, os conceitos de Product Owner (dono do produto), backlog (pendências do produto) e sprints semanais, que abordarei mais detalhadamente ao longo deste livro e no Apêndice. Em seis meses, nos tornamos a divisão mais lucrativa da empresa. A receita era 30% maior do que os custos. Os nossos sistemas Nonstop Tandem foram os primeiros computadores de transações on-line nos quais os bancos confiaram o suficiente para pôr em uso e foram distribuídos por toda a América do Norte. Hoje em dia é possível encontrar caixas eletrônicos em quase todo lugar. E cada uma dessas máquinas sabe exatamente quanto dinheiro você tem. A minha equipe teve muito a ver com isso. De nada.

Aprendendo a pensar como um robô

Depois da minha experiência na carreira militar seguida da carreira acadêmica, eu me vi como uma espécie de intruso no mundo dos negócios. No entanto, o ponto de vista de alguém de fora foi um dos meus maiores trunfos. Desde o primeiro dia, eu não conseguia entender por que as pessoas insistiam em trabalhar de uma forma que *sabiam* ser ineficiente, destrutiva, desumanizadora e deprimente. Acho que elas imaginam que, se todo mundo trabalha assim, esse deve ser o melhor método.

Adorei a época em que trabalhei na MidContinent, mas estava ávido por testar minhas habilidades em novos desafios. Nos 20 anos seguintes, acabei trabalhando para várias empresas, tanto pequenas quanto grandes, como vice-presidente de engenharia ou chefe do departamento de tecnologia. Em cada uma delas, tentei fazer as equipes trabalharem juntas de maneiras mais eficientes. Em uma dessas empresas, eu trabalhava em um prédio em Cambridge, Massachusetts, a apenas alguns quarteirões do MIT. Alguns pesquisadores e professores tinham acabado de fundar uma empresa que construía robôs, cuja sede era uma sala em um laboratório do MIT. Eles vieram a sublocar um espaço da minha empresa.

Algumas semanas depois de sua chegada, aconteceu algo completamente inesperado: um robô de seis pernas do tamanho de um gato entrou na minha sala e começou a me perseguir em volta da minha mesa de trabalho. Os inventores vieram, nervosos, e se desculparam pela máquina, mas o episódio passou a se repetir quase toda semana. Um dos robôs fugia do laboratório e corria pelo prédio. Dava para ouvir o som das pernas mecânicas passando pelos corredores.

Nas tardes de sexta-feira, eu servia vinho e cerveja no escritório, para que os funcionários relaxassem e socializassem depois de uma semana pesada de trabalho. Eu convidava o pessoal da robótica para essas ocasiões, então um dia apareceu Rodney Brooks, professor de inteligência artificial no MIT e um dos fundadores da empresa de robôs. Perguntei como as máquinas errantes funcionavam.

"Durante décadas, tentamos construir uma máquina que realmente tivesse a capacidade de raciocinar", disse ele. "Bilhões de dólares e muitos anos de trabalho foram gastos para construir os computadores mais potentes, com os maiores bancos de dados, mas tudo que conseguimos foi um computador capaz de vencer seres humanos em um jogo de xadrez."

Ele me explicou que tinha usado uma abordagem completamente diferente com seus robôs. Em vez de projetar uma máquina com um único cérebro central, sua equipe construiu um robô em que cada uma das seis pernas tinha o próprio cérebro. Um processador no esqueleto tinha algumas regras simples: ande para a frente, para trás, não bata nas outras pernas. O chip da rede neural na cabeça do robô sabia essas regras e agia como um árbitro para todas as partes do corpo. Quando encontrava um obstáculo, ele relatava às pernas o que via através da câmera – esse tipo de coisa.

O interessante é que, sempre que é ligado, o robô aprende a andar pela primeira vez, explicou Brooks. Não há banco de dados com a disposição dos objetos na sala. Em vez disso, o mundo é o banco de dados. O robô descobre tudo pela primeira vez sempre que é ligado. Ele bate nas coisas e resolve a situação com base no ambiente real, o que significa que pode se adaptar a qualquer lugar.

"Vou lhe mostrar", convidou o professor e então me levou ao laboratório. Ele inseriu um chip neural em branco em um dos robôs com forma de inseto e observei a máquina ganhar vida. Hesitante no início, ela tropeçava pela sala como um filhote de cervo se erguendo sobre as pernas pela primeira vez. A cada passo, tornava-se mais segura. As pernas logo aprendiam a colaborar umas com as outras e a trabalhar juntas. Em questão de minutos, o robô corria pela sala. Não havia nenhum dado armazenado nem programação sobre como andar; em vez disso, algumas regras simples faziam com que aqueles componentes trabalhassem juntos. As pernas não pensavam, apenas agiam. Fiquei maravilhado com a engenhosidade e a simplicidade do sistema. Aquela coisa estava fazendo exatamente o que eu tinha sido treinado para fazer no Vietnã: **O**bservar, **O**rientar, **D**ecidir e **A**gir. O robô percebia o ambiente em que se encontrava e se decidia com base nos dados daquele ambiente.

Perguntei a Brooks: "E se a gente criasse um conjunto simples de instruções para pessoas numa equipe trabalharem juntas, exatamente como essas pernas? Elas se auto-organizariam e se otimizariam da mesma forma que esse robô?"

"Não sei", respondeu ele. "Por que você não tenta e depois me diz se funcionou?"

Não caia em cascatas

Cada vez mais eu percebia que se conseguisse criar um sistema como aquele robô, que pudesse combinar pensadores independentes com feedback constante sobre o ambiente, eu obteria níveis de desempenho muito mais elevados. O aperfeiçoamento do fluxo de informações entre as "pernas" de um grupo resultaria em níveis de eficiência inéditos.

Minha conversa com Rodney Brooks aconteceu há mais de duas décadas. Por muitos anos, ele foi o chefe do departamento de robótica e inteligência artificial do MIT, e aquele robô aracnídeo que conheci, batizado de Genghis Khan, agora se encontra no Smithsonian Institution como item de colecionador. A esta altura, você deve conhecer uma das empresas de Brooks, a iRobot, que fabrica o aspirador de pó Roomba, que, para limpar o chão, emprega a mesma inteligência adaptativa que Genghis Khan usava para me perseguir no escritório. A última inovação do professor na Rethink Robotics é o robô Baxter, que consegue atuar de forma colaborativa com seres humanos no mesmo espaço de trabalho.

O trabalho de Brooks me inspirou. Em 1993, levei aquelas ideias comigo para uma empresa chamada Easel, que me contratara como vice-presidente de tecnologia. Os executivos da companhia queriam que a minha equipe desenvolvesse em seis meses uma nova linha de produtos que seria oferecida a alguns dos seus maiores clientes – como a Ford, que usava o software deles para projetar e desenvolver funcionalidades internas. Eu me reuni com minha equipe de desenvolvimento e disse que sabia que não seria possível fazer aquilo usando o velho modelo de desenvolvimento de softwares.

O método antigo era o da cascata, que descrevi no capítulo anterior: todos os elementos relacionados a um projeto cuidadosamente dispostos naqueles gigantescos diagramas de Gantt, com todas as tarefas medidas de maneira meticulosa em horas, destacadas com cores bonitas, fluindo pela página como uma cascata. Aqueles diagramas eram lindos em sua precisão. E também eram mentirosos.

Na Easel, eu sabia que a metodologia em cascata nos levaria a meses, ou mesmo anos, de atraso. Precisávamos encontrar uma maneira completamente diferente de trabalhar. Informei ao CEO que íamos rasgar o diagrama de Gantt. Ele ficou chocado e exigiu a explicação do motivo.

– Quantos diagramas de Gantt você já viu ao longo da sua carreira? – perguntei.

– Centenas – respondeu ele.

– Quantos deram certo?

Ele fez uma pausa antes de responder:

– Nenhum.

Então falei que no fim do mês entregaria um software que funcionaria, em vez de um diagrama de Gantt não cumprido. Ele mesmo poderia testá-lo para verificar se estávamos no caminho certo. Precisávamos tentar essa abordagem se quiséssemos cumprir o prazo.

Minha equipe e eu passamos algumas semanas lendo centenas de documentos, livros e artigos sobre organização de equipes e desenvolvimento de produto. Certo dia, um dos desenvolvedores trouxe um artigo publicado na *Harvard Business Review* em 1986, escrito por dois professores de administração japoneses, Hirotaka Takeuchi e Ikujiro Nonaka. O título era "The New New Product Development Game" (O novo jogo para desenvolvimento de novos produtos). Takeuchi e Nonaka tinham analisado equipes de algumas das empresas mais produtivas e inovadoras do mundo: Honda, Fuji-Xerox, 3M, Hewlett-Packard, entre outras. Eles argumentavam que o velho método usado para o desenvolvimento de produtos, simbolizado pelo sistema de Planejamento de Programas em Fases da Nasa – um sistema em cascata –, era completamente falho. Em vez dele, as melhores empresas usavam um processo de desenvolvimento em sobreposição que era mais rápido e mais flexível. As equipes eram multifuncionais. Tinham autonomia. Tinham liberdade para tomar as próprias decisões. E tinham um objetivo transcendente: estavam em busca de algo maior do que elas mesmas. A gerência não impunha ordens. Os executivos eram líderes que prestavam serviço aos funcionários e eram facilitadores focados em retirar os obstáculos do caminho das equipes, em vez de determinar o que tinham de fazer e como deveriam desenvolver o produto. Os professores japoneses comparavam o trabalho de equipe a um time de rúgbi e diziam que as melhores equipes agiam como se estivessem em um *scrum*: "A bola é passada pelo time conforme ele avança, em unidade, pelo campo."[1]

O artigo de Takeuchi e Nonaka chamou atenção quando foi publicado, sete anos antes da nossa leitura na Easel. Todo mundo havia admirado a ideia, mas ninguém fizera nada com ela. O gerente americano médio não era capaz de compreender aquilo, mesmo que a Toyota estivesse aumentando rapidamente a sua fatia de mercado com o uso daquela abordagem. Na Easel, não tínhamos nada a perder. Decidimos experimentá-la, ainda que o foco do artigo fosse a fabricação de produtos, não o desenvolvimento de softwares. Achei que aquelas ideias abordavam um ponto fundamental, um processo descritivo de como os seres humanos trabalham melhor juntos em qualquer empreitada. Elas tinham estado presentes em todas as outras experiências que eu já conduzira desde o meu primeiro emprego no setor privado, na MidContinent.

Esse foi o nascimento formal do Scrum. Entregamos o produto na Easel dentro do prazo de seis meses, sem gastar todo o orçamento e com menos *bugs* do que qualquer outra entrega anterior.

Fiquei tão animado com as possibilidades dessa nova forma de gerenciamento de projetos que daí em diante todo o meu trabalho se concentrou no refinamento do Scrum para empresas. Em 1995, em uma conferência de pesquisa da Association for Computing Machinery, apresentei com Ken Schwaber um artigo intitulado "SCRUM Development Process" (Processo de desenvolvimento SCRUM), que sistematizava essas práticas. De lá para cá, desistimos de usar o nome em maiúsculas e aprimoramos um pouco a ideia, mas os princípios fundamentais ainda são os mesmos – e as empresas que adotam o processo costumam experimentar benefícios imediatos.[2]

Inspeção e adaptação

As equipes Scrum que trabalham bem conseguem obter o que chamamos de "hiperprodutividade". É difícil acreditar, mas vemos com regularidade um crescimento entre 300% e 400% na produtividade dos grupos que executam bem o Scrum. As melhores equipes conseguem um aumento de até 800% na produtividade e repetem esse feito várias vezes. Elas também acabam mais que dobrando a *qualidade* do seu trabalho.

Então como se constroem autonomia, transcendência e fecundação cruzada em uma equipe Scrum e, com tal combinação, se obtém a hiperprodutividade? Bem, o restante deste livro é exatamente sobre isso, mas vou delinear a estrutura básica aqui.

Uma vez que o Scrum é oriundo de técnicas utilizadas na indústria japonesa, vale a pena saber um pouco mais sobre como os japoneses as adquiriram. Ironicamente, aprenderam muitas delas com um americano, W. Edwards Deming, que trabalhou para o general Douglas MacArthur durante a ocupação americana do Japão após a Segunda Guerra Mundial. A abordagem de MacArthur para reconstruir a economia foi demitir a maioria dos altos gerentes nas empresas japonesas, promover os gerentes de produção e importar especialistas em operações de negócios, como Deming, dos Estados Unidos. A influência de Deming na indústria japonesa foi impactante. Ele treinou centenas de engenheiros no que chamamos de "controle estatístico de processo". A ideia básica é medir exatamente o que está sendo feito, assim como a qualidade do que é executado, e lutar por um "aprimoramento contínuo". Não melhorar apenas uma vez; melhorar constantemente. Sempre procurar algo que possa ser aprimorado. Nunca, jamais, se acomodar. Para chegar lá, é preciso criar, a todo tempo, testes para verificar se é possível alcançar resultados melhores. Será melhor se eu tentar esse método? E quanto a esse outro? E se eu mudar esse pequeno detalhe?

Deming fez um famoso discurso para líderes empresariais japoneses em 1950. Na plateia havia pessoas como Akio Morita, fundador da Sony. Naquele discurso, Deming disse:

> Por mais excelentes que seus técnicos sejam, vocês, líderes, devem buscar sempre aprimorar a qualidade e a uniformidade do produto para que eles consigam fazer melhorias. Portanto, o primeiro passo deve ser da gerência. Em primeiro lugar, os técnicos da sua empresa e suas fábricas precisam saber que vocês se dedicam fervorosamente ao avanço da uniformidade e da qualidade dos

produtos e que têm um senso de responsabilidade em relação à qualidade. Nada acontecerá se vocês apenas falarem sobre isso. A ação é importante.[3]

E o método para agir, que talvez seja a razão de Deming ter se tornado tão famoso, é o ciclo PDCA (**P**lan, **D**o, **C**heck, **A**ct – planejar, fazer, verificar e agir). É possível aplicar esse ciclo à produção de qualquer coisa, seja um carro, um videogame ou mesmo um avião de papel.

Quando treino profissionais para usar o Scrum, é este o exemplo que uso: aviões de papel. Divido as pessoas em equipes e digo a elas que o objetivo é produzir o maior número possível de aviões de papel capazes de voar até o outro lado da sala. Há três funções a serem desempenhadas em cada equipe. Alguém verifica quantos aviões produzidos de fato conseguem voar. Outro trabalha na produção, mas também presta atenção ao processo em si e busca maneiras de fazer com que a equipe construa aviões melhores e acelere a montagem. Os demais participantes devem se concentrar em fazer a maior quantidade possível de aviões capazes de atravessar a sala no tempo determinado.

Em seguida, digo que vamos fazer três ciclos de seis minutos para a fabricação dos aviões de papel. As equipes têm um minuto de cada ciclo para planejar (P) como farão a montagem, três minutos para fazer (D) – construir e testar o maior número possível de aviões que realmente voem – e, por fim, dois minutos para verificar (C). Nessa fase, a equipe procura formas de melhorar seu avião de papel – a construção do processo. O que deu certo? O que deu errado? O design deve ser alterado? Como o processo de construção pode ser melhorado? Então vem o momento da ação (A). Para Deming, "agir" significa mudar o modo de trabalhar com base em resultados e informações reais extraídas do ambiente em questão. É a mesma estratégia usada pelo robô de Brooks.

Repita esse ciclo três vezes e, não importa se você está construindo aviões de papel ou espaçonaves de verdade, o processo se tornará melhor – significativamente melhor (de duas a três vezes mais rápido e com pelo menos o dobro de qualidade). Esse ciclo PDCA, uma ideia radical quando Deming a apresentou aos japoneses, foi o que fez a Toyota se tornar a montadora número um do mundo. E é dessa forma que é feito qualquer tipo de produção "enxuta" (o termo americano para o uso dos conceitos do Sistema Toyota de Produção) ou de desenvolvimento de produto Scrum.

Mudar ou morrer

Um novo modo de fazer as coisas era tão necessário porque o desenvolvimento de softwares se encontrava em estado deplorável – e isso explica por que uma parcela tão grande das empresas adotou esse método. Os projetos quase sempre atrasavam, estouravam o orçamento e, em geral, não funcionavam. E isso não acontecia porque as pessoas eram burras ou gananciosas – na verdade, esses resultados tinham a ver com a maneira como elas pensavam seu trabalho. Elas insistiam no método em cascata, teimavam que tudo podia ser planejado com antecedência e até mesmo que os elementos *não mudariam* ao longo de um projeto com muitos anos de duração. É a mais completa loucura.

Aprendi isso por experiência própria na BellSouth quando, há alguns anos, visitei a empresa como consultor. Eles tinham engenheiros de primeira linha, muitos vindos dos famosos Bell Labs. Executavam a cascata perfeitamente. Entravam em concorrências para projetos enormes, que chegavam a valores entre 10 e 20 milhões de dólares. Reuniam todas as exigências do cliente, sumiam por 18 meses e entregavam no prazo e dentro do orçamento exatamente aquilo que tinha sido pedido. Era uma das pouquíssimas empresas em todo o mundo que conseguiam fazer isso. O problema era que, no momento da entrega, o cliente não queria mais o que tinha dito que queria. As circunstâncias haviam mudado. Os ciclos de negócios se tornavam cada vez mais curtos e os clientes exigiam serviços mais ágeis.

Fui chamado para ajudar a BellSouth a descobrir o que estava errado. Logo percebi que era todo o método de trabalho. Pode ser difícil ouvir isso quando parece que você está fazendo tudo certo. Então um dia me coloquei diante de 150 engenheiros da empresa e avisei que, a menos que passassem a usar um modelo diferente, que respondesse mais às necessidades do cliente, o negócio deles não duraria muito. A plateia era difícil: composta de homens e mulheres muito inteligentes, mas que acreditavam que minhas ideias eram apenas mais um modismo de gestão. Não consegui convencê-los, então apenas dei de ombros e os deixei com uma última advertência: "É mudar ou morrer." Como você talvez tenha notado, a BellSouth não existe mais.

Shu Ha Ri

O Scrum tem raízes no pensamento e na prática japoneses. Há pouco tempo, fui ao Japão para me encontrar com o professor Ikujiro Nonaka, que deixou claro para mim que por lá o Scrum não é visto como o método de trabalho da moda. Eles o consideram uma maneira de agir, um modo de ser, um estilo de vida. Quando ensino as pessoas a aplicarem o Scrum, muitas vezes conto minha experiência ao longo dos anos com o estudo do aikido, uma arte marcial japonesa.

O Scrum, como o aikido, ou até mesmo o tango, é algo que só se aprende na prática. Seu corpo, sua mente e seu espírito se alinham por meio do treino constante e do aperfeiçoamento. Nas artes marciais, aprendemos um conceito chamado *Shu Ha Ri*, que estabelece diferentes níveis de domínio. No estado *Shu*, você conhece todas as regras e formas e as repete, como se fossem os passos de uma coreografia, para que seu corpo as assimile. Você não desvia.

No estado *Ha*, uma vez que já dominou as formas, você pode inovar, acrescentar um novo passo à coreografia.

No estado *Ri*, você é capaz de deixar as formas de lado. Você realmente domina a prática e é capaz de ser criativo de uma forma desimpedida, porque o conhecimento do que o aikido – ou o tango – significa está tão profundamente entranhado em seu ser que todos os seus passos manifestam a essência dessa arte.

Assim é o Scrum. Requer treino e atenção, mas também um esforço contínuo para se chegar a um novo estado – um estado em que as coisas apenas fluam e aconteçam. Se você já assistiu a grandes dançarinos ou ginastas, sabe que seus movimentos parecem não exigir nenhum esforço, como se eles não estivessem fazendo nada além de existir. Parece impossível serem algo diferente do que representam naquele exato instante. Presenciei isso uma vez, quando um diminuto mestre de aikido me lançou pelos ares sem qualquer dificuldade, mas de forma que eu caísse no tapete sem me machucar, como se eu fosse um bebê sendo posto no berço com toda a delicadeza.

Esse é o objetivo do Scrum. Esse é o estado que quero que todos atinjam em suas vidas. O trabalho não precisa ser chato. Ele pode fluir, pode ser uma expressão de alegria, um alinhamento rumo a um propósito maior. Podemos ser melhores. Podemos ser excelentes! Só precisamos treinar.

No restante deste livro, cada capítulo focará um aspecto específico do Scrum. Esses mergulhos profundos almejam mostrar o raciocínio por trás dos conceitos e explicar por que o Scrum é estruturado dessa maneira. Você encontrará uma descrição definitiva do método Scrum no Apêndice "Implementando o Scrum – como começar", mas ela lhe dirá apenas *o que* fazer. Se me acompanhar, vou explicar o *porquê*.

RESUMO

- **Hesitação significa morte.** **O**bservar, **O**rientar, **D**ecidir, **A**gir. Saiba onde você está, avalie suas alternativas, tome uma decisão e aja!
- **Olhe para fora para obter respostas.** Sistemas adaptativos complexos seguem algumas regras simples, que são captadas do ambiente.

- **Equipes excelentes são** multifuncionais, autônomas e capacitadas, com um propósito transcendente.
- **Não adivinhe.** Adote o ciclo PDCA. Planeje, faça, verifique, aja. Planeje o que você vai fazer. Faça. Verifique se o produto alcançou o resultado desejado. Aja em relação a isso e mude a forma como está fazendo as coisas. Repita o processo em ciclos regulares e, desse modo, alcance um aperfeiçoamento contínuo.
- ***Shu Ha Ri.*** Primeiro, aprenda as regras e as formas. Quando tiver domínio delas, inove. Por fim, em um estado elevado de maestria, descarte as formas e apenas seja – com todo o conhecimento internalizado e as decisões tomadas quase inconscientemente.

CAPÍTULO 3

Equipes

No mundo do trabalho, são as equipes que fazem as coisas. Algumas fazem carros, outras atendem telefones, realizam cirurgias, programam computadores, levam notícias ao ar e arrombam portas de apartamentos ocupados por terroristas. Sem dúvida, há artesãos e artistas que trabalham sozinhos, mas são as equipes que fazem o mundo girar. E é nelas que o Scrum se baseia.

Todo mundo sabe disso, mas, nas empresas, com frequência nos concentramos apenas nos indivíduos, mesmo que a produção seja um trabalho em equipe. Pense nos bônus por desempenho, nas promoções e nas contratações. O foco de tudo isso recai sobre um único agente, não sobre a equipe. Trata-se de um grande erro.

Gestores tendem a se concentrar no indivíduo porque essa forma de pensar faz sentido intuitivamente. Se você quer os melhores profissionais e as pessoas são diferentes, então a saída é manter o foco na busca de quem tem o melhor desempenho, quem trará resultados melhores, certo? Bem, não é tão simples assim.

Pensemos, por exemplo, no processo por meio do qual os estudantes são avaliados em uma matéria. Na Universidade Yale, uma disciplina de programação de computadores chamada CS 323, ministrada pelo professor Stanley Eisenstat, é famosa por ser muito difícil. Quando os alunos começaram a reclamar que demoravam muito para completar as tarefas, o professor não facilitou os trabalhos. Em vez disso, começou a registrar quanto tempo cada estudante levava para concluí-los. Então Joel Spolsky, que cursou a disciplina de Eisenstat na década de 1980 e agora tem uma firma de software, comparou os dados com as notas que as pessoas tiravam. Ele queria descobrir se havia alguma relação entre o tempo gasto em um projeto e a nota que o aluno tirava. Curiosamente, *não há*. Alguns alunos trabalham rápido e tiram 10, outros executam as tarefas de modo meticuloso e obtêm o mesmo resultado. A única diferença é o número de horas gastas. Então como podemos aplicar essa descoberta ao mundo dos negócios?

Bem, se você é um gestor, parece que o melhor é contratar não apenas os profissionais que tiram 10, mas aqueles que obtêm nota máxima trabalhando durante o mínimo de tempo possível. No estudo realizado em Yale, os estudantes mais rápidos ultrapassaram seus colegas lentos na proporção de 10:1. Eram 10 vezes mais rápidos e tiravam as mesmas notas. Dez vezes mais rápido é algo bastante expressivo, não é mesmo? Portanto, parece que as empresas devem se concentrar em contratar as pessoas mais ágeis e eliminar aquelas que trabalham devagar. Essa *parece* ser a melhor abordagem para aumentar a produtividade, mas outros fatores podem ser ainda mais cruciais.

Quando analisamos equipes em vez de indivíduos, percebemos algo interessante. Alguns estudos analisaram cerca de 3.800 projetos diferentes, que incluíam trabalhos realizados em empresas de contabilidade, desenvolvimento de softwares para navios de guerra e projetos de tecnologia na IBM. Os analistas não se concentraram nos dados de desempenho individual, e sim no desempenho das equipes. Quando examinamos os resultados dos grupos, vemos algo surpreendente. Se a melhor equipe foi capaz de executar uma tarefa em uma semana, quanto tempo você acha que a pior equipe levou? Talvez você aposte na mesma proporção observada em Yale – 10:1 (isto é, a equipe lenta precisou de mais de dois meses para realizar o trabalho que a equipe rápida fez em uma semana). No entanto, a resposta é que a diferença no desempenho dos grupos é muito maior do que no individual. Na verdade, a equipe lenta não precisou de 10 semanas para fazer o que a melhor equipe realizara em uma. Ela demorou *2 mil* semanas. Essa é a diferença entre a melhor e a pior. Então onde você deve focar? Nos indivíduos, com os quais é possível obter uma melhoria da ordem de 10 vezes se você conseguir fazer uma mágica e transformar todos os seus funcionários em gênios? Ou nas equipes, com as quais é possível aumentar imensamente a produtividade, mesmo se você apenas fizer com que suas piores equipes se tornem medíocres? Claro, se você mirar na mediocridade, é isso que obterá. E se for possível fazer com que todas as suas equipes sejam ótimas?

Em certos momentos, em lugares específicos e com determinados grupos pequenos, tudo se torna possível. Mesmo que nunca tenha feito parte de uma equipe assim, você já viu alguma em ação. Ouvimos histórias sobre elas, lendas sobre o que são capazes de fazer. Cresci perto de Boston e hoje moro lá, de modo que algumas das grandes equipes que vêm à minha mente são os Celtics da década de 1980 e os New England Patriots da era Tom Brady. Quando esses times entravam em ação, parecia que estavam jogando um esporte completamente diferente das outras equipes. *Drives* e jogadas que antes pareciam impossíveis de repente se tornavam parte do plano de jogo. Era como se os jogadores estivessem em um estado de graça e, por um instante, não tivessem como errar. Larry Bird se movia pelo campo e passava a bola sem desviar o olhar para homens que pareciam ser feitos de madeira oca. Mas, no momento em que a bola aparentava estar fora de alcance, Kevin McHale simplesmente *surgia* no lugar exato em que deveria estar. Então ele jogava a bola para o lado – mais uma vez, aparentemente sem desviar os olhos – e eis que Robert Parish estava na posição perfeita para a recepção. Essa conjunção ideal de propósito e confiança gera excelência.

Todos nós já vimos equipes assim. Alguns tiveram a sorte de fazer parte de uma delas – ou *mais* de uma – ao longo da vida. Durante o processo de criação do Scrum, investiguei o que equipes com desempenho extraordinário tinham que as outras não possuíam. Eu me perguntava por que algumas equipes mudam o mundo enquanto outras estão atoladas na mediocridade. Quais são os elementos que as equipes excelentes têm em comum? E o mais importante: é possível reproduzi-los?

A resposta é sim.

Em seu artigo original que descrevia o que mais tarde se tornaria o Scrum, os professores Takeuchi e Nonaka listaram as características das equipes que encontraram nas melhores empresas do mundo:

1. **Transcendentes:** Elas têm um senso de propósito acima do comum. Esse objetivo autoconcebido lhes permite ultrapassar o trivial e alcançar o extraordinário. A decisão de não se contentar com a média e querer ser grande, por si só, já muda a forma como a equipe se vê e o que é capaz de realizar.
2. **Autônomas:** As equipes são auto-organizadas e se autogerenciam. Podem decidir como executar o trabalho e têm o poder de fazer com que suas decisões sejam cumpridas.
3. **Multifuncionais:** As equipes têm todas as habilidades necessárias para completar o projeto. Planejamento, design, produção, vendas, distribuição. E essas habilidades alimentam e reforçam umas às outras. Como declarou um integrante de uma equipe que projetou uma nova câmera revolucionária para a Canon: "Quando todos os membros da equipe trabalham na mesma sala, a informação de alguém se torna sua, e não é preciso fazer esforço algum para isso. Assim, você começa a pensar em qual é a melhor opção, ou a segunda melhor, para o grupo como um todo, não apenas do seu ponto de vista."[1]

Como criar uma equipe que visa a um objetivo maior, se organiza e explora constantemente as habilidades de cada integrante? Passei muito tempo pensando nisso. Afinal de contas, não se pode simplesmente gritar uma ordem para que as pessoas sejam mais organizadas e transcendentes. A motivação precisa vir de dentro. Impô-la arruinará o que você está tentando fazer. Seria possível haver um conjunto simples de regras que façam a mágica acontecer?

A grande linha cinza

Meu pensamento me levou de volta à época em que eu era parte de uma dessas equipes mágicas. Foi no início dos anos 1960, quando eu era cadete na Academia Militar dos Estados Unidos, mais conhecida como West Point. No meu último ano lá, fui escolhido como oficial de treinamento do meu regimento, o L2, ou "Loose Deuce" (Frouxo Dois).

Em 1963, havia 24 regimentos em West Point: de A1 a M1, de A2 a M2. Três vezes por semana, eles ocupavam o pátio e marchavam em uniforme de gala, com fuzis segurados assim e espadas assado, faixas brancas aqui e equipamento cuidadosamente posicionado acolá. Essas formações de parada constituem uma competição na Academia há quase 200 anos. Em 1963, o Loose Deuce ocupava a lanterna desse ranking havia mais de um século.

O oficial de treinamento não tem poder direto. Ele não é parte da estrutura de comando do regimento. Ninguém é subordinado a ele. Ninguém precisa fazer o que ele manda. No entanto, após cada parada, os oficiais de treinamento se reúnem e avaliam cada regimento de acordo com vários critérios. Como responsável por essa tarefa no Loose Deuce, resolvi que podia tornar as coisas mais transparentes. Passei a elaborar gráficos coloridos sobre o que dava certo e o que dava errado e a pendurá-los nos alojamentos, onde todos os integrantes do meu regimento seriam obrigados a vê-los todo dia.

A princípio, as críticas eram simples. *A espada de Charlie estava imunda. Jim não virou em sincronia com todo mundo. A saudação de Dave foi desleixada.* Não havia punições nem culpa; os papéis simplesmente mostravam os fatos que os outros oficiais de treinamento expunham durante as avaliações. Mas aquelas eram as razões pelas quais o L2 ficava sempre na última posição do ranking.

Dentro de poucas semanas os cadetes passaram a se dedicar mais e as avaliações ruins começaram a apontar para o comandante da companhia. As ordens dele não eram claras o bastante; as cronometragens não eram precisas. Não surpreende que eu tenha sido repreendido por criticar o comandante, mas minha resposta foi a seguinte: "As avaliações são o que são. Eu só estou expondo os fatos. Os homens estão fazendo o trabalho deles. *Você* é o problema agora. Quer corrigir isso? Ou quer ser péssimo para sempre?" Algumas semanas depois, o L2 se tornou o regimento número um em West Point.

O cadete mais honrado na história de West Point foi o general Douglas MacArthur. Ele obteve o mais alto posto que qualquer um que se formou lá já alcançou e foi um oficial de teste nas duas guerras mundiais. Por ser um general de cinco estrelas e ter recebido a Medalha de Honra, ele tinha uma conexão especial com o Corpo de Cadetes.

Um ano antes de eu começar a treinar meu regimento, em maio de 1962, ele fez seu último discurso em West Point. Você precisa visualizar bem a cena para compreender o impacto que ela teve. Havia 3 mil homens com o uniforme cinza de cadete sentados em um gigantesco salão de pedra com grandes colunas e candelabros enormes que pendiam do teto alto. Em uma das paredes, a cerca de 10 metros de altura, havia uma plataforma da qual se via o salão inteiro. O general MacArthur, já frágil nessa época, subiu a essa plataforma e proferiu o que hoje é conhecido como o discurso "Long Gray Line" (Grande linha cinza):

> Vocês são o fermento que aglutina toda a estrutura do nosso sistema nacional de defesa. De suas fileiras saem os grandes capitães que têm os destinos da Nação nas mãos no instante em que soa o alarme da guerra.
>
> A grande linha cinza nunca nos decepcionou. Se vocês o fizessem, um milhão de fantasmas vestidos de verde-oliva, cáqui, azul e cinza

> se levantariam de baixo de suas cruzes brancas, trovejando as palavras mágicas: Dever, Honra, Pátria.[2]

Lembro que, nesse momento, a sensação era a de que uma legião desses fantasmas se levantava atrás de MacArthur enquanto ele lançava sua última carga sobre o Corpo de Cadetes. E 3 mil homens treinados para a guerra, cujas lágrimas não escapavam com facilidade, começaram a chorar.

> Em meus sonhos, ouço de novo o estampido das armas, o estrondo dos tiros, o murmúrio estranho e lúgubre do campo de batalha. Mas, na noite da minha memória, volto para West Point. E lá sempre ecoam repetidas vezes: Dever, Honra, Pátria.
>
> O dia de hoje marca meu último encontro com vocês. Mas quero que saibam que, quando eu cruzar o rio, meus últimos pensamentos conscientes serão sobre o Corpo, o Corpo e o Corpo.[3]

Até hoje, todos os cadetes da Academia têm que decorar o discurso, linha por linha, palavra por palavra, antes da formatura. O texto se tornou o guia espiritual do Corpo de Cadetes e de todo o Corpo de Oficiais dos Estados Unidos: Dever, Honra, Pátria.

Quase um ano depois desse discurso, o general MacArthur morreu. Uma companhia foi selecionada para marchar no funeral. Ao som lento e ritmado dos tambores, o Loose Deuce, aquele mesmo regimento que havia sido o pior do Corpo por mais de 100 anos, marchou atrás da carreta que carregava o caixão de um dos maiores generais americanos.

Alguns meses depois do funeral, marchei com o Loose Deuce pela última vez, na minha formatura. Todos os 24 regimentos participaram, mas o L2, por causa da nossa posição no alfabeto, marchou em 23º lugar. Após a cerimônia, meu futuro sogro me perguntou:

– Aquele regimento. O penúltimo. Eles eram diferentes de todo o restante. Os outros marchavam, mas eles pareciam flutuar. Quem eram?

– Era o meu regimento – respondi. – Aqueles homens enterraram o general MacArthur.

Tínhamos atingido a transcendência.

O Scrum em tempos de revolta

Muitas vezes, quando falam sobre boas equipes, as pessoas mencionam apenas a noção de propósito transcendente. No entanto, apesar de essencial, esse elemento é apenas uma das pernas do tripé. Igualmente crucial, mas talvez menos comentada, é a liberdade de trabalhar da maneira que você acredita ser a melhor – ter autonomia. Em todas as equipes excelentes, os integrantes têm a oportunidade de decidir como alcançar as metas estabelecidas por quem comanda a organização.

A praça Tahrir se tornou sinônimo da revolução egípcia e dos conflitos naquele país, mas antes de janeiro de 2011 ela era apenas mais uma rotatória suja e engarrafada no centro do Cairo. Ao norte dela encontra-se o prédio vermelho-rosado do Museu Egípcio e ao sul ficam os muros altos da Universidade Americana no Cairo e o icônico Muqawama, edifício do governo. A sede do Partido Nacional Democrático do ditador egípcio Hosni Mubarak ficava a oeste, assim como a sede da Liga Árabe. Curiosamente, na borda leste da praça havia, dentre todas as construções possíveis, um KFC, que logo se tornou o pano de fundo dos manifestantes que atiravam pedras para impedir o avanço da polícia.

No final de janeiro de 2011, um pequeno grupo decidiu se reunir na rotatória para protestar contra o assassinato brutal de um jovem chamado Khaled Said, morto pela polícia egípcia. O que poderia ter sido mais uma manifestação insignificante contra um regime repressivo pegou fogo, inflamou a imaginação egípcia e, por fim, atraiu milhões de pessoas para a praça. Ao longo do mês seguinte, aconteceu algo impensável. O simples fato de cidadãos se juntarem para dizer não fez com que um dos regimes ditatoriais mais antigos e poderosos do Oriente Médio caísse. As pessoas se reuniram dia após dia, noite após noite, enchendo a praça e criando um país alternativo no qual o ditador Hosni Mubarak não mandava e os indivíduos podiam falar o que pensavam. Eles mudaram seu próprio mundo.

Para os jornalistas, tratava-se de uma pauta importantíssima e de relevância histórica. Entre os que viajaram para o Cairo estava a equipe da National Public Radio (NPR), um dos principais veículos jornalísticos dos Estados Unidos. Pegos de surpresa no início, produtores e repórteres da NPR estouraram prazos, perderam acontecimentos e se embaralharam para conseguir atender às demandas dos executivos em Washington.

J.J. Sutherland, meu filho, foi enviado para ajeitar a situação. Produtor e correspondente de guerra experiente, ele foi designado para o Cairo para fazer com que a cobertura funcionasse. A pauta era importante demais para não ir ao ar todo dia, a toda hora, em todos os programas. J.J. aterrissou em um país no qual os aeroportos tinham sido fechados, estrangeiros tentavam fugir desesperadamente e a rede de telefonia celular e a internet tinham sido cortadas. Ele era o produtor no comando, mas, assim como um oficial de treinamento em West Point, um produtor da NPR é um facilitador e organizador – um ajudante ou um apoio, não um típico gerente ou líder. O trabalho de J.J. era ajudar a equipe a fazer o melhor trabalho possível. Não era *dizer* a eles o que fazer, mas lhes proporcionar o que fosse necessário. A diretoria tinha dado ordens para que os repórteres relatassem os acontecimentos e entrassem no ar várias vezes ao dia e o grupo descobriu como vencer esse desafio ao resolver quais histórias contaria e como faria isso pelo rádio.

Estranhamente, o fato de a comunicação com os executivos em Washington ser tão difícil foi o que fez com que os jornalistas obtivessem tanto êxito. Eles estavam por conta própria de verdade. Como era impossível que Washington os supervisionasse de forma direta e constante, e uma vez que os eventos se sucediam com tamanha velocidade, os repórteres tiveram de se organizar para realizar o trabalho. Um dos conceitos-chave do Scrum é que os integrantes da equipe decidem *sozinhos* como trabalharão. É responsabilidade da diretoria definir os objetivos estratégicos, mas é incumbência da equipe decidir como atingir essas metas. No Cairo, até mesmo acompanhar os eventos era uma tarefa impossível para qualquer um que *não* estivesse lá. Quase todos os dias, a equipe da NPR listava uma série de reportagens para o dia seguinte, que se tornava instantaneamente obsoleta diante da rapidez com que os fatos se desenrolavam. Se houvesse um grande confronto na praça, um discurso, uma renúncia ou uma batalha, o trabalho ia todo por água abaixo. De repente, os jornalistas passavam a se desdobrar para transmitir alguma notícia do momento.

Eles obtiveram sucesso usando o Scrum. Os prazos estipulados exigiam que entrassem no ar a cada 12 horas, nos programas *Morning Edition* e *All Things Considered.* A cada um desses ciclos, J.J. falava com os repórteres e fazia três perguntas muito simples: O que você fez desde a última vez que nos falamos? O que você vai fazer antes de nossa próxima reunião? E quais são as dificuldades que você está enfrentando? Essas perguntas – que constituem um dos rituais do Scrum – faziam com que os correspondentes falassem e compartilhassem suas experiências uns com os outros. E a principal tarefa de J.J., que na prática atuava como o Scrum Master, era garantir que as dificuldades que a equipe enfrentava relatadas em uma reunião fossem eliminadas antes da seguinte. O obstáculo podia ser qualquer coisa – desde problemas com a burocracia egípcia até a obtenção de um quarto de hotel seguro; desde encontrar motoristas e intérpretes até livrar correspondentes da custódia da temida polícia secreta do Egito, a Mukhabarat.

Como tudo isso deu certo? Bem, o que tinha começado com caos, desavenças pessoais e incapacidade de noticiar os fatos rapidamente se transformou em uma máquina tão azeitada que a diretoria nem precisava gerenciar. Em vez disso, a equipe se autoadministrava. Nas semanas seguintes, o esquadrão da NPR no Cairo produziu mais matérias do que todos imaginavam que fosse possível. E de qualidade melhor do que a oferecida pela concorrência, o que acabou resultando em vários prêmios.

Trata-se de um feito que não teria sido alcançado se a equipe não estivesse imbuída da noção de propósito (cobrir uma das pautas mais importantes da carreira) e não tivesse autonomia (a capacidade de decidir por conta própria como relatar as várias vertentes daquela pauta).

Hoje, o Scrum é usado em toda a NPR, desde o web design até o jornalismo de dados, passando pela criação de novos programas de rádio. Equipes de jornais como *Chicago Tribune*, *New York Times*, *Washington Post* e *ProPublica* usam o Scrum. Quando os prazos começam a apertar demais, elas precisam de velocidade.

Uma equipe para fazer o trabalho

A terceira perna do tripé das grandes equipes é que elas tenham todas as habilidades necessárias para realizar as tarefas. Em uma estrutura de organização clássica, talvez haja a equipe de planejamento, seguida da equipe de execução, e então a equipe de testes, a de produção e a de distribuição. Cada uma precisa terminar sua parte antes que o projeto siga para a etapa seguinte. Nenhuma delas consegue finalizar um produto por conta própria.

O exemplo clássico dessa forma de organização é o processo *phase-gate* da Nasa. Foi seguindo esse modelo que a agência conduziu o programa do ônibus espacial, além de outros projetos das décadas de 1960, 1970 e 1980. As coisas mudaram muito desde então, mas eis como o processo antigo funcionava: primeiro, havia uma "fase" de descoberta, na qual as pessoas decidiam o que tentariam realizar – podia ser a construção de um foguete que chegasse à Lua. Um monte de estrategistas se reunia em uma sala e fantasiava a respeito dessa ideia. Em seguida, havia um "portão", em que um gerente ou um grupo de gerentes precisava dar o aval para que o projeto seguisse adiante. Depois disso, havia uma fase de escopo, na qual todo o "pessoal das exigências" resolvia o que o produto faria. Em seguida havia outro portão, e outra série de reuniões, e aí esses documentos monstruosos eram entregues à fase seguinte, que era a elaboração do *case* de negócio e do plano de projeto. Então todos esses planos eram levados para outra série de reuniões e aprovações e, depois disso, passavam para *mais uma* fase, a fase de desenvolvimento, na qual as coisas eram realmente feitas. Em seguida havia mais um monte de reuniões e documentos, e o produto era entregue a um novo grupo para a fase seguinte, em que seriam realizados os testes. Os integrantes dessa equipe nunca tinham visto o produto, mas o testavam, aprovavam e empurravam para outro portão – outra série de reuniões intermináveis –, com mais uma pilha de documentos que ninguém lera. Então, e só então, o produto era passado para um *sexto* grupo, que o lançaria de fato. Escrever sobre esse processo já é uma tarefa cansativa. E era assim que a Nasa fazia as coisas.

Em dado momento dos anos 1980, alguns executivos da Fuji-Xerox foram aos Estados Unidos para estudar como a famosa agência espacial funcionava. Quando implementaram os mesmos procedimentos no Japão, a qualidade caiu, o índice de falhas aumentou e a capacidade de realização despencou. Os executivos abandonaram rapidamente o processo e afirmaram que ele tinha grandes chances de gerar erros catastróficos. A Comissão Rogers, que investigou o desastre do *Challenger* em 1986, concordou. O físico Richard Feynman deu um célebre parecer a respeito disso no Apêndice F do relatório da Comissão: "Parece que, por algum motivo, seja para consumo interno ou externo, a administração da Nasa classifica com exagero a segurança de seu produto, chegando ao limite da fantasia."[4]

O fato é que, quando observamos as melhores equipes – como as que existiam na Toyota ou na 3M quando Takeuchi e Nonaka escreveram seu artigo, ou as que hoje trabalham no Google, na Salesforce.com ou na Amazon –, vemos que não há divisão de papéis. Todos os integrantes de cada equipe fazem tudo, de cabo a rabo.

Nicola Dourambeis é responsável pelas práticas ágeis na Salesforce.com. Ela supervisiona cerca de 200 equipes Scrum em uma companhia que aparece com frequência em listas como "As 100 melhores empresas para trabalhar", da *Fortune*, e "As empresas mais inovadoras do mundo", da *Forbes*. Nicola diz que vê o Scrum como o "ingrediente secreto" da Salesforce.com. "Quando éramos uma startup, fazíamos três ou quatro grandes lançamentos por ano", conta ela. "Fomos crescendo e aumentando a escala, mas continuávamos a gerenciar projetos com o típico método em cascata, e esse número caiu para um lançamento ao ano em 2005-2006. Isso precisava mudar. Aí introduzimos o Scrum. Desde então, lançamos produtos três vezes por ano. Não existem muitas grandes empresas capazes de fazer isso."

O que Nicola busca em uma equipe é diversidade – de habilidades, pensamento e experiência. Ela quer grupos que sejam altruístas e autônomos, mas também que sejam multifuncionais – que consigam executar um projeto inteiro.

Um dos testes que Nicola aplica para verificar se uma equipe está no caminho certo é perguntar, digamos, a um analista de redes: "Você faz parte de qual equipe?" Se a resposta mencionar o produto em que está trabalhando (por exemplo, automação ou integração) em vez da sua especialidade (engenharia de redes), ela assente em aprovação. Quando um especialista se identifica com sua especialidade mais do que com o produto que está desenvolvendo, Dourambeis sabe que ainda tem trabalho pela frente.

O Scrum na guerra

Um dos exemplos mais extremos de uma equipe multifuncional vem das Forças Armadas. As Forças de Operações Especiais (SOF, na sigla em inglês) dos Estados Unidos são exatamente assim. A equipe-padrão das Forças Especiais do Exército tem 12 integrantes: um líder (que é um oficial de carreira), um oficial especialista, um sargento de equipe (que comanda a equipe em operações do dia a dia), um sargento de inteligência e dois sargentos de cada uma destas especialidades: armamento das Forças Especiais, demolição, medicina e comunicações. Cada equipe tem todos os requisitos necessários para realizar uma missão do início ao fim. E executa treinamentos cruzados em cada conjunto de habilidades. Querem garantir, por exemplo, que, se ambos os médicos forem mortos, o especialista em comunicações seja capaz de fazer um curativo no especialista em armamento. Além disso, as Forças Especiais, ao contrário da maior parte das Forças Armadas "comuns", não separam coleta de informações de planejamento de operações. Não há passada de bastão de um grupo para outro, durante a qual é possível que haja erros. As Forças Especiais não querem nenhum desastre similar ao do *Challenger*. Por isso as pessoas que coletam informações, as que planejam o que fazer com esses dados e as que vão a campo se comunicam constantemente.

Durante a Guerra do Iraque, equipes das Forças Especiais mostraram que eram muito eficazes em matar pessoas. Eram capazes de localizar um alvo insurgente e eliminá-lo na mesma noite. Entre 2003 e 2007, realizaram milhares de missões bem-sucedidas para desmantelar a insurgência iraquiana, em especial o braço da Al-Qaeda no Iraque. Dos pontos de vista tático e operacional, elas quase sempre obtinham sucesso. As equipes multifuncionais e altamente treinadas estavam entre as forças mais letais que o mundo já vira. Mas, apesar de tanta habilidade e de tanto talento, exerciam um impacto estratégico quase nulo. Ao longo dos primeiros quatro anos da guerra, o número de ataques contra as forças dos Estados Unidos e civis iraquianos aumentou quase diariamente. Em alguns dos piores períodos, houve mais de 100 ataques por dia contra os americanos, e nem mesmo a letalidade das Forças Especiais conseguia virar esse jogo. No fim de 2006 e no começo de 2007, praticamente todos os comentaristas bem informados encaravam o Iraque como um caso perdido. Cada nova morte de um americano passara a ser vista como um sacrifício inútil.

Então, em 2007, o general David Petraeus comandou a operação que ficou conhecida como "Surge", em que dezenas de milhares de tropas adicionais foram levadas ao Iraque para viver em meio à população. Essa nova estratégia teve um impacto excepcional. Um dos motivos foi que os iraquianos passaram a acreditar que os americanos estavam do lado deles, lutando contra os insurgentes que explodiam bombas em suas vizinhanças e promoviam limpeza étnica. Outra razão foi que as Forças Armadas dos Estados Unidos, que usavam um programa chamado "Sons of Iraq" (Filhos do Iraque), conseguiram subornar milhares de antigos insurgentes para que passassem para o lado americano. Mas havia um terceiro componente na estratégia – algo que o jornalista Bob Woodward classificou como tão revolucionário quanto a invenção do tanque ou do avião.

Essa arma não era uma nova engenhoca nem um drone. Era o que o general Stanley McChrystal, na época à frente do Comando Conjunto de Operações Especiais, chamou de "conduta de guerra colaborativa". Ela incluía o uso de equipes multifuncionais de todas as partes do governo americano para espreitar e desmantelar as redes da Al-Qaeda. Eis como o *Washington Post* descreveu a operação em 6 de setembro de 2008:

> A CIA fornece analistas de inteligência e equipamentos de espionagem com sensores e câmeras que são capazes de rastrear alvos, veículos ou aparatos ao longo de até 14 horas. Especialistas forenses do FBI dissecam dados, desde informações de telefones celulares até lixo encontrado nos bolsos de extremistas. Funcionários do Tesouro rastreiam o capital que circula entre os extremistas e que sai de governos. Técnicos da Agência Nacional de Segurança (NSA) interceptam conversas e dados de computadores, e membros da Agência Nacional de Informação Geoespacial usam equipamentos de alta tecnologia para apontar com precisão onde extremistas suspeitos estão usando telefones ou computadores.[5]

O que eles fizeram foi criar uma equipe multifuncional que tinha todas as habilidades necessárias para executar o trabalho. Em vez de manter esses especialistas em grupos separados que raramente trocavam informações, fizeram com que todos trabalhassem juntos, na mesma sala, compartilhando dados e planejando como encontrar e executar agentes da Al-Qaeda.

Antes disso, um órgão de inteligência designava o alvo e, em seguida, passava o bastão para uma equipe das Forças Especiais, que cuidava das operações em si. Então essa equipe entregava quaisquer informações que tivesse obtido para outro grupo, que as analisava. Quem empregava o método de passar o bastão descobriu algo que a Fuji-Xerox concluíra décadas antes, quando os japoneses tentaram implementar o sistema *phase-gate* da Nasa. Trata-se de uma das principais razões pelas quais o Scrum foi desenvolvido: toda vez que há uma passagem de bastão entre as equipes, existe a possibilidade de que um desastre aconteça. Como foi explicado no artigo "Employing ISR: SOF Best Practices" (Aplicando Recursos dos Sistemas de Informação [ISR]: melhores práticas das Forças de Operações Especiais [SOF]), publicado no periódico *Joint Force Quarterly*:

> As equipes com integrantes de diversas agências tornam possível a eliminação das fissuras entre os diferentes atores da coalizão no Iraque, mantendo alvos de alto valor sob a mira de um "olho que nunca pisca". [...] A passagem de incumbências entre unidades e organizações representava um "piscar de olhos organizacional", durante o qual o ímpeto diminuía e o alvo podia escapar.[6]

Compartilhar informações e recursos dessa forma não é fácil em nenhuma situação. Já vi gestores ficarem quase paralisados quando seus recursos foram designados para uma equipe fora de seu comando direto. Abrir mão do microgerenciamento diário e do controle é difícil, mas fazer isso no mundo secreto da inteligência e das operações especiais é ainda mais desafiador – tanto que, apesar de sua eficiência, as equipes do Iraque se dissolveram logo após a Surge ser declarada um sucesso. Christopher Lamb e Evan Munsing escreveram o fascinante artigo "Secret Weapon: High-value Target Teams as an Organizational Innovation" (Arma secreta: equipes com alvos de alto valor como uma inovação organizacional), que aborda esse assunto:

> Assim que o fracasso no Iraque foi evitado por um triz, o apoio burocrático às equipes com integrantes de várias agências começou a diminuir. Em 2008, outros departamentos e agências, em particular um órgão de inteligência não identificado, começaram a retirar seu pessoal e a não mais colaborar, por acharem que o compartilhamento de informações e a colaboração tinham ido longe demais.[7]

A arma mais poderosa no arsenal dos Estados Unidos, que Bob Woodward considerou tão importante quanto a invenção do tanque ou do avião, foi posta de lado por conta de preocupações mesquinhas de departamentos e gerentes de médio escalão focados na própria carreira. Vi isso acontecer repetidas vezes em uma grande instituição financeira de Boston. Eles me chamavam, em pânico, quando tinham dificuldade em um projeto de suma importância. Pediam que eu treinasse dezenas de funcionários no Scrum e que montasse equipes capazes de lidar com a emergência. Alocavam pessoas da organização inteira em grupos multifuncionais para cuidar da questão. E então a resolviam. Depois que a crise passava, desmantelavam as equipes e as mandavam de volta para seus silos e feudos administrativos.

A transparência e o compartilhamento que existem em uma equipe realmente fantástica representam uma ameaça a estruturas enraizadas em segredo e confusão. Muitas vezes os gerentes não querem que seus pares, suas equipes ou outros integrantes do círculo de poder saibam exatamente o que eles estão fazendo, o que está sendo realizado e com qual velocidade. Para eles, manter essas informações em segredo é crucial para sua posição de comando. Em vez de aderir aos interesses do bem maior, alinham-se com as próprias motivações – que, com frequência, resumem-se a ganância e ambição. É o mesmo tipo de pensamento que levou à gigantesca falha de administração que causou o mais recente colapso econômico. Em muitas empresas, as ações foram baseadas unicamente em quais seriam as vantagens a curto prazo para os indivíduos. Não houve consideração pelo que beneficiaria a todos, ou pelo que causaria menos danos à economia global.

Tamanho é documento, mas não como você pensa

Não é só porque a multifuncionalidade pode gerar ótimos resultados que você deve bancar o Noé e pegar dois indivíduos de cada área para a sua equipe. Essa dinâmica só funciona bem em grupos *pequenos*. A configuração clássica é de sete pessoas, podendo haver duas a mais ou a menos, embora eu já tenha visto grupos que funcionavam muito bem com apenas três integrantes. O mais fascinante é que os dados mostram que, se mais de nove pessoas são incluídas em uma equipe, a velocidade diminui. É isso mesmo. Mais recursos fazem com que a equipe trabalhe mais devagar.

No campo de desenvolvimento de softwares há um conceito chamado "Lei de Brooks", que Fred Brooks cunhou em 1975, em seu influente livro *O mítico homem-mês*. Em termos simples, a Lei de Brooks afirma que "acrescentar mão de obra a um projeto de software atrasado faz com que ele atrase ainda mais".[8] Isso foi comprovado em diversos estudos. Lawrence Putnam é uma figura lendária na área de desenvolvimento de softwares, e ele dedicou sua vida a estudar quanto tempo se gasta para fazer as coisas e por quê. Seu trabalho mostrou repetidamente que projetos com 20 pessoas ou mais demandavam mais esforço do que aqueles com cinco ou menos. Não um pouquinho mais de esforço – muito mais. Uma equipe grande demorava cerca de cinco vezes mais horas do que uma pequena. Ele viu isso se repetir em diversas ocasiões e, em meados da década de 1990, resolveu realizar um estudo abrangente para tentar determinar o tamanho da equipe ideal. Analisou 491 projetos de médio porte em centenas de empresas. Todos eles exigiam a criação de novos produtos ou funcionalidades, não uma reformatação de versões antigas. Putnam dividiu os projetos conforme o tamanho das equipes e notou algo logo de início. Quando tinham mais do que oito integrantes, elas demoravam muito mais para concluir as tarefas. Equipes de três a sete pessoas despendiam cerca de 25% do esforço das que tinham entre nove e 20 membros para realizar o mesmo trabalho. Resultados semelhantes foram obtidos em centenas de projetos. O fato de que grupos muito grandes realizam *menos* parece ser uma regra fixa da natureza humana.

Mas por quê? Para responder a essa pergunta, precisamos examinar as limitações do cérebro humano. Você provavelmente já ouviu falar do clássico estudo que George Miller publicou em 1956 que mostrou que o número máximo de itens que o indivíduo médio consegue reter na memória de curto prazo é sete. Supostamente, essa é a razão pela qual, nos Estados Unidos, os números de telefone têm sete dígitos. O problema é que pesquisas posteriores provaram que a conclusão de Miller estava errada.

Em 2001, Nelson Crown, da Universidade do Missouri, se perguntou se a regra mágica de sete era verdadeira e conduziu uma vasta avaliação de todas as novas pesquisas sobre o assunto. Na realidade, o número de itens que alguém consegue reter na memória de curto prazo não é sete. É quatro.[9] Com frequência, as pessoas pensam que conseguem decorar mais do que isso se usarem um truque mnemônico ou se simplesmente se concentrarem mais. No entanto as pesquisas são claras: somos capazes de memorizar apenas quatro informações. O exemplo clássico é dar a alguém a seguinte série de 12 letras: *fbicbsibmirs*. Em geral, os indivíduos se lembram de quatro dessas letras – *a não ser* que percebam que elas podem ser agrupadas em acrônimos conhecidos: FBI, CBS, IBM, IRS. Ao conectar elementos na sua memória de curto prazo a associações de longo prazo, você consegue reter mais. No entanto, a parte do cérebro que se concentra – a parte consciente – só é capaz de guardar cerca de quatro itens distintos de cada vez.

Portanto, há um limite fixo para o que o cérebro consegue gravar em determinado momento. O que nos leva de volta a Brooks. Quando tentou desvendar por que acrescentar participantes fazia com que um projeto demorasse mais, ele descobriu dois motivos. O primeiro é o tempo que os indivíduos levam para entrar no ritmo. Como é de esperar, fazer com que um novo integrante entre no ritmo acaba desacelerando todos os outros membros da equipe. O segundo motivo tem a ver não apenas com a forma *como* pensamos, mas também, quase literalmente, com *o que* nossos cérebros são capazes de pensar. O número de canais de comunicação aumenta de maneira radical de acordo com a quantidade de pessoas, e nosso cérebro não consegue lidar com isso.

Para calcular o impacto do tamanho de um grupo, multiplique o número de integrantes de uma equipe por esse mesmo número menos um e divida o resultado por dois. Canais de comunicação = n (n – 1)/2. Por exemplo, se houver cinco indivíduos, haverá 10 canais. Seis indivíduos, 15 canais; 7, 21; 8, 28; 9, 36; 10, 45. Nosso cérebro não é capaz de lidar com tantas pessoas ao mesmo tempo. Não sabemos o que todo mundo está fazendo. E diminuímos o ritmo enquanto tentamos descobrir.

Como em uma equipe das Forças Especiais, todos os integrantes de uma equipe do Scrum precisam saber o que todos os outros estão fazendo. O trabalho que está sendo realizado, os desafios enfrentados e o progresso feito devem ficar claros para todo mundo. Se o grupo fica muito grande, a capacidade de comunicação constante entre as pessoas é atrapalhada. Surgem muitas correntes cruzadas. Com frequência, a equipe se divide social e funcionalmente em subequipes que começam a trabalhar com objetivos contrários. A multifuncionalidade se perde. Reuniões que levavam minutos começam a demorar horas.

Não faça isso. Mantenha suas equipes pequenas.

O Scrum Master

Na época da primeira equipe de Scrum, eu lhes mostrava com frequência um vídeo do All Blacks se preparando para uma partida. O All Blacks, um time de rúgbi lendário da diminuta Nova Zelândia, é uma equipe transcendente. Antes de cada jogo eles realizam a *haka*, uma cerimônia de guerreiros maoris. A *haka* é uma dança que energiza as pessoas que estão prestes a enfrentar uma batalha. Ao assisti-la, é quase possível sentir a energia que sai de cada jogador se mesclar em uma grande unidade. A partir de batidas dos pés e das mãos e canto sincronizados – movimentos ritualizados que significam cortar a garganta do inimigo –, você vê homens comuns se transformarem em algo mais, algo maior. Eles invocam um espírito guerreiro que não aceita derrota nem desânimo.

Foram necessárias algumas exibições do vídeo, mas chegou um momento em que os programadores ligeiramente fora de forma da minha equipe começaram a falar sobre como *eles* poderiam ser daquele jeito. Eles listaram quatro aspectos que mereciam ser imitados. O primeiro era a concentração intensa na meta, gerada e energizada pelos cânticos maoris. O segundo era a colaboração extrema – braços e corpos unidos em direção ao mesmo objetivo. O terceiro era o ímpeto de destruição – qualquer elemento no caminho deveria ser eliminado. O quarto era o entusiasmo de todos quando qualquer integrante do time conseguia avançar com a bola. Não importava quem fosse. O fato em si era uma razão para comemorar.

Então estabelecemos essa estrutura de sprints, reuniões diárias em pé, revisões e retrospectivas, e percebi que precisávamos de alguém cujo trabalho fosse garantir que o processo em si funcionasse. Não um gerente – um líder a serviço de um time, algo entre um capitão e um técnico. Enquanto assistíamos ao All Blacks todo dia, perguntei ao grupo que nome deveríamos dar a essa pessoa. Eles escolheram "Scrum Master" (Mestre Scrum). Ele conduziria todas as reuniões, se certificaria de que houvesse transparência e, o mais importante, ajudaria a equipe a descobrir o que estava atrapalhando o andamento do projeto. O elemento-chave seria perceber que, com frequência, o obstáculo não é simplesmente o fato de uma máquina não funcionar ou o cara da contabilidade ser um babaca – é o processo em si. É tarefa do Scrum Master guiar a equipe em direção ao *aperfeiçoamento contínuo* – perguntar regularmente: "Como podemos fazer melhor aquilo que fazemos?"

No cenário ideal, ao fim de cada ciclo, de cada sprint, a equipe se autoexaminaria – suas interações, suas práticas e seus processos – e faria duas perguntas: "O que podemos mudar na forma como trabalhamos?" e "Qual é nosso maior ponto de conflito?". Se essas duas questões forem respondidas de maneira franca, o grupo será capaz de avançar mais rápido do que qualquer um já imaginou.

Odeie o jogo, não o jogador

Em geral, quando o moral, a união e a produtividade de uma equipe estão baixos, isso se deve a um mal-entendido básico a respeito de como funciona o ser humano. Quantas vezes você já se uniu a um colega para falar mal de um terceiro que "não está fazendo o próprio trabalho", ou "sempre atrasa a gente" ou "toma decisões idiotas"? Ou esteve em um grupo que enfrenta um problema e a primeira coisa que todo mundo faz é tentar apontar culpados?

Aposto que você já participou de uma reunião assim. E que, em uma ocasião ou outra, foi você quem acabou levando a culpa. Mas também aposto que, quando põe a culpa em outra pessoa, você encontra falhas pessoais nela, ao passo que, se *você* for apontado como culpado, torna-se muito mais consciente dos fatores situacionais que levaram ao problema e do motivo pelo qual agiu de determinada forma. Sabe por quê? Quando fala sobre si próprio, você está completamente certo. No entanto, quando fala sobre os outros, comete um dos erros humanos mais comuns – e destrutivos – no julgamento das ações de terceiros. Ele tem até um nome: "erro fundamental de atribuição".

Alguns estudos fascinantes a respeito disso são mostrados no livro *Induction: Processes of Inference, Learning, and Discovery* (Indução: processos de inferência, aprendizado e descoberta), de John H. Holland e outros três autores. Um dos artigos desse livro foi publicado no começo dos anos 1970, portanto não é novo. É um texto antigo, que vem sendo reproduzido repetidas vezes, sobre o que motiva as pessoas. Esse grupo de pesquisadores reuniu um monte de estudantes universitários do sexo masculino e fez duas perguntas simples: "Por que você escolheu o seu curso?" e "Por que você namora a pessoa com quem está namorando?". Em seguida, os pesquisadores pediram que os rapazes respondessem às mesmas perguntas sobre seu melhor amigo. Houve diferenças significativas. Quando o assunto eram eles próprios, os estudantes não falavam sobre suas características pessoais, mas sobre o que tinha sido perguntado. Diziam coisas como "Química é uma área que paga bem", sobre o curso escolhido, ou "Ela é uma pessoa muito afetuosa", sobre a namorada. No entanto, quando falavam sobre os melhores amigos, mencionavam as habilidades e as necessidades deles – por exemplo, "Ele sempre foi bom em matemática", ou "Ele é meio dependente e precisa de uma mulher que tome as decisões".[10]

Essa percepção de mundo é engraçada quando a vemos nos outros. Fica óbvio que estão cometendo equívocos. Mas, antes de rir, é preciso se dar conta de que *você* também faz isso o tempo todo. Todo mundo faz. Temos a impressão de que nós reagimos às situações, mas achamos que os outros são motivados por sua personalidade. Um efeito colateral divertido é que, quando somos solicitados a descrever nossas características pessoais e as particularidades de nossos amigos, sempre nos pintamos como muito mais entediantes. Afirmamos ter muito menos traços de personalidade do que os outros.

Os autores de *Induction* traçam um paralelo interessante entre o modo como pensamos erroneamente sobre motivações sociais e como indivíduos que não são cientistas ou que têm apenas um entendimento intuitivo da física enxergam o planeta.

Um físico intuitivo talvez explique por que uma pedra cai dizendo que a pedra tem a característica intrínseca da gravidade em vez de afirmar que a gravidade é parte de um sistema de forças que age sobre a pedra. Da mesma forma, quando falamos sobre os outros, mencionamos suas propriedades inerentes e não enxergamos a relação dessas propriedades com o ambiente externo. Na verdade, são as interações com o ambiente que guiam nosso comportamento. É o *sistema à nossa volta*, não qualquer qualidade intrínseca, o responsável por grande parte de nossa conduta. O Scrum é projetado para modificar esse sistema. Em vez de procurar culpa e falha, ele recompensa comportamentos positivos ao fazer com que as pessoas se concentrem em trabalhar em grupo e completar as tarefas.

Talvez a demonstração mais famosa dessa reação humana a sistemas seja o experimento de Milgram sobre obediência a figuras de autoridade, realizado no início da década de 1960 na Universidade Yale. O experimento era simples e, aos olhos modernos, um tanto cruel. Também era devastador e poderoso, e é ensinado no primeiro ano de todas as faculdades de psicologia. O Dr. Stanley Milgram, professor de Yale, tinha uma pergunta que era um bocado pertinente naquela época. Três meses antes de os testes começarem, Adolf Eichmann, o arquiteto do Holocausto, fora a julgamento.

Uma das questões mais perenes a respeito do Holocausto é como tantos milhões de pessoas poderiam ser cúmplices solícitas de tal horror. Será que os alemães eram fundamentalmente repreensíveis do ponto de vista moral? Havia algo intrinsecamente mau em sua constituição cultural? Ou será que eles estavam de fato apenas cumprindo ordens? É muito fácil olhar para crimes contra a humanidade e culpar os indivíduos por suas ações. É a coisa certa a fazer, não é? No entanto, a pergunta a que Milgram queria responder é: os americanos comuns são tão diferentes assim dos alemães? Será que teriam reagido de maneira diferente na mesma situação? E a resposta desconfortável é: não, os americanos *não* teriam reagido de modo distinto. Na verdade, se levarmos em conta quantos países e quantas culturas replicaram o experimento, *ninguém* teria. Na situação propícia, somos todos capazes de ser nazistas.

A experiência funcionava da seguinte maneira: alguém usando um jaleco branco (que dá um verniz de autoridade científica) dizia ao sujeito, uma pessoa comum, para administrar choques elétricos cada vez mais fortes a um terceiro indivíduo, um ator, que estava em outra sala. O sujeito ouvia o ator, mas não conseguia vê-lo. À medida que os choques aumentavam, o ator começava a gritar e implorar. Em dado momento, o ator (que em algumas versões do experimento dizia ao sujeito que tinha um problema cardíaco) começava a bater na parede, suplicando que o experimento fosse interrompido. Por fim, ele ficava em silêncio.

Algumas pessoas paravam em 135 volts, enquanto o ator gritava, e perguntavam qual era o propósito do experimento. Quase todas continuavam depois que lhes asseguravam que elas não seriam responsabilizadas. Algumas começavam a rir nervosamente ao ouvirem os uivos de agonia vindos da sala ao lado. Quando alguém queria parar, o "cientista" simplesmente dizia: "Por favor, *continue*." E, se a pessoa não quisesse continuar, o cientista falava: "O experimento requer que você *continue*." Se ainda assim não houvesse nenhum movimento, o cientista acrescentava: "É fundamental que você *continue*." Quase todos pareciam estar sob alto nível de estresse e suavam muito. Apresentavam pulso e temperatura elevados conforme o instinto de "luta ou fuga" assumia o comando. Então, se ainda assim não apertassem o botão, o cientista tentava uma última vez. "Você não tem outra escolha. *Precisa* continuar."

Quase todos iam em frente, dando o último choque em alguém que estivera gritando e então se calara. No artigo "The Perils of Obedience" (Os perigos da obediência), de 1974, Milgram resumiu as implicações do estudo da seguinte forma:

> Pessoas comuns, simplesmente fazendo seu trabalho e sem qualquer hostilidade pessoal específica, podem se tornar agentes de um terrível

processo destrutivo. Além disso, mesmo quando os efeitos destrutivos de seu trabalho se tornam evidentes e pedem a elas que executem ações incompatíveis com padrões morais fundamentais, relativamente poucas pessoas têm os recursos necessários para resistir à autoridade.[11]

Quando esse experimento é debatido em sala de aula, em geral destaca-se para os alunos que o culpado é o *sistema* dentro do qual as pessoas comuns agiram, não os próprios indivíduos. Mas assimilar essa lição é uma tarefa difícil, porque, se aceitarmos que é verdadeira, o que ela diz sobre nós?

O que ela afirma é que somos *todos* criaturas do sistema do qual fazemos parte. O Scrum aceita essa realidade e, em vez de procurar alguém para culpar, tenta examinar o sistema que produziu o fracasso e consertá-lo.

Outro experimento que lança luz sobre um fenômeno parecido foi realizado em um seminário teológico no começo dos anos 1970. Supõe-se que os seminaristas sejam as pessoas mais compassivas do mundo, certo? Os sujeitos do estudo foram informados de que precisavam dar um sermão no outro lado do campus. Alguns foram inclusive orientados a correr, pois havia pessoas esperando e eles estavam atrasados. Outros não receberam o aviso para se apressarem. Ao atravessar o terreno, cada seminarista passava por alguém gemendo e pedindo ajuda em uma porta. Quantos daqueles que foram informados de que precisavam ir rápido pararam para ajudar? Dez por cento. Dos *seminaristas.*

Ainda assim as pessoas querem culpar os indivíduos, não os sistemas. A sensação é melhor. O erro fundamental de atribuição satisfaz nosso senso de justiça. Se pudermos culpar alguém, afastamos a possibilidade de que faríamos o mesmo – de que temos tanta probabilidade de apertar o botão quanto qualquer um se nos encontrarmos nas circunstâncias adequadas.

Como esse erro de pôr a culpa em indivíduos, e não nos sistemas, se manifesta no mundo dos negócios? Tenho dois bons exemplos. O primeiro é a New United Motor Manufacturing, Inc. (Nummi), uma fábrica de automóveis em Fremont, na Califórnia, um empreendimento conjunto da General Motors e da Toyota. A fábrica foi fechada pela GM em 1982. A gerência classificou a mão de obra como a pior dos Estados Unidos. Os funcionários bebiam durante o expediente, não apareciam para trabalhar e sabotavam sutilmente os carros (por exemplo, pondo uma garrafa de refrigerante dentro de uma porta, o que provocaria um ruído que incomodaria os clientes). A Toyota reabriu a fábrica em 1984. A GM informou a eles que os trabalhadores eram péssimos, mas os gerentes eram ótimos e deviam ser recontratados. Em vez disso, a Toyota não recontratou os gerentes e chamou a maior parte da mão de obra original de volta – chegou até a mandar alguns deles ao Japão para que aprendessem o Sistema Toyota de Produção. Quase instantaneamente, a Nummi passou a fabricar carros com tanta precisão e tão poucos defeitos quanto os que eram produzidos no Japão. Mesmas pessoas, sistema diferente. A GM nunca alcançou os mesmos níveis de qualidade em nenhuma de suas outras fábricas nos Estados Unidos. Ela se retirou do acordo de operação conjunta no ano em que foi à falência.

O segundo exemplo que me vem à mente é um pouco diferente. Ele lembra quanto procurar alguém a quem culpar por um problema em vez de procurar solucioná-lo é uma "posição-padrão". Isso tem a ver com a forma como os capitalistas de risco com quem trabalho agem quando decidem investir em uma empresa. Algo que me surpreendeu quando entrei para a OpenView Venture Partners é que, ao contrário de muitas firmas que lidam com investimentos de risco, eles não pareciam ligar muito para a forma como a empresa gastou o dinheiro que tinha *antes* de receber o investimento. O passado não importa. A OpenView decide se quer gastar seu dinheiro com base no estado atual de uma empresa – tudo mais é irrelevante. Eles querem saber como o dinheiro *deles* será gasto. Como a empresa usou o dinheiro de outras pessoas não tem importância. Só o futuro é relevante – apenas as *soluções*.

Atingindo a grandeza

O momento em que uma equipe começa a se alinhar e sincronizar pode parecer mágico. Você sente isso acontecendo quando entra na sala em que está o grupo. Consegue enxergar quando um time assim entra em campo. Eles parecem flutuar; tornaram-se maiores do que a soma dos indivíduos.

Há pouco tempo, estive na casa de um amigo em Copenhague que adora futebol. Não lembro bem qual era o torneio de que o time dele estava participando, mas foi uma experiência intensa vê-lo pular e gritar diante da televisão. Ali estava um fã de esporte muito indignado. E então chegou o seguinte momento: o placar estava empatado, a partida estava nos últimos segundos e o time dele tinha a posse de bola. *Sem verificar a posição de seus companheiros*, um atacante que estava mais ou menos na metade do campo do seu time chutou a bola para um bloco de jogadores em frente ao gol. O problema era que nenhum deles era do time do atacante. Por um momento fiquei desanimado, mas aí um jogador do time do meu amigo apareceu de repente – na hora e no lugar certos – e cabeceou a bola para dentro do gol. Ele tinha corrido a toda a velocidade do meio do campo em direção à massa de oponentes em frente às traves, onde aproveitou a oportunidade de cabecear. Foi uma surpresa completa. No entanto, o atacante que lançara a bola tinha fé em que seu companheiro estaria em seu devido lugar. E o companheiro tinha fé em que a bola seria posicionada em um ponto no qual ele pudesse fazer algo com ela. Esse é o tipo de sincronia que inspira a gente.

E é esse estado que quero ajudar as pessoas a atingirem com o Scrum. Não é impossível. Não são apenas os atletas e as pessoas especiais ou superiores que podem alcançar isso. A chave é estabelecer a estrutura correta, com os incentivos certos, e dar aos indivíduos a liberdade, o respeito e a autonomia de fazer coisas por conta própria. A grandeza não pode ser imposta; ela precisa vir de dentro. E ela existe dentro de cada um de nós.

RESUMO

- **Puxe a alavanca certa.** Mude o desempenho da equipe. Isso tem *muito* mais impacto – muito mais mesmo – do que o desempenho individual.
- **Transcendência.** Equipes excelentes têm um propósito maior do que o individual. Por exemplo, enterrar o general MacArthur ou ganhar o campeonato da NBA.
- **Autonomia.** Dê às equipes liberdade para tomar decisões sobre como agir – para que sejam respeitadas como mestres em suas respectivas áreas. A capacidade de improvisar fará toda a diferença, não importa se o grupo está cobrindo uma revolução no Oriente Médio ou vendendo algo.
- **Multifuncional.** A equipe precisa ter todas as habilidades necessárias para completar um projeto, não importa se a missão é produzir software para a Salesforce.com ou capturar terroristas no Iraque.
- **Menor é melhor.** Equipes pequenas trabalham mais rápido do que as grandes. A regra básica é que sete integrantes são o ideal – podendo ter mais ou menos dois. Eu diria que menos.
- **Culpar é idiotice.** Não procure as pessoas ruins, procure os sistemas ruins – aqueles que incentivam comportamentos errados e recompensam desempenhos fracos.

CAPÍTULO 4

Tempo

O tempo é o maior limitador dos projetos humanos. Ele afeta tudo: quanto trabalhamos, quanto demoramos para concluir as tarefas, o nível de sucesso que obtemos. O fluxo unidirecional implacável do tempo molda de maneira fundamental a forma como vemos o mundo e nós mesmos. Como disse o poeta inglês Andrew Marvell, que viveu no século XVII, "se tivéssemos mundo de sobra, e tempo", tudo poderia ser realizado. Mas é claro que a consciência da mortalidade se faz presente em todos os nossos empreendimentos. Sabemos que nosso tempo é limitado. Sendo assim, não seria um crime terrível desperdiçá-lo? Marvell escreve:

Assim, embora não possamos parar
Nosso sol, ainda o faremos correr.[1]

Mas como fazer isso? É fácil gritar "Carpe diem!" de cima de um palco para inspirar uma multidão, mas será que conseguimos fazer isso na prática? Na maioria dos empregos, pedem aos funcionários que se sentem, apertem os cintos e fiquem lá durante horas. "Não pense no mundo lá fora", declaram nossos chefes, implicitamente. "Não se preocupe com seus filhos, suas férias ou mesmo com o jantar – apenas trabalhe, e depois trabalhe mais, e você será recompensado. Receberá aquela promoção. Fará aquela venda. Terminará aquele projeto."

Não tenho nada contra promoções, vendas ou projetos, mas é fato que é horrível quando as pessoas trabalham dessa forma. Nossa concentração é pífia, passamos muito mais horas no escritório do que o necessário e somos desastrosos ao estimar o tempo que cada tarefa levará. Estou falando de *todas* as pessoas – nós, seres humanos, simplesmente *somos* assim.

Quando comecei a desenvolver o Scrum, não tinha a intenção de criar um novo "processo". Só queria reunir todas as pesquisas que haviam sido feitas ao longo de décadas sobre como as pessoas trabalham melhor e reproduzir isso. Queria incorporar as melhores práticas e roubar quaisquer boas ideias com que me deparasse. Pouco antes do primeiro Scrum de verdade – na Easel, em 1993 –, eu trabalhava em uma empresa a algumas quadras do Laboratório de Mídia do MIT e uma ideia vinda do laboratório acabou virando a essência do Scrum: o sprint.

O sprint

No começo dos anos 1990, o Laboratório de Mídia estava inventando um monte de coisas legais. Foi nessa época que a World Wide Web nasceu, e o pessoal de lá estava fazendo de tudo: robôs, a tinta eletrônica que torna os *e-readers* possíveis, novas formas de codificar o som. Era um tempo inebriante. Eu tentava contratar estudantes vindos do laboratório, porque eles eram cheios de ideias, tinham uma habilidade impressionante de fazer coisas legais e conseguiam realizá-las rapidamente.

A velocidade com que trabalhavam se devia a uma política que o Laboratório de Mídia estabelecera para todos os projetos. A cada três semanas, as equipes precisavam mostrar para os colegas o que estavam fazendo. Era uma demonstração aberta; qualquer um podia aparecer. E, se o produto demonstrado não funcionasse e não fosse legal, os diretores do laboratório cancelavam o projeto. Isso obrigava os estudantes a desenvolver coisas legais com rapidez. E, além disso, o que era ainda mais importante, fazia com que tivessem feedback imediato.

Pense nos projetos em que você trabalha. Aposto que raramente recebe feedback a respeito deles antes que estejam prontos – o que pode levar meses ou até anos. É possível que você siga em uma direção *completamente* errada durante meses sem sequer suspeitar. Isso significa jogar fora grande parte da sua vida. No mundo dos negócios, essa pode ser a diferença entre sucesso e fracasso. Isto acontece o tempo todo: uma empresa gasta anos em um projeto que parecia uma boa ideia quando os funcionários começaram a trabalhar nele, mas, no momento em que cruzam a linha de chegada, o mercado já mudou por completo. Quanto mais cedo você der amostras para seus clientes, mais rápido eles poderão lhe dizer se você está produzindo algo de que precisam.

Assim, quando comecei o primeiro Scrum na Easel e informei ao CEO que não lhe apresentaria um diagrama de Gantt enorme e detalhado, que nós dois sabíamos que estava errado, ele disse: "Tudo bem. O que você *vai* me apresentar?" E eu lhe respondi que, todo mês, apresentaria uma parte do software em pleno funcionamento. Não algo que só funcionasse no *back end*. Não um pedaço da arquitetura. Uma parte do software que o cliente pudesse de fato usar. Uma funcionalidade totalmente implementada.

"Ok", disse ele. "Faça isso."

E então minha equipe embarcou no que chamamos de "sprints". Nós os batizamos assim porque esse nome evoca intensidade.* Trabalharíamos a todo vapor durante um curto período de tempo e então pararíamos para ver em que ponto estávamos.

A equipe WIKISPEED é um grupo fundado pelo maravilhosamente batizado Joe Justice (João Justiça). Eles produzem carros. Automóveis

---

* Em inglês, *sprint* significa ir a toda a velocidade por um breve período de tempo, em especial nas corridas de curta distância. [*N. da T.*]

que fazem mais de 40 quilômetros por litro de combustível, têm permissão para circular, obtêm nota máxima nos testes de uso, chegam a alcançar 225km/h e custam pouco menos do que um Toyota Camry nos Estados Unidos. A WIKISPEED ainda aprimora constantemente o carro, mas, se você quiser comprá-lo, deposite 25 mil dólares através do site wikispeed.com e a equipe providenciará um em três meses. Ela usa o Scrum para fabricá-lo. Como muitas das melhores equipes da atualidade, a WIKISPEED trabalha em sprints de uma semana. Toda quinta-feira, eles se reúnem e olham para a imensa lista de coisas a fazer, desde montar um protótipo de um novo painel até testar as lanternas de seta. A lista é ordenada de acordo com o nível de prioridade das tarefas, então o grupo diz: "Certo, levando em conta a lista, quantos desses itens podemos fazer esta semana?" Com "fazer" eles querem dizer "concluir" o item. E essas novas características funcionam. O carro anda. A cada semana. A cada sprint.

Ao entrar no covil da equipe WIKISPEED, ao norte de Seattle, em uma quinta-feira normal, você vê o glorioso caos organizado que é uma oficina mecânica. Há caixas com ferramentas, serras, equipamentos eletrônicos, parafusos e chaves inglesas. Uma fresadora Router CNC fica em um canto, perto do chassi semiconstruído de um carro no boxe três. Uma furadeira e uma dobradeira de metal descansam em um lado, como se fossem cachorrinhos esperando alguém para brincar com eles. No dia em que fizemos nossa visita, acima do chassi havia uma foto do comprador do carro – Tim Myer. Ele gosta de escalada, batata chips e sidra. E não gosta de não saber o que está acontecendo ou de não ter opções. Nos fins de semana, é possível encontrá-lo nas montanhas; nas noites de segunda-feira, ele dança na taverna Tractor.

Bem à nossa frente, no boxe um, está o primeiro carro que a WIKISPEED construiu – o mesmo que participou de um concurso da XPrize, com prêmio de 10 milhões de dólares, para carros que atingissem uma eficiência de combustível de mais de 42 quilômetros por litro. Eles ficaram em décimo lugar, à frente de mais de 100 concorrentes de grandes montadoras e universidades. Como resultado, a equipe foi convidada para o Salão do Automóvel de Detroit de 2011 e ganhou um espaço privilegiado, entre a Chevy e a Ford. Agora, esse mesmo veículo serve de tubo de ensaio para novas ideias.

Perto do carro, há uma parede de quase 4 metros de altura, completamente revestida por um quadro branco, que cobre toda a extensão da oficina. Nela, há dezenas e dezenas de um dos artefatos mais comuns encontrados no Scrum: post-its. Em cada um desses quadradinhos coloridos há uma tarefa a ser realizada: "tubo de perfuração para cremalheira da caixa de direção", "preparar molde do interior", "instalar forro interno dos para-lamas para evitar sujeira dos pneus" etc.

O quadro é dividido em algumas colunas: "A fazer", "Fazendo" e "Feito". A cada sprint, a equipe WIKISPEED põe na coluna "A fazer" a maior quantidade possível de post-its que eles acreditam que conseguirão realizar naquela semana. Conforme os dias passam, um integrante da equipe pega uma dessas tarefas e a passa para a coluna "Fazendo". Quando a atividade é finalizada, ela é movida para a coluna "Feito". Todos os membros da equipe podem ver em que os outros estão trabalhando em determinado momento.

Um ponto importante: nada é posto na coluna "Feito" a não ser que possa ser usado pelo cliente. Em outras palavras, a não ser que se possa *dirigir* o carro. E, se alguém dirigir o carro e disser que as alavancas das setas estão travando, o problema é resolvido no sprint seguinte.

Às vezes chamamos os sprints de "janelas de tempo". Têm duração definida. Não se faz um sprint de uma semana e depois outro de três semanas. É preciso ser coerente. É necessário estabelecer um ritmo de trabalho, para que as pessoas saibam quanto conseguem realizar em certo período. Com frequência, essa quantidade as surpreende.

No entanto, um elemento crucial de um sprint é que, assim que a equipe se compromete com aquilo que realizará, as tarefas sejam fixas. Nada mais pode ser acrescentado por alguém de fora da equipe. Mais à frente explicarei melhor as razões disso, mas, por enquanto, saiba que interferir e distrair a equipe diminui consideravelmente a velocidade do trabalho.

Como já mencionei, no primeiro Scrum nossos sprints tinham duração de quatro semanas. Perto do fim do primeiro sprint, sentimos que não estávamos indo rápido o bastante, que poderíamos fazer mais. Assistimos a alguns vídeos dos All Blacks fazendo a *haka* e rompendo a linha de defesa adversária. *Por que não somos assim?*, nos perguntamos. *Por que não temos esse mesmo espírito?* Nosso objetivo não era apenas ser uma boa equipe. Queríamos ser a melhor de todas. Como poderíamos fazer isso? Mais uma vez, a resposta se mostrou algo simples que pegamos emprestado – a reunião diária.

A reunião diária

Perto de uma cidade que não posso dizer qual é, em uma empresa cujo nome não posso revelar, um grupo se reúne todo dia para pensar em como mandar pessoas para o espaço. Como os foguetes espaciais são, na verdade, mísseis intercontinentais com carga humana, o negócio das viagens espaciais particulares exige certa segurança e sigilo. E isso é um *negócio*, não apenas o sonho louco de um bilionário. No momento em que escrevo, outro foguete particular acaba de se acoplar à Estação Espacial Internacional pela segunda vez. Nem mesmo o governo dos Estados Unidos tem capacidade para fazer isso nos dias atuais.

Mas, nesse edifício específico, nesse dia em especial, essas pessoas estão tentando determinar qual deve ser o tamanho do recipiente que contém os componentes aviônicos do foguete. Esses componentes informam ao foguete sua localização, para onde ele está indo e como chegar lá. Pense neles como o cérebro do foguete espacial.

Há duas equipes, cada qual com cerca de sete integrantes: uma para hardware e outra para software. Todo dia, cada grupo se reúne em frente a um quadro branco que vai do chão ao teto e que ocupa uma parede inteira. Assim como na WIKISPEED, há algumas colunas no quadro: "A fazer", "Fazendo" e "Feito". Só são listadas nas colunas as tarefas que a equipe precisa realizar durante o sprint atual, que vão desde trabalhar com um dos seis fornecedores especializados de placas de circuito até mapear como o acelerômetro se comunicará com o resto da nave. O Scrum Master, encarregado do comando do processo, faz as seguintes perguntas a cada integrante:

1. O que você fez ontem para ajudar a equipe a concluir o sprint?
2. O que você fará hoje para ajudar a equipe a concluir o sprint?
3. Que obstáculos estão atrapalhando a equipe?

E só. A reunião se resume a isso. Se ela demorar mais de 15 minutos, está sendo feita de modo errado. O objetivo é fazer com que toda a equipe saiba exatamente como tudo está se desenrolando no sprint. Todas as tarefas serão concluídas dentro do prazo? Há como auxiliar outros integrantes a superar os obstáculos? As tarefas não são atribuídas por um superior, mas pelos *integrantes* da equipe; eles têm autonomia. Não existe um relatório detalhado para a gerência. Qualquer gerente ou membro de outra equipe pode passar pela sala e dar uma olhada no quadro Scrum da equipe de aviônica para saber exatamente em que pé as coisas estão.

Quando os integrantes da primeira equipe de Scrum queriam descobrir como se igualar aos All Blacks, recorreram à literatura especializada para desvendar como as melhores equipes trabalhavam. Um dos melhores aspectos do desenvolvimento de softwares é que logo no começo a situação estava tão ruim e tanto dinheiro estava sendo desperdiçado – bilhões e bilhões todo ano – que se dedicou muito tempo a pesquisas sobre os motivos disso, de modo que existiam dados sobre tudo.

Uma das pessoas que examinaram como o trabalho é feito no setor de desenvolvimento de softwares foi Jim Coplien, nos lendários Bell Labs da AT&T. Coplien, que é chamado por si mesmo e pelos outros de "The

Cope", passou anos investigando centenas de projetos de desenvolvimento de softwares, tentando descobrir por que apenas uma pequena parte deles dava certo enquanto a maioria era um desastre. No começo dos anos 1990, ele foi convidado a inspecionar um projeto na Borland Software Corporation, que estava criando um novo programa para a elaboração de planilhas, batizado de "Quattro Pro for Windows". Durante 31 meses, oito pessoas haviam trabalhado para criar um milhão de linhas de código. Isso significa que cada integrante do grupo produzia mil linhas de código por semana. É o maior ritmo já registrado por qualquer equipe, e Coplien queria descobrir como eles conseguiram isso.

Ele então mapeou todos os fluxos de comunicação entre a equipe – quem falava com quem, quando a informação fluía e quando ela emperrava. Esse tipo de mapeamento é uma ferramenta que pode ser usada para identificar gargalos ou indivíduos que retêm informações. Quanto maior a saturação de comunicação – quando todo mundo fica sabendo de tudo –, mais rápida é a equipe. Basicamente, esse tipo de análise mede quanto cada um sabe sobre o que precisa saber para realizar seu trabalho. A Borland tinha o maior percentual já encontrado: 90%. A maioria das empresas tem cerca de 20%.

Como poderíamos atingir o mesmo nível de saturação em nossa equipe? O fator que atrapalha esse fluxo é a especialização – a quantidade de papéis e títulos em um grupo. Quando recebem uma função especial, as pessoas tendem a fazer somente o que parece corresponder a elas. E, para proteger seu cargo, em geral tentam reter conhecimentos específicos.

Então eliminamos todos os títulos. Reuni todos os membros da equipe e lhes pedi que rasgassem seus cartões de visita. Se alguém quisesse pôr um título no currículo, só poderia fazê-lo para uso externo. Dentro do escritório, onde o trabalho era realizado, todos eram apenas integrantes da equipe.

O outro "ingrediente secreto" da Borland era que eles faziam reuniões diárias com todos os integrantes do grupo para discutir como ia o trabalho. Reunir todo mundo em uma sala era crucial, porque dava à equipe a oportunidade de se organizar para enfrentar desafios. Se alguém estava com um problema que não conseguia solucionar – por exemplo, se o acelerômetro não estivesse se comunicando com o altímetro –, todos tinham consciência de como o obstáculo poderia atrapalhar o sprint inteiro. Assim, todos se debruçavam sobre essa questão, para garantir que fosse solucionada rapidamente.

Na Borland, a reunião diária durava pelo menos uma hora. Isso me pareceu muito tempo, então examinei quais as questões essenciais a serem abordadas nessa ocasião e bolei as três perguntas.

E foi assim que a reunião diária foi posta em prática. Tínhamos certas regras. O encontro ocorria no mesmo horário todos os dias, e *todo mundo* precisava participar. Se a equipe inteira não estivesse presente, a comunicação simplesmente não funcionaria. E não importava a hora que marcássemos, desde que fosse a mesma todo dia. O que interessava era dar à equipe um ritmo regular.

A segunda regra era que a reunião não poderia durar mais de 15 minutos. Queríamos que fosse ágil, direta e objetiva. Se qualquer ponto demandava mais discussões, tomávamos nota e nos reuníamos de novo mais tarde. A ideia era obter a maior quantidade possível de informações valiosas e úteis no menor intervalo de tempo possível.

A terceira regra era que todos tinham que participar ativamente. Para ajudar nisso, pedi que todo mundo ficasse de pé. Dessa forma, falaríamos e escutaríamos de maneira ativa. Isso também ajudaria a manter as reuniões curtas.

É por isso que esse encontro é muitas vezes chamado de reunião diária em pé ou Daily Scrum. Na verdade, não importa *como* você vai chamá-la. Ela precisa acontecer no mesmo horário todo dia, com as mesmas três perguntas, com todo mundo de pé e não pode durar mais do que 15 minutos.

O problema que surge com frequência é que as pessoas tendem a tratar a reunião diária como um simples relatório individual. "Fiz isso", "Vou fazer aquilo" e passa para o próximo. A melhor abordagem se parece com as ocasiões em que os atletas se reúnem entre uma jogada e outra no futebol americano. Um deles pode dizer: "Estou tendo dificuldade com aquele defensor." Outro responderá: "Deixe que eu cuido disso, vou abrir espaço para você." Ou o *quarterback* poderá dizer: "Nosso ataque não está conseguindo passar pela defesa, vamos surpreendê-los com um passe pela esquerda." A ideia é que a equipe debata rapidamente como avançar em direção à vitória, isto é, ao sucesso do sprint. A passividade não é apenas um comportamento preguiçoso, ela atrapalha o desempenho do resto do grupo. Quando identificada, deve ser eliminada na mesma hora.

Quero equipes agressivas, que saiam da reunião diária sabendo qual é a coisa mais importante que precisam realizar naquele dia. Um indivíduo pode ouvir alguém dizer que uma tarefa levará um dia, mas outro integrante do grupo pode saber como realizá-la em apenas uma hora se todos trabalharem juntos. Quero grupos que encerrem a reunião dizendo frases como "Vamos arrasar", "Vamos em frente". A equipe precisa *querer* ser excelente.

Meu discurso-padrão para equipes, tanto grandes quanto pequenas, é: "Vocês querem mesmo ser fracassados para sempre? É esse o propósito que vocês têm para sua vida? Porque se trata de uma escolha – vocês *não precisam* ser assim." Uma equipe deve exigir excelência de si própria.

Na Easel, com a primeira equipe de Scrum, implementamos a reunião diária durante o terceiro sprint. Havíamos planejado quatro semanas para aquele sprint – mais ou menos a mesma carga de trabalho que tivemos no mês anterior. Terminamos tudo em uma semana. Uma melhoria de 400%. Naquela sexta-feira, os integrantes olharam uns para os outros e disseram: "Uau!" Foi então que percebi que talvez eu estivesse no caminho certo.

De novo e de novo

Esse nível de progresso foi incorporado ao Scrum a partir daquele terceiro sprint. É o objetivo principal do Scrum. Em alguns casos, vi equipes muito disciplinadas multiplicarem sua produtividade por oito. Isso é o que torna o Scrum tão revolucionário. É possível realizar mais em menos tempo e com menos dinheiro – o dobro do trabalho na metade do tempo. E lembre-se de que o tempo não é importante apenas no mundo dos negócios. O tempo define sua vida, de modo que desperdiçá-lo é, na verdade, uma forma lenta de suicídio.

O Scrum muda a maneira como você vê o tempo. Depois de participar de alguns sprints e reuniões diárias, você para de enxergar o tempo como uma seta apontando para o futuro e passa a vê-lo como algo fundamentalmente cíclico. Cada sprint é uma oportunidade de criar algo totalmente novo; cada dia é uma chance de melhorar. O Scrum promove uma visão de mundo holística. Quem se engaja nele passa a valorizar cada momento como um ciclo de respiração e vida em constante movimento.

Sempre fiquei consternado com o tempo que as reformas residenciais podem levar. Minha esposa e eu costumávamos lembrar um ao outro que demoraria o dobro do tempo e custaria o dobro do que pensávamos. Isso se tivéssemos sorte. Aposto que você já ouviu histórias de terror como: a reforma da cozinha, que deveria levar duas semanas, acabou demorando seis, obrigando a família a comer fora durante mais de um mês; a reforma elétrica que levou três vezes o tempo estimado; o pequeno reparo que parecia não acabar nunca. Bem, há alguns anos, Eelco Rustenburg, meu amigo e parceiro no Manifesto Ágil, contou-me durante um jantar que decidira reformar sua casa por completo. Ele ia mexer em todos os cômodos, trocar a fiação, instalar novos eletrodomésticos, pintar tudo. E que isso levaria apenas seis semanas.

Todos rimos e contamos *nossas* dolorosas experiências com obras.

– Seis semanas para a casa inteira? – comentei, rindo. – Sem chance. Demorou seis semanas para reformar minha *cozinha*, e eles prometeram terminar em duas. Você vai ter que morar em um hotel pelo resto do ano.

– Não – afirmou ele. – A obra vai acabar no prazo e dentro do orçamento. Vou aplicar o Scrum.

Isto me animou: a ideia de usar o Scrum em uma área completamente diferente do setor de software. Esbarrei com Eelco cerca de seis meses depois e perguntei como tinha sido a experiência.

– Ótima – respondeu ele. – A obra levou seis semanas exatas. Meu *vizinho* não se deu tão bem...

Eis o que aconteceu: Eelco resolveu fazer com que o pessoal da obra trabalhasse como uma equipe Scrum. Ele estabelecia projetos semanais que precisavam ser transferidos para a coluna "Feito". No trailer dos operários estacionado na frente da casa, ele pôs um quadro Scrum cheio de post-its com as tarefas. Toda manhã, Eelco reunia os carpinteiros, os eletricistas, os encanadores e quem mais fosse necessário para o sprint daquela semana e repassava o que tinha sido realizado na véspera, o que o grupo faria naquele dia e o que estava atrapalhando o trabalho.

Isso fez com que os operários pensassem e se comunicassem em relação ao projeto de um modo diferente do que costumavam fazer. Os encanadores e os carpinteiros falavam sobre como podiam ajudar uns aos outros a trabalhar mais rápido. Um pequeno estoque de certos materiais era providenciado antes que acabassem e a obra tivesse que parar. Mas Eelco disse que o principal feito das reuniões diárias foi eliminar dependências. Em qualquer projeto de construção, muito tempo é gasto na espera de que uma parte do trabalho fique pronta para que a seguinte possa começar, e com frequência essas fases envolvem habilidades distintas – instalação elétrica e colocação de gesso no teto, por exemplo. As reuniões diárias fizeram com que todos se reunissem em um mesmo lugar e resolvessem rapidamente como poderiam trabalhar juntos. Eles não eram mais indivíduos com habilidades diferentes. Em vez disso, tornaram-se uma equipe tentando mover a casa para a coluna "Feito".

E funcionou. Seis semanas depois, a reforma terminou. Eelco e a família puderam voltar para casa. A vida retomou o ritmo normal. Quando ele me contou isso, fiquei surpreso, mas lhe dei os parabéns por ter arranjado ótimos operários. "Espera aí", disse ele, "a história não acabou." Na mesma rua, um vizinho queria realizar uma reforma quase idêntica em casa. Os dois moravam em uma parte da Holanda com prédios antigos e as duas casas tinham sido construídas na mesma época, com a mesma planta. O vizinho viu o belo trabalho que a construtora tinha feito na casa de Eelco e pensou que conseguiria reproduzir a mágica.

Os mesmos operários foram contratados, mas dessa vez eles demoraram *três meses*. As mesmas pessoas. O mesmo tipo de casa. O mesmo trabalho. O dobro do tempo e, é claro, o dobro do custo. A única diferença foi que o vizinho não usou o Scrum. Os problemas que o Scrum traz à tona não foram descobertos até que fosse tarde demais. Os operários não se organizaram da mesma forma e um era obrigado a esperar que o trabalho de outro terminasse para que pudesse começar o seu. O vizinho acabou pagando quase o dobro do que Eelco gastara, e grande parte desse dinheiro foi para pessoas esperando que outras acabassem o trabalho para que assim dessem início à parte que lhes cabia.

Pense no seu trabalho. Quanto tempo é desperdiçado à espera de que outra pessoa termine o trabalho dela, ou que alguma informação chegue, ou porque você tenta fazer muitas coisas ao mesmo tempo? Talvez *você* queira passar o dia inteiro no escritório – *eu* prefiro ir surfar.

RESUMO

- **O tempo é finito. Trate-o como tal.** Divida seu trabalho em partes que possam ser realizadas em um intervalo de tempo curto, regular e definido – de preferência, entre uma e quatro semanas. Se você tiver sido contaminado pelo Scrum, chame esses períodos de sprints.
- **É demonstrar ou falhar.** Ao fim de cada sprint, tenha algo *pronto* – algo que possa ser usado (que alguém possa pilotar, dirigir, o que for).

- **Jogue fora seus cartões de visita.** Títulos são marcadores especializados de status. Seja conhecido pelo que faz, não pelo seu cargo.
- **Todo mundo sabe de tudo.** A saturação da comunicação acelera o trabalho.
- **Uma reunião por dia.** Quando se trata de reuniões para verificar como vai o trabalho, uma vez por dia é suficiente. Junte sua equipe durante 15 minutos na reunião diária, analise o que pode ser feito para aumentar a velocidade e coloque isso em prática.

CAPÍTULO 5

O desperdício é um crime

A essência do Scrum é o ritmo. O ritmo é essencial para os seres humanos. A pulsação está presente em nosso fluxo sanguíneo e enraizada nos recônditos mais profundos de nosso cérebro. Buscamos padrões, somos feitos para encontrar o ritmo em todos os aspectos da vida.

No entanto, os padrões que buscamos não são necessariamente recompensadores ou desenvolvidos para nos trazer felicidade. Por exemplo, existem ritmos nocivos de pessoas viciadas ou deprimidas. Se andar por qualquer prédio de escritórios, você conseguirá observar esses padrões negativos. Eles são encontrados com facilidade onde quer que haja alguém frustrado por se sentir cerceado, ou uma pessoa silenciosamente desesperada por ter percebido que está presa em um sistema desumano, ou um indivíduo com raiva por ser visto como uma engrenagem de uma máquina.

Isso faz parte da experiência humana. Podemos voltar milhares de anos no tempo e ler os textos de pessoas cuja vida, assim como a nossa, estava presa a um sistema que elas se sentiam incapazes de enfrentar. Mas essa sensação de aprisionamento parece ter chegado a seu ápice no século XX. Criamos, sobretudo no mundo dos negócios, uma despersonalização aguda que parece imposta pelo destino.

O Scrum cria um padrão diferente. Ele aceita o fato de que somos criaturas movidas pelo hábito; que buscamos um ritmo; que, em certa medida, somos previsíveis, mas também somos um pouco mágicos e capazes de grandes feitos. Quando criei o Scrum, pensei: *E se eu conseguir fazer com que os padrões humanos sejam positivos em vez de negativos? E se eu for capaz de criar um círculo virtuoso, em que as pessoas se autofortaleçam e que estimule as nossas melhores características e diminua as piores?* Quando dei ao Scrum um ritmo diário e semanal, tentei oferecer às pessoas a chance de *gostar* do indivíduo que veem no espelho.

Mas há armadilhas. Padrões que parecem virtuosos podem acabar se mostrando loucura, nada além de desperdício. É sobre isto que falarei neste capítulo: o desperdício que infecta nosso trabalho, o câncer que consome nossa produtividade, nossa organização, nossa vida e nossa sociedade.

Outro dia, eu estava entrevistando um candidato a uma vaga na Scrum Inc. e perguntei por que ele queria trabalhar em uma empresa Scrum. Ele me contou uma história: trabalhava em uma empresa que produzia livros e materiais didáticos, como manuais e apostilas para cursos, apresentações etc. O trabalho dele era identificar acadêmicos de destaque em uma área específica e se unir a eles para desenvolver esses produtos. Por um lado, era muito empolgante. O candidato era graduado em história, estudioso da América colonial e tivera a oportunidade de trabalhar com algumas das mentes mais proeminentes nessa área.

"Trabalhei durante um ano", disse ele. "Um ano desenvolvendo dezenas de produtos diferentes. No fim desse tempo, revisamos pela primeira vez o que havíamos realizado. E metade do trabalho que eu tinha feito nos últimos 12 meses foi jogado no lixo. Não porque não era bom, mas porque não havia mais mercado para ele ou porque a direção havia mudado. Desperdicei seis meses da minha vida."

Nesse momento, uma pitada de indignação e raiva transpareceu na voz dele. Em seguida, veio a determinação: "Espero que o Scrum não deixe isso acontecer, que meu trabalho tenha um propósito, que aquilo que eu fizer seja de fato importante."

Talvez você pense que esse é um caso extremo. Cinquenta por cento de desperdício. Mas, na verdade, é uma taxa muito boa. Quando visito empresas, em geral percebo que cerca de 85% do esforço são desperdiçados. Somente um sexto do trabalho gera algum valor. Bem no fundo, conforme repetimos o compasso de nossos dias, sabemos que isso é verdade. É por isso que rimos, um pouco nervosos, de piadas sobre a insanidade e o desperdício inerentes à vida em uma corporação moderna.

Estou aqui para lhe dizer que isso não deveria ser engraçado. Deveria ser vergonhoso. Deveríamos lamentar as vidas e o potencial que estamos desperdiçando. No primeiro capítulo deste livro, apresentei brevemente Taiichi Ohno, da Toyota, que disse: "O desperdício é mais um crime contra a sociedade do que uma perda nos negócios." O pensamento dele a respeito do desperdício influenciou minha forma de pensar.

Ohno definiu três tipos de desperdício. Ele usou as seguintes palavras em japonês: *Muri*, o desperdício causado pela irracionalidade; *Mura*, o desperdício causado pela inconsistência; e *Muda*, o desperdício causado pelos resultados. Essas ideias se alinham muito bem com o ciclo PDCA de Deming, já mencionado: **P**lan, **D**o, **C**heck, **A**ct (planejar, fazer, verificar, agir). **Planejar** significa evitar o *Muri*. **Fazer** significa evitar o *Mura*. **Verificar** significa evitar o *Muda*. E **Agir** se refere ao ímpeto, à motivação e à determinação de fazer tudo isso. Vou abordar esses passos, um de cada vez, e destacar o que evitar – o desperdício no estoque, o desperdício resultante de não fazermos tudo certo de primeira, o desperdício de trabalhar demais, o desperdício emocional causado por expectativas irracionais.[1]

Faça uma coisa de cada vez

Com frequência, ouço pessoas se vangloriando de sua habilidade de fazer várias coisas ao mesmo tempo. Aposto que você também faz isso. Se não faz, sem dúvida conhece alguém que faça – o sujeito que toca três projetos concomitantes, que dirige o carro e fala ao celular, que promove a própria competência ao reclamar em alto e bom som de todas as funções que tem que desempenhar todo dia. Esse tipo de "contador de vantagens" vem se tornando parte de nossa cultura de trabalho. Hoje em dia, algumas descrições de vagas de emprego trazem como requisito "ser capaz de conduzir cinco projetos simultaneamente".

A capacidade de fazer malabarismo parece muito *atraente* – em especial em uma era em que a informação flui através de mil canais diferentes e coisas que precisam ser feitas "neste exato momento" proliferam. Queremos ser *esse* cara, o Supermalabarista. Dizemos a nós mesmos que somos capazes. Infelizmente, *não somos*. E quanto mais pensamos ser bons nisso, pior somos.

Um ótimo exemplo é uma conhecida prática rotineira de multitarefa: dirigir e falar ao celular. As pesquisas são muito claras. Quem faz isso, mesmo que mantenha as mãos livres enquanto fala, sofre mais acidentes do que quem não faz. O problema é ainda mais preocupante quando se considera que, de acordo com a Administração Nacional de Segurança do Transporte Rodoviário dos Estados Unidos, a todo momento 8% das pessoas na estrada estão falando ao celular.

Esse é o legado da prática da multitarefa.

Eis uma citação de meu artigo favorito sobre o assunto:

> Mesmo quando direcionam o olhar para objetos na estrada, muitas vezes os participantes não conseguem "vê-los" quando estão falando ao celular, porque a atenção foi direcionada para um contexto interno e cognitivo associado à conversa ao telefone em vez do ambiente externo.[2]

É isso mesmo, as pessoas olham para um objeto – o carro em que estão prestes a bater ou a árvore na qual estão a ponto de enfiar o veículo –, mas não o *veem*. Mesmo assim, continuamos falando ao telefone enquanto dirigimos.

Consigo até ler sua mente agora. Você está pensando: "Bem, outras pessoas não conseguem fazer isso. Mas eu sou um executivo poderoso" ou "Sou inteligente. Eu consigo; os outros não". Contudo, os estudos sobre o tema são muito claros: se acha que é bom nisso, você é, na verdade, pior do que todo mundo. A Universidade de Utah, que fez muitas pesquisas interessantes nessa área, perguntou a algumas pessoas se elas achavam que eram boas em fazer várias coisas ao mesmo tempo, como falar ao telefone enquanto dirigem, e, em seguida, testou os participantes para ver se eles estavam certos. A conclusão dos pesquisadores foi a seguinte:

> Concluímos que as percepções da capacidade de realizar mais de uma tarefa ao mesmo tempo eram extremamente infladas; na verdade, a maioria dos participantes se julgou acima da média na capacidade de realizar multitarefas. Essas estimativas tinham pouco a ver com a realidade. Assim, parece que as pessoas que têm mais probabilidade de realizar multitarefas e de falar ao telefone enquanto dirigem são aquelas com as visões mais distorcidas acerca das próprias capacidades.[3]

O principal autor do estudo, David Sanbonmatsu, declarou em janeiro de 2013 ao blog *Shots*, da NPR: "As pessoas não realizam várias tarefas ao mesmo tempo porque são boas nisso. Elas o fazem porque são distraídas. Têm dificuldade de inibir o impulso de se dedicar a outra atividade." Em outras palavras, quem costuma realizar várias tarefas simultâneas simplesmente *não é capaz* de se concentrar. Esses indivíduos não conseguem se impedir de pular de uma atividade para outra.

Eu não deveria dizer "esses indivíduos", e sim "nós". Todo mundo faz isso. É difícil resistir. Mas é crucial lembrar que isso é burrice. Quero propor um pequeno exercício que sempre incluo em meus treinamentos. É simples, mas mostra como o impacto de se concentrar e deixar as coisas fluírem é profundo. Revela como o hábito de realizar tarefas simultâneas é ruim para nosso cérebro e reduz a velocidade do trabalho, mesmo quando pensamos estar fazendo tudo mais rápido. Demonstra como esse costume causa *desperdício*.

Sugiro que você faça o seguinte: escreva os números de 1 a 10, os numerais romanos de 1 a 10 (I, II, III, IV etc.) e as letras de A a J. Cronometre o tempo que leva para fazer isso. O objetivo é terminar o mais rápido possível. Mas, da primeira vez, peço que o faça nesta ordem: escreva o numeral arábico, em seguida o numeral romano e, por último, a letra, de forma que o seu papel fique assim:

1	I	A
2	II	B
3	III	C

Preencha cada linha de uma vez e cronometre. Vou fazer o mesmo aqui... Demorei 39 segundos. Agora, em vez de escrever em linhas, preencha uma coluna de cada vez. Primeiro todos os algarismos arábicos, em seguida os romanos, depois as letras. Vou fazer aqui também... Dezenove segundos. Só por fazer uma tarefa de cada vez e não mudar de um contexto para outro, cortei pela metade o tempo do exercício.

"Certo, Sutherland", posso ouvir você dizendo, "isso funciona muito bem quando se trata de falar ao celular e fazer listas bobas, mas eu gerencio uma empresa. Tenho que fazer um monte de coisas ao mesmo tempo, preciso que minhas equipes toquem cinco projetos simultâneos. Quero que meu negócio continue competitivo. Não dá para trabalhar de outro jeito."

É nesse ponto que entra de novo a incrível quantidade de pesquisas feitas sobre projetos de desenvolvimento de software. Lembre-se de que esses estudos foram realizados porque esse setor estava desperdiçando centenas de milhões de dólares a cada ano e os produtos só pioravam. Assim, como engenheiros que são, os profissionais dessa área começaram a examinar os dados e medir tudo. Há um ótimo gráfico em uma das obras clássicas sobre como desenvolver softwares, *Software com qualidade*, de Gerald Weinberg:[4]

NÚMERO DE PROJETOS SIMULTÂNEOS	PORCENTAGEM DE TEMPO DISPONÍVEL PARA CADA PROJETO	PERDA CAUSADA PELA MUDANÇA DE CONTEXTO
1	100%	0%
2	40%	20%
3	20%	40%
4	10%	60%
5	5%	75%

O conteúdo da coluna "Perda causada pela mudança de contexto" é puro desperdício. É isso mesmo: se você tem cinco projetos, 75% do seu trabalho vão para o lixo – três quartos do seu dia escorrem pelo ralo. É por isso que você não preencheu as linhas e as colunas com a mesma velocidade. Trata-se de uma limitação física do seu cérebro.

O cientista Harold Pashler demonstrou isso no início dos anos 1990 e chamou esse fenômeno de "interferência da tarefa dupla". Ele realizou alguns experimentos simples. Pedia que um grupo fizesse algo muito fácil, como apertar um botão se uma luz se acendesse. Então pedia a outro grupo que realizasse essa mesma atividade e acrescentava outro elemento simples, como pressionar um botão diferente dependendo da *cor* da luz que piscasse. Assim que outra tarefa era adicionada, não importava quão simples fosse, o tempo para realizar a atividade dobrava. Pashler imaginou que havia algum tipo de gargalo de processamento – as pessoas só conseguem pensar em uma coisa de cada vez. Concluiu que há certa quantidade de esforço envolvido no ato de "guardar" um processo, recorrer à memória, pegar outro processo e em seguida executar esse trabalho. Cada vez que mudamos de tarefa, essa cadeia de raciocínio demanda tempo.[5]

O resultado é que ninguém faz isso. Você se concentra totalmente em uma tarefa de cada vez. Enquanto conversa ao celular, apesar de só estar falando sobre comprar leite, você não vê o carro à frente. O cérebro não consegue processar os dois estímulos ao mesmo tempo. Algumas pesquisas recentes se valeram de ressonâncias magnéticas funcionais para mapear o cérebro em pleno raciocínio. Os dados mostram que só é possível pensar em duas coisas ao mesmo tempo se cada processo for executado em um dos lobos. Mesmo nesses casos, os exames indicam que o raciocínio não ocorre simultaneamente. Em vez disso, o cérebro alterna entre uma tarefa e outra. Em suma, há uma função de controle, de modo que você não consegue ter uma discussão muito acalorada consigo mesmo.[6]

De volta ao trabalho: o que isso significa quando você está tentando realizar suas atividades? Bem, analisemos uma equipe típica. Este ano, o grupo resolveu tocar três projetos. Vamos chamá-los de A, B e C. Então a equipe planeja o ano que vem pela frente e diz que vai fazer algumas coisas no projeto A, depois no B e em seguida no C, de modo que o cronograma se pareça com o que mostramos na página 101.

Ao tentar fazer tudo de uma vez só – a estratégia clássica –, a equipe vai demorar até o fim de julho para concluir os três projetos. Entretanto, se abordar o conjunto da maneira recomendada pelo Scrum, conduzindo um projeto de cada vez para a coluna "Feito", a equipe minimizará o desperdício causado pela mudança de contexto e será capaz de completar tudo no início de maio.

Não é preciso alterar o tamanho do projeto ou o que está envolvido na criação dele. Concentrando-se *exclusivamente* em uma tarefa antes de passar para a próxima, você levará pouco mais da metade do tempo para terminar todo o trabalho. *Metade*.

E a outra metade? É puro desperdício. Nenhum detalhe a mais será produzido. Nenhum centavo será economizado. Nenhuma inovação será implementada. É apenas desperdício de vida humana. Trabalho sem propósito.

PRIORIZAÇÃO ENTRE PROJETOS

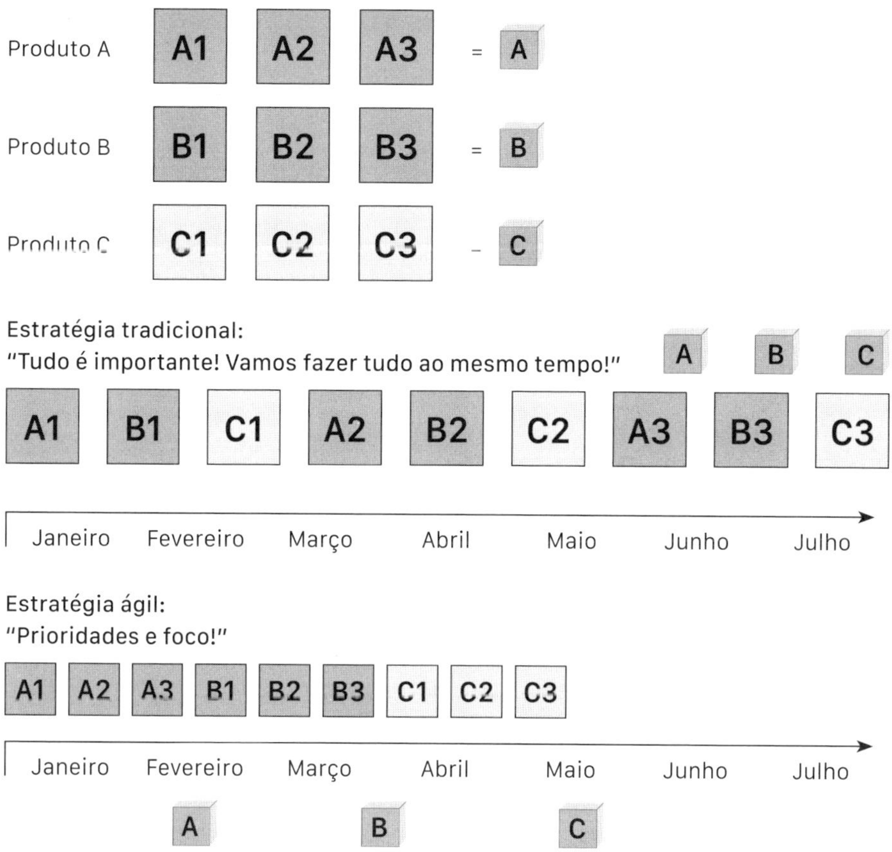

Esse é o custo da multitarefa. Vivemos em um mundo onde vários elementos exigem nossa dedicação. As pessoas esperam coisas diferentes de nós: o telefone toca e é uma ligação muito importante, as crianças chegam da escola, o chefe entra na nossa sala. Quero que você tenha *consciência* do custo da mudança de contexto. Ele é um fato, e você deve tentar minimizá-lo.

Se estiver realizando um trabalho complicado – por exemplo, elaborando um relatório, preparando uma apresentação, desenvolvendo um software ou escrevendo um livro –, isso significa que você tem algo incrivelmente complexo em mente. É preciso levar em conta dezenas de fatores, lembrar-se do que já foi feito, do que você quer realizar e de quais são os possíveis obstáculos. Tudo isso é bem complexo. E o que acontece se você é interrompido ou tem que mudar rapidamente seu foco para outro projeto, mesmo que apenas por um momento? É isto mesmo: a arquitetura mental que construiu com tanto cuidado entra em colapso. Talvez você tenha que trabalhar durante *horas* para voltar ao mesmo estado de consciência. Esse é o custo. Portanto, minimize o custo de tentar realizar *simultaneamente* atividades que requerem um tipo específico de concentração. Execute essas tarefas em momentos em que seja possível desligar o telefone e pendurar uma placa de "Não perturbe" na porta.

Na realidade, algumas pesquisas já mostraram que o hábito da multitarefa não só causa desperdício do seu tempo, mas também o torna mais burro. Um estudo feito na Universidade de Londres em 2005[7] (uma pesquisa reconhecidamente muito pequena e que não foi revisada, mas ainda assim relevante) estimou em que medida realizar várias atividades ao mesmo tempo emburrece as pessoas. O psiquiatra Glenn Wilson selecionou quatro homens e quatro mulheres e testou o QI deles em condições tranquilas e em situações de distração (telefones tocando, e-mails chegando). Durante os testes, ele mediu a condutância da pele, os batimentos cardíacos e a pressão arterial dos participantes. Curiosamente, o QI médio dessas pessoas caiu mais de 10 pontos quando elas foram postas em ambientes que as distraíam. Um dado ainda mais interessante é que a queda foi maior nos homens do que nas mulheres. (Talvez, por algum motivo, as mulheres sejam mais habituadas à distração.)

Fazer pela metade é o mesmo que não fazer nada

Como já mencionei, boa parte das ideias do Scrum vem do modelo de fabricação japonês apresentado no clássico livro *O Sistema Toyota de Produção*, de Taiichi Ohno. Nos Estados Unidos, esse método foi interpretado como um modelo de produção "enxuta". Basicamente, a intenção é eliminar a maior quantidade possível de desperdício no processo de fabricação. É claro que a maioria de nós não está tentando melhorar o fluxo de uma indústria de automóveis, mas algumas das ideias são aplicáveis a qualquer tipo de trabalho.

Um conceito que quero abordar aqui é o de "trabalho em andamento", ou apenas "inventário". Devemos lembrar que é um desperdício ter à nossa volta um monte de itens que não estão sendo usados para construir nada. Esses objetos têm um custo, não importa se são portas de carro ou dispositivos. Se estão largados na fábrica, isso significa que há muito dinheiro comprometido no inventário com coisas que não são de fato necessárias no momento. Ter isso em mente muda a maneira como você enxerga o que está *em andamento*. Por exemplo, se uma empresa automobilística tem um monte de carros semiconstruídos, isso quer dizer que ela gastou um monte de dinheiro e trabalho humano, mas não criou nada que realmente tenha algum valor. Na produção enxuta, a ideia é minimizar a quantidade de material semiconstruído parado na fábrica.

O poder dessa ideia pode ser aplicado a qualquer tipo de trabalho. Pensemos em algo muito simples, com que quase toda pessoa casada convive: uma lista de tarefas elaborada pelo marido ou pela mulher. Toda semana, minha lista tem entre 10 e 20 tarefas que preciso realizar. Elas vão de pintar o banheiro a comprar ração para o cachorro, de pagar o aluguel a varrer as folhas caídas no quintal. A vida cotidiana é feita dessas atividades, que fazem parte do desgaste inerente a ser um integrante da sociedade. Entretanto, há várias maneiras diferentes de encarar essa lista. O maior erro que você pode cometer é tentar fazer cinco coisas ao mesmo tempo. É provável que não consiga completar todas elas e fique com trabalhos em andamento.

Imagine (ou, se você não tem muita sorte, lembre) que você tem quatro tarefas *parcialmente* feitas. Você só pintou uma parede do banheiro;

deixou a ração do cachorro no porta-malas; pegou o dinheiro do aluguel, mas não foi até a imobiliária para fazer o pagamento; e deixou as folhas empilhadas, mas não as jogou no lixo. Você despendeu esforço, porém não produziu nada de valor. O valor chega quando os jornais e as latas de tinta já não estão mais no banheiro, o cachorro foi alimentado, a imobiliária recebeu o dinheiro e o quintal não tem mais folha alguma. Fazer algo pela metade, no fundo, é não fazer nada.

Como já foi dito, há um ritmo de trabalho no Scrum. A cada ciclo, ou sprint, a equipe tenta fazer várias coisas. Mas, para que passe para a coluna "Feito", o produto precisa estar completo, pronto para ser utilizado pelo cliente. No fim do sprint, algo feito pela metade é pior do que algo que ainda não tenha sido iniciado, pois recursos, esforço e tempo foram gastos e nada foi desenvolvido a ponto de poder ser entregue. É o mesmo que ter meio carro. Talvez fosse melhor criar algo menor, mas que realmente funcionasse.

Outra maneira de encarar o trabalho em andamento ou inventário é enxergá-lo simplesmente como um estoque. Ter milhares de veículos que não foram vendidos parados no pátio, por exemplo, é um problema para um fabricante de automóveis. Mas não ter carros disponíveis para venda também é um problema. Dessa forma, o fabricante e a concessionária tentam manter um equilíbrio cuidadoso. O objetivo é produzir um número de veículos suficiente para garantir um estoque disponível, mas não tão alto a ponto de a empresa investir muito dinheiro em produtos que não serão vendidos logo.

Vou fornecer alguns números. Em dezembro de 2012, a General Motors começou a demitir funcionários de algumas de suas fábricas nos Estados Unidos. Por quê? A empresa havia produzido carros em demasia. No fim de novembro daquele ano, a GM tinha 245.853 picapes paradas em pátios por todo o país. Isso equivalia a 139 dias de trabalho. Se considerarmos seu preço médio, aqueles veículos não vendidos representavam cerca de 7,5 bilhões de dólares. É *muito* dinheiro – nesse caso, em forma de carro, mas ainda assim dinheiro. E estava parado. Então a empresa começou a fechar fábricas e a demitir gente pouco antes do Natal.

Uma empresa automotiva *deveria* tentar manter um estoque equivalente a quantos dias? O padrão do setor é de cerca de 60 dias, isto é, menos da metade do que a GM tinha. Pense nisto: ao comprar ração para o seu cachorro, você não quer adquirir suprimento para seis meses. Os sacos ocupariam espaço na sua casa e talvez custassem tanto dinheiro que não sobraria o suficiente para todas as suas contas do mês.

Você pode pensar: "Ei, mas eles *fabricaram* os carros; essa parte foi feita, certo? Não são veículos fabricados *pela metade*, então qual é o problema?" O problema é que estoque em excesso é praticamente a mesma coisa que trabalho em andamento. Se comprometer muito dinheiro em produtos que não estão dando *retorno*, você não terá esses recursos para outras coisas, como fazer mais propaganda, incentivar vendas ou explorar novas ideias. É preciso ter *algum* estoque; o segredo é minimizá-lo.

Tarefas incompletas e produtos que não estão sendo usados são dois aspectos da mesma coisa: esforço investido sem resultado positivo. Não faça isso.

Faça tudo certo de primeira

O Dr. James Womack, fundador do Lean Enterprise Institute (Instituto de Empresas Enxutas) do MIT e autor de diversos livros sobre produção enxuta, conta uma história maravilhosa sobre os perigos do "retrabalho" em seu clássico *A máquina que mudou o mundo*. Jim e sua equipe passaram anos viajando por vários países para analisar o maior empreendimento de fabricação já realizado por seres humanos: a produção de carros. Ele queria descobrir por que algumas empresas fabricavam carros mais rapidamente e com menos defeitos do que outras. Hoje em dia, qualquer fabricante minimamente racional usa o que Jim resolveu chamar de "produção enxuta", mas naquela época era diferente.

Uma das maiores discrepâncias entre os fabricantes estava no mercado de carros de luxo. No Japão, empresas como a Toyota, a Honda e a Nissan gastavam em média 16,8 horas produzindo um automóvel de luxo. As peças entravam em uma extremidade da fábrica e, cerca de 17 horas depois, um Lexus surgia na outra. E esses fabricantes produziam 34 defeitos a cada 100 veículos. Nada mau.

Na Europa, porém, a história era diferente. Empresas como a Mercedes-Benz, a Audi e a BMW levavam 57 horas para produzir um carro e apresentavam 78,7 defeitos a cada 100 veículos.

Por que os europeus demoravam tanto? E por que apresentavam tantos defeitos? Não é que a BMW fosse conhecida por fabricar carros de baixa qualidade. Eis o motivo: em uma fábrica da Toyota, qualquer funcionário pode parar a linha de montagem quando surge um problema. Quando isso acontece, todos se unem em torno do ponto em que a esteira parou, não para reclamar com o sujeito que interrompeu a produção, mas para resolver o problema. Ninguém quer que os carros fiquem prontos com defeitos a serem corrigidos depois. Consertam o problema de uma vez e pronto, está resolvido para sempre. Caso contrário, a mesma falha pode acabar aparecendo em centenas de veículos.

Nas montadoras europeias de carros de luxo, a fabricação era feita de maneira diferente. No fim da linha de produção, dezenas de funcionários usando jalecos brancos circulavam corrigindo todos os defeitos. Eles se certificavam de que a porta do BMW fazia um clique característico ao fechar, ou que o motor ronronava no tom certo. Garantiam que todos os componentes se uniam da forma correta. Não se viam como fabricantes, mas como artesãos que produziam algo belo. Isso é ótimo quando se está produzindo poucos carros. No entanto, quando se fabricam milhões de veículos, esses custos se tornam muito altos. Womack relata em seu livro:

A fábrica alemã depreendia mais esforço para corrigir os problemas que havia acabado de criar do que a fábrica japonesa depreendia para produzir um carro quase perfeito de primeira.[8]

É isso mesmo. Os alemães gastavam mais tempo consertando um carro recém-produzido do que os japoneses levavam para fabricar um. A Toyota se tornou a fabricante de automóveis número 1 do mundo por um motivo: ela acertava de primeira.

Mas nem sempre conseguimos fazer tudo perfeitamente na primeira vez. Somos humanos; cometemos erros. O modo como você lida com esses erros pode ter um impacto extraordinário na rapidez com que consegue fazer as coisas e no nível de qualidade que atinge. Como mencionado antes, na Toyota qualquer funcionário da fábrica pode parar a esteira. A ideia é que o processo seja melhorado continuamente e que o momento certo para corrigir um problema é quando ele é detectado, não depois de já ter se concretizado.

Há alguns anos, fui à Califórnia para conversar com a equipe de desenvolvimento da Palm. Ela produziu alguns dos primeiros aparelhos então chamados de Personal Digital Assistants (assistentes pessoais digitais, ou PDAs, na sigla em inglês), que hoje chamamos de telefones celulares. O grupo mapeava tudo que fazia de modo automático. Um dos muitos fatores medidos era o tempo gasto para corrigir um *bug* – ou seja, quanto tempo um desenvolvedor de software levava para solucionar um problema que ele mesmo tinha introduzido no sistema. O computador fazia esse rastreamento automaticamente todas as vezes que essa situação ocorria.

Digamos que um dia, quando a equipe de testes tentasse integrar o código de um funcionário chamado Matt ao resto do sistema, um *bug* fosse detectado. Matt, como a maioria dos desenvolvedores de software, não ia querer voltar atrás e corrigir esse código na mesma hora. Em vez disso, ele prometeria voltar ao problema mais tarde. Primeiro, escreveria um *novo* código.

Na maioria das empresas, esse tipo de teste nem sequer é feito no mesmo dia. Poderiam se passar semanas ou meses até que todo o código fosse testado e só então os problemas seriam descobertos. Mas a Palm realizava testes diários e automáticos, portanto detectava os *bugs* imediatamente.

Então o pessoal da Palm olhou para os "Matts" na empresa inteira – centenas de desenvolvedores – e resolveu comparar o tempo necessário para corrigir um *bug* no momento em que ele era detectado com o tempo necessário para corrigi-lo algumas semanas mais tarde. Não se esqueça de que softwares podem ser bem complicados e confusos. Então, qual você acha que foi a diferença?

A segunda opção demorava 24 vezes mais. Quando se lidava com um *bug* no mesmo dia em que ele tinha sido criado, era necessária uma hora para corrigi-lo. Três semanas mais tarde, levava-se *24 horas*. Não importava se o erro era grande ou pequeno, complicado ou simples – três semanas depois, o tempo gasto para consertá-lo era sempre 24 vezes maior. Como você pode imaginar, logo todos os desenvolvedores de software da empresa passaram a ser obrigados a testar e corrigir seu código no mesmo dia.

A mente humana tem limites. Conseguimos nos lembrar de um determinado número de coisas; só conseguimos nos concentrar em uma de cada vez. Esta tendência – de o processo para consertar algo ficar mais difícil à medida que o tempo passa – representa uma limitação parecida. Enquanto trabalha em um projeto, você cria um espaço em torno dele em seu cérebro. Sabe todos os diferentes *motivos* para algo ser feito. Sustenta uma arquitetura complicada em sua mente. Recriar essa arquitetura uma semana depois é *difícil*. É necessário se lembrar de todos os fatores que você considerou ao tomar uma decisão. Você tem que recriar o raciocínio que o levou àquela escolha. Precisa revisitar seu eu do passado, voltar a uma mente que não existe mais. Fazer isso demanda tempo. *Muito* tempo. Vinte e quatro vezes mais tempo do que levaria se tivesse resolvido o problema ao descobri-lo.

Com certeza, você já teve essa experiência no seu trabalho e já lhe ensinaram esta lição quando era criança: *faça tudo certo de primeira*. O único conselho que os dados que informei agora adicionam é: se cometer um erro – e todo mundo comete –, corrija-o no momento em que ele for detectado. Caso contrário, você vai pagar caro por isso.

Trabalhar demais dá mais trabalho

No início dos anos 1990, Scott Maxwell, fundador da empresa de capital de risco OpenView Venture Partners, trabalhava como consultor na McKinsey & Company quando recebeu uma preleção que considerou bastante estranha. Jon Katzenbach, então diretor da empresa e hoje autor de vários livros e chefe do Katzenbach Center na Booz Allen Hamilton, deu a Scott alguns conselhos que ele nunca esqueceu. Jon disse que nos anos 1970, no início de sua carreira, todos na McKinsey trabalhavam sete dias por semana. Era a cultura da empresa; era o que se esperava dos funcionários. Se você não trabalhasse tantas horas, consideravam que não estava se dedicando o bastante, não estava contribuindo para a equipe.

Por razões religiosas, Jon trabalhava apenas seis dias por semana. E percebeu o seguinte: apesar de trabalhar menos horas, ele produzia *mais* do que os caras – naquela época, praticamente só havia homens no mundo dos negócios – que iam para o escritório todo dia. Então decidiu experimentar trabalhar apenas cinco dias por semana. E descobriu que conseguia concluir ainda mais tarefas. Se trabalhar por mais tempo, disse ele, você realiza menos. Jon contou a Scott que sempre quis baixar o número de dias de trabalho para quatro ou até mesmo três por semana para ver o que aconteceria, mas não estava muito seguro de que a empresa aceitaria isso.

Scott e os outros jovens consultores zombaram da ideia naquela época. *Trabalhar menos horas? Isso não é fugir da raia?* Mas a ideia permaneceu na cabeça de Scott durante anos, à medida que ele foi subindo na carreira. Como CEO e fundador da OpenView Venture Partners, ele começou a investir em empresas de tecnologia, algumas das quais aplicavam o Scrum. Ouviu falar que eu tinha inventado o método e morava na mesma cidade, então me convidou para um café da manhã. Enquanto tomávamos café e comíamos croissants, Scott me contou uma história sobre uma das empresas em que ele tinha investido, na qual as equipes de desenvolvimento haviam implementado o Scrum e aumentado a produtividade em 25% a 35%. Ele estava realmente impressionado. Respondi de pronto: "Vinte e cinco a 35%? Eles devem estar fazendo tudo errado!"

Scott decidiu levar o Scrum para a OpenView e implementá-lo na empresa inteira. A equipe de investimentos, o pessoal de pesquisa, o alto escalão da gerência, o administrativo... todo mundo foi alocado em uma equipe Scrum. E, por fim, aconteceu algo que é um dos grandes benefícios desse método: a OpenView descobriu como as pessoas trabalham *de fato*, em vez de como *dizem* trabalhar.

Naquela época, a empresa parecia um conjunto superdinâmico de escritórios. A expectativa de que as pessoas trabalhassem até tarde e nos fins de semana estava enraizada na cultura corporativa. Os funcionários eram ambiciosos e aguerridos. Mas estavam começando a ficar esgotados, deprimidos e desmotivados. O ambiente era tão difícil que alguns não aguentavam e pediam demissão.

Mas, à medida que as equipes da OpenView começaram a trabalhar com o Scrum, Scott notou uma mudança na produtividade. Trabalhar mais horas parou de gerar mais resultados. Um dia, ele me chamou ao seu escritório e desenhou uma curva em um quadro branco.

DOBRE RESULTADOS DIMINUINDO A CARGA DE TRABALHO

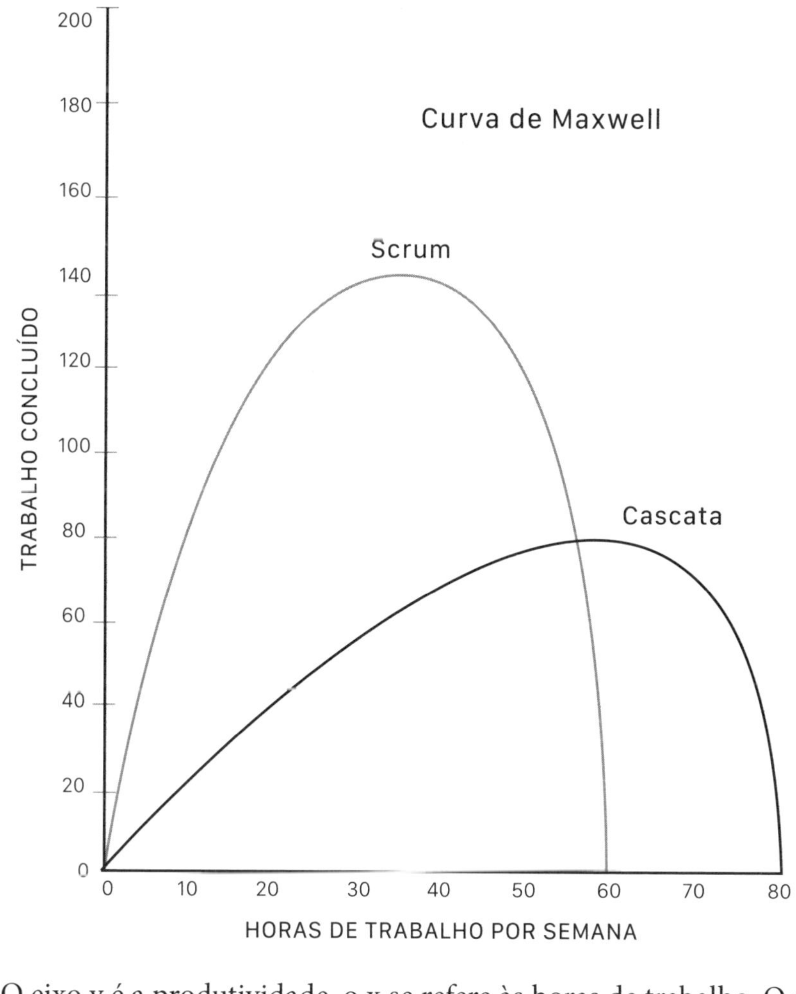

O eixo y é a produtividade, o x se refere às horas de trabalho. O pico de produtividade fica em um pouco menos de 40 horas semanais. Munido desses dados, Scott começou a mandar os funcionários para casa mais cedo.

"Levou um tempo para eles perceberem que eu estava falando sério", contou ele. "Mas, por fim, todos concordaram com a minha maneira de pensar."

Scott começou a dizer às pessoas que trabalhar até tarde não significava comprometimento; era um sinal de fracasso. "Não é que eu queira que você tenha uma vida equilibrada", dizia ele. "É porque assim você vai produzir mais."

Então nada mais de noites e fins de semana de trabalho. Quando tiram férias, as pessoas devem sair de férias de fato, não checar o e-mail nem entrar em contato com o escritório. Se você não consegue tirar um tempo livre sem precisar verificar se está tudo correndo bem no trabalho, não está gerenciando bem as suas equipes.

"Várias empresas não têm essa prática [de estabelecer um limite de horas de trabalho]", afirma Scott. "Mas há uma correlação direta. Você produz mais. Fica mais feliz. E a qualidade melhora." É simples. Trabalhar menos ajuda a fazer mais coisas com uma qualidade melhor.

Scott diz que a curva é diferente para cada pessoa, ou até para a mesma pessoa em diversos momentos da vida. "Conforme fui envelhecendo e assumindo papéis diferentes, notei que meu pico de produtividade passou a residir em um número de horas menor do que há 20 anos", afirma. Ele acredita que a forma física, a alimentação, problemas pessoais e outros fatores têm influência nisso, mas também acha que sua produtividade atinge o pico mais rápido hoje porque ele amadureceu e refletiu profundamente sobre como trabalha. "Cada vez mais, tenho tido capacidade de aproveitar oportunidades mais relevantes."

Por que você *produzirá mais* se trabalhar menos horas? Isso não parece fazer sentido algum. Scott diz que quem trabalha horas de mais começa a cometer erros, os quais, como vimos, demandam mais esforço para serem corrigidos do que criar algo novo. Funcionários que trabalham demais se tornam mais distraídos e começam a distrair os colegas. Em pouco tempo, todo mundo estará tomando decisões ruins.

O instinto de Jon Katzenbach estava certo. Dados perturbadores revelam que nossa capacidade de tomar decisões é muito limitada e que quanto mais esgotados ficamos e menos tempo de descanso temos, piores são as nossas decisões.

Em abril de 2011, um grupo de pesquisadores israelenses publicou um trabalho notável sobre tomada de decisões na revista *Proceedings of the National Academy of Sciences of the United States of America.* O artigo, intitulado "Fatores externos nas decisões judiciais", examinou mais de mil decisões judiciais tomadas por oito juízes israelenses que presidiam dois conselhos de liberdade condicional. As decisões diziam respeito a criminosos israelenses de origens judaica e árabe, tanto homens quanto mulheres. Os crimes iam de peculato e assalto a assassinato e estupro. A grande maioria das decisões dos juízes se referia à análise de pedidos de liberdade condicional.[9]

Parece bem simples, certo? Estamos falando de juízes respeitados que usavam sua experiência e sua sabedoria para tomar decisões críticas, que afetavam não só a vida dos presos e de suas vítimas, mas o bem-estar da comunidade como um todo. Eles examinavam entre 14 e 35 casos por dia.

Se você fosse um presidiário, qual seria o fator decisivo para ir para casa ou não? Arrependimento genuíno, talvez? Seu comportamento e a mudança de conduta que apresentou na prisão? A gravidade do seu crime? Nada disso. O que importava *de verdade* era quanto tempo havia passado desde que o juiz tinha comido um sanduíche.

Os pesquisadores analisaram em que momento as decisões tinham sido tomadas, se o benefício fora concedido e quanto tempo se passara desde que os juízes tinham feito um lanche. Se tivessem acabado de chegar ao trabalho, de voltar do almoço ou de um lanche, eles tomavam decisões favoráveis em mais de 60% dos casos. Essa taxa caía para quase zero com a proximidade do intervalo seguinte.

Basicamente, logo após uma pausa, os juízes tinham uma postura mais positiva e tomavam decisões mais tolerantes. Demonstravam mais imaginação e capacidade de enxergar que o mundo e as pessoas podem mudar. Entretanto, conforme queimavam suas reservas de energia, começavam a tomar cada vez mais decisões que mantinham o *status quo*.

Se você perguntasse a esses juízes se tinham certeza de que estavam tomando decisões igualmente boas todas as vezes, estou certo de que eles se sentiriam ofendidos. Mas os números, assim como os sanduíches, não mentem. Quando não temos mais nenhuma reserva de energia, ficamos propensos a tomar resoluções inadequadas.

Esse fenômeno tem sido rotulado de "esgotamento do ego". A ideia é que fazer qualquer escolha envolve um gasto de energia. É um tipo estranho de exaustão: você não se sente fisicamente cansado, mas sua competência em tomar decisões diminui. Na verdade, o que muda é seu autocontrole – sua capacidade de ser disciplinado, cuidadoso e prudente.

Um experimento fascinante mostra exatamente isso. Um grupo de pesquisadores queria saber como o ato de tomar decisões afeta o autocontrole. Eles reuniram os soldados de infantaria das pesquisas em psicologia – alunos de graduação – e pediram a alguns deles que tomassem um monte de decisões. Diferentes produtos foram apresentados a esses estudantes, que deveriam escolher um de sua preferência. Os pesquisadores pediram que pensassem com cuidado, porque ganhariam um presente no fim do experimento e suas preferências definiriam o que iam receber. O restante dos alunos não tinha que tomar decisão alguma.[10]

Algumas perguntas foram feitas ao grupo de teste, como: "Você prefere vela perfumada de baunilha ou de amêndoa?", "Qual é sua marca favorita de xampu?", "Você gosta mais desse tipo de doce ou daquele?". Em seguida, os estudantes receberam o teste clássico de autocontrole: durante quanto tempo você consegue manter sua mão em água gelada?

Seja qual for o recurso empregado para tomar decisões, também é utilizado no autocontrole. Os estudantes que tinham feito todas aquelas escolhas entre os produtos não conseguiram manter a mão na água gelada por tanto tempo quanto o grupo de controle, que havia sido poupado das decisões.

Portanto, o número de decisões sensatas que você pode tomar ao longo de um dia é limitado. À medida que faz mais e mais escolhas, você corrói a capacidade de regular seu comportamento. Começa a cometer erros, e pode acabar cometendo erros graves. Como mostra a Curva de Maxwell, decisões ruins prejudicam a produtividade. Portanto, vá para casa às cinco da tarde. Desligue o celular no fim de semana. Assista a um filme. E, talvez o mais importante, coma um sanduíche. Se não trabalhar tanto, você produzirá mais e fará um trabalho melhor.

O Scrum pede que seus participantes rompam com a mentalidade de medir apenas as horas trabalhadas. Horas em si representam um custo. Em vez disso, leve em conta *o resultado*. Ninguém liga para quantas horas alguém trabalhou para fazer algo. O que importa é a rapidez com que o produto é entregue e a qualidade dele.

Seja razoável

Existem três tipos de desperdício identificados por Taiichi Ohno que levam as pessoas a trabalhar com mais obstinação, e por mais horas, do que o necessário. Acabei de explicar por que fazer isso é uma péssima ideia, mas reconhecer esses tipos de desperdício, que Ohno chama de *Muri*, ou "irracionalidade", pode ser a alavanca mais poderosa para a mudança que almejamos.

O primeiro é o "absurdo". É bom estabelecer metas desafiadoras para sua equipe, para incentivá-la a tentar chegar mais longe. Mas *não é* bom que seu grupo lute por objetivos absurdos e impossíveis.

O segundo tipo são as "expectativas irracionais". Quantas vezes você já ouviu alguém se gabar de que seus esforços heroicos salvaram um projeto? Em geral, esse tipo de declaração é recebido com tapinhas nas costas, elogios e parabéns. Para mim, indica uma falha fundamental no processo. Uma equipe que depende de atos heroicos para cumprir seus prazos não está trabalhando de maneira correta. Pular constantemente de uma crise para outra causa esgotamento e não permite uma melhoria contínua e racional. Essa é a diferença entre um caubói que invade o recinto e salva a mocinha dos bandidos e um disciplinado pelotão de fuzileiros navais que libera uma zona de conflito.

Ohno batizou o terceiro tipo de desperdício de "sobrecarga". É o comportamento que Scott Adams sempre satiriza nas tirinhas *Dilbert*.

Ele inclui políticas corporativas onerosas que atrapalham o trabalho, relatórios desnecessários que obrigam as pessoas a preencher formulários sem qualquer objetivo prático e reuniões sem sentido que desperdiçam tempo e não ajudam a realizar nada.

Ohno não mencionou um quarto tipo de desperdício, mas tenho um em mente: "desperdício emocional". Ele é gerado quando uma empresa tem um funcionário imbecil – alguém que gosta de agitar as outras pessoas, levando-as a um estado de confusão mental. Os imbecis muitas vezes justificam seu comportamento alegando que só estão tentando fazer com que todo mundo trabalhe melhor, quando, na realidade, estão apenas cedendo aos aspectos negativos de sua personalidade. Isso enfraquece a capacidade que uma equipe tem de se destacar.

Não seja um imbecil. E não permita, não incentive nem aceite esse comportamento nos outros.

Fluxo

Num mundo ideal, não existiriam processos, reuniões, formulários ou relatórios. Em vez disso, haveria a criação do produto *exatamente* como o cliente quer, mesmo que o cliente ainda não soubesse que era aquilo que desejava. Qualquer "processo" traz desperdícios, e isso inclui o Scrum.

Mas não vivemos em um mundo perfeito, e os processos ruins estão tão enraizados em nosso pensamento que, como alternativa, precisamos de um processo leve com o maior impacto possível sobre o trabalho. O foco do Scrum é eliminar o desperdício inútil que parece inerente ao trabalho. Tentei fazer com que sua estrutura cause o mínimo de incômodo possível, ao mesmo tempo que mantém as pessoas focadas.

O ideal é que o trabalho "flua" sem muito esforço. Nas artes marciais ou na meditação, quando você alcança a sensação de unidade com um movimento, isso significa que fazê-lo não é mais um esforço, é uma energia que flui através do seu corpo. Quando você assiste à apresentação de grandes dançarinos ou cantores, percebe que se rendem a uma força maior do que eles enquanto permitem que a arte os atravesse. Todos nós devemos procurar chegar a esse ponto em nosso trabalho.

Porém, como o mestre de kung fu, o monge, o dançarino ou a estrela da ópera poderão confirmar, a disciplina é a raiz do fluxo. Não pode haver nenhum movimento desperdiçado, nenhum elemento estranho, somente a aplicação absolutamente focada de uma habilidade humana. Desperdício é qualquer coisa que distraia você disso. Se começar a pensar no trabalho em termos de disciplina e de fluxo, é possível que você realize algo incrível.

RESUMO

- **Fazer várias coisas ao mesmo tempo emburrece.** Dedicar-se a mais de uma atividade por vez faz com que você fique mais lento e tenha um desempenho pior nas tarefas. Não faça isso. Se estiver pensando que essa regra não se aplica a você, está errado. Ela vale para todo mundo.
- **Fazer pela metade é o mesmo que não fazer nada.** Um carro fabricado pela metade engessa recursos que poderiam ser usados para gerar valor ou economizar dinheiro. Qualquer coisa "em andamento" custa dinheiro e energia, mas não dá nenhum retorno.
- **Faça direito de primeira.** Quando cometer um erro, corrija-o na mesma hora. Pare tudo que está fazendo e se dedique a isso. Consertar o problema mais tarde pode demorar mais de 20 vezes o tempo que levaria para corrigi-lo no momento em que surgiu.
- **Trabalhar demais dá mais trabalho.** Ficar mais tempo no trabalho não faz com que você produza *mais*. Na verdade, faz com que produza *menos*. Trabalhar demais leva à fadiga e resulta em erros, o que faz com que você tenha que consertar aquilo que acabou de terminar. Em vez de trabalhar até tarde ou nos fins de semana, trabalhe em um ritmo sustentável apenas nos dias de semana. E tire férias.

- **Não seja irracional.** Objetivos desafiadores são motivadores; metas impossíveis são apenas deprimentes.
- **Nada de heroísmo.** Se precisa de um herói para concluir o trabalho, você tem um problema. Esforços heroicos devem ser vistos como uma falha de planejamento.
- **Chega de políticas corporativas idiotas.** Qualquer política que *pareça* ridícula provavelmente é ridícula. Formulários idiotas, reuniões idiotas, aprovações idiotas, padrões idiotas são isto mesmo: idiotas. Se seu escritório se parece com uma tirinha do *Dilbert*, mude isso.
- **Nada de imbecis.** Não seja um imbecil e não permita que esse comportamento ocorra. Qualquer um que crie caos emocional, inspire medo ou receio, humilhe ou diminua os outros precisa ser impedido de fazer isso.
- **Busque o fluxo.** Escolha a maneira mais suave e tranquila de fazer as coisas. O Scrum possibilita o máximo de fluxo possível.

CAPÍTULO 6

Planeje a realidade, não a fantasia

"Oi, Jeff, temos um problema."

É assim que começa boa parte das minhas conversas telefônicas. Alguém se meteu em um beco sem saída, então pegou o telefone e me ligou. Dessa vez, quem estava do outro lado da linha era Mark Landy, chefe de arquitetura de software da Medco. Praticamente todos os americanos que recebem seus medicamentos pelo correio lidam com a empresa de Mark. No momento dessa ligação, a Medco estava na lista da *Fortune* das 100 maiores companhias dos Estados Unidos, com quase 38 bilhões de dólares de receita, e era a maior farmacêutica do país, com dezenas de milhares de funcionários. E sua diretoria tinha acabado de colocá-los em uma enrascada.

Recebi o telefonema em dezembro de 2006. Em julho daquele ano, o presidente da empresa, Kenny Klepper, havia anunciado a Wall Street sua mais nova ideia. Mark Landy a descreveu assim: "Estávamos tentando convencer mais e mais pessoas a passar a receber seus remédios pelo correio. Porém encontramos alguns obstáculos." Entre eles, a percepção dos consumidores de que isso seria inconveniente. Mas Mark garantiu que existiam algumas formas de contornar a questão. "Quando você entra em uma farmácia, sua experiência não é lá muito clínica. Você entrega sua receita, assina um documento dizendo que não quer falar com o farmacêutico e sai. Podemos melhorar essa experiência."

Uma das coisas que eles queriam fazer era pôr um farmacêutico ao telefone com o paciente, alguém que estivesse familiarizado não só com o medicamento prescrito naquele momento, mas com *todos* os remédios receitados para aquela pessoa. Esse último aspecto era importante caso o paciente tivesse uma doença crônica, como diabetes ou uma cardiopatia, o que é o caso de 80% dos que tomam um remédio regularmente. A maioria desses indivíduos – praticamente todos, quando se trata de idosos – toma seis ou mais medicamentos ao mesmo tempo. E seus médicos, especialistas em diferentes áreas da saúde, nem sempre sabem disso.

"Os médicos nem sempre compartilham informações entre si. Nós, a farmácia, temos mais informações do que eles e recebemos esses dados em tempo real, até mesmo antes de o plano de saúde ficar sabendo", disse Landy.

Então esta era a ideia de Klepper: "Vamos criar farmácias especializadas em cinco locais diferentes dos Estados Unidos. Haverá a farmácia cardíaca, a farmácia do diabetes, a da asma e assim por diante. E vamos treinar os farmacêuticos de cada um desses locais para que estejam cientes de interações medicamentosas, efeitos colaterais etc. Como terão uma visão abrangente da condição do paciente, esses farmacêuticos serão capazes de informar aos médicos quando houver possíveis contraindicações. Vejamos, por exemplo, um diabético. É provável que essa pessoa tenha excesso de peso e, talvez, problemas no fígado. Consequentemente, ela metabolizará os remédios de maneira diferente. Então, se um novo médico receitar um medicamento para controlar a pressão arterial, o farmacêutico da Medco poderá ligar para esse profissional e recomendar que ele peça um exame do fígado do paciente e, se necessário, ajuste a dosagem."

O objetivo era atrair novos clientes para a Medco, que em geral atendia empresas e planos de saúde. Com essas novas farmácias, ou Centros de Recursos Terapêuticos, os consumidores poderiam economizar dinheiro, não necessariamente com os custos dos remédios, mas com os gastos médicos em geral, que tendem a aumentar quando não se tomam medicamentos da forma correta ou se usam medicamentos que interagem mal um com o outro ou com o organismo do indivíduo. Além disso, a Medco *garantiria* essa economia. Se um cliente não economizasse a quantia projetada, a empresa pagaria a diferença.

Wall Street, para dizer o mínimo, *gostou* dessa ideia. Bem legal, não é mesmo? Economizar dinheiro e fornecer serviços de saúde melhores. Mais clientes, mais vendas. Todo mundo sairia ganhando. Havia apenas um problema. Apesar de ter verificado junto a seus gerentes que a ideia era possível do ponto de vista técnico, Klepper não tinha obtido detalhes sobre *quanto tempo* seria necessário para implementar esse plano. As pessoas que o executariam só ficaram sabendo dele depois que o presidente da empresa já tinha prometido a Wall Street que o novo sistema estaria em pleno funcionamento no dia 7 de julho de 2007, não importava o que acontecesse.

Cumprir esse prazo era muito importante para a Medco, porque, apesar de ter sido a primeira empresa a implementar farmácias automatizadas com entregas pelo correio, ela não era a única, e seus concorrentes estavam ávidos por conquistar mais mercado. Infelizmente, havia uma série de obstáculos a superar. Por exemplo, grande parte do software de que a empresa dependia para comandar seus robôs estava desatualizada. Nas cinco gigantescas fábricas da Medco, onde quatro mil farmacêuticos processavam receitas médicas, robôs zuniam para lá e para cá pegando comprimidos, embalando e enviando medicamentos pelo correio, e todos esses sistemas precisavam se comunicar com 100% de precisão, caso contrário alguém poderia morrer.

O novo e ousado plano de Klepper daria à Medco a oportunidade de atualizar seus sistemas antiquados e ficar um passo à frente da concorrência. A empresa demorou quase seis meses para perceber que não conseguiria fazer isso a tempo. Os cálculos mostravam que, na melhor das hipóteses, o sistema seria entregue com pelo menos um ano de atraso. Provavelmente mais. Foi então que me ligaram.

Por que eles levaram *seis meses* para descobrir que não seriam capazes de cumprir o prazo é algo que merece ser examinado. Não é que eles não fossem inteligentes, ou que não tivessem as equipes certas, ou que faltasse a tecnologia adequada. Tampouco era o caso de eles não estarem trabalhando duro ou não serem competitivos. Não é possível uma empresa se tornar a maior de seu setor sem fazer tudo isso.

O motivo é que a Medco cometeu um erro bem básico. O pessoal de lá pensou que poderia planejar tudo com antecedência. Eles passaram meses fazendo o tipo de planejamento detalhado que parece plausível, delineado em gráficos bonitos e com etapas precisas, mas que quase sempre descreve uma realidade ficcional.

Como eu já disse antes, o próprio ato de planejar é tão sedutor, tão atraente, que o planejamento em si se torna mais importante do que o plano. E o plano se torna mais importante do que a realidade. Nunca se esqueça disto: o mapa *não* é o terreno.

Quando uma equipe se reúne pela primeira vez para traçar um projeto, muitas vezes há uma certa empolgação na sala, uma sensação de que tudo é possível, de que existem novos mundos a descobrir e novas ideias a experimentar. É, de fato, uma das melhores sensações do mundo.

Em seguida, vem o momento em que a inspiração dá lugar aos cálculos e boa parte daquela energia mágica se dissipa. As pessoas começam a questionar: "Como vamos passar do ponto A ao ponto B? E, depois que tivermos resolvido isso, quanto tempo vamos demorar para concluir o plano?"

Infelizmente, essa fase de cálculo pode ser um processo do tipo "garbage-in/garbage-out".* Os indivíduos envolvidos podem ser muito inte-

* Expressão em inglês criada por um técnico da IBM, George Fuechsel, referente à qualidade de dados inseridos na programação de um computador. A ideia é que, se o sistema for alimentado com dados inúteis, dará resultados inúteis. [*N. da E.*]

ligentes, mas, ainda assim, não vão *perceber* que o que estão incluindo em seus gráficos de planejamento não passa de pensamento positivo.

Quando Mark explicou a situação da Medco, falei: "Você tem mesmo um problema." Esperei um segundo e continuei: "Mas aposto que vamos conseguir resolvê-lo."

Pouco antes do Natal, fui até Nova Jersey e passei um dia na empresa tentando descobrir o tamanho do problema. A situação não era nada simples. Havia pilhas de papel com exigências, regras, todo tipo de relatório, fases, portões e testes de qualidade. O que realmente precisava ser concretizado estava enterrado em algum lugar no meio daquela papelada, mas ninguém tinha um plano concreto de como *fazê-lo*.

Depois de me reunir com alguns funcionários-chave, liguei para Brent Barton, um treinador de Scrum com quem eu havia trabalhado em outros projetos. "Brent, preciso de você e de quem mais você conseguir arrebanhar até o início de janeiro. Temos muito trabalho pela frente."

Mais tarde, Brent afirmaria que, assim que chegou à Medco, viu uma empresa "em um impasse". Havia tantos interesses e pessoas em conflito que ninguém conseguia fazer nada. No primeiro dia, nos reunimos com cerca de sete grupos diferentes, cada um dono de uma parte do projeto, e nenhum deles estava muito interessado em tentar algo novo. Mas eis o que Brent diz agora: "Nós podíamos nos dar ao luxo de falar 'Caramba, que droga'. Você pode usar a dor e o medo como aliados quando entra em um projeto como consultor. Quando encontrávamos resistência, dizíamos: 'Vocês podem continuar fazendo as coisas desse jeito, seguir o método tradicional e atrasar a entrega, tudo bem.' E eles retrucavam: 'Não, não está tudo bem.'"

Nossa primeira medida foi chamar todo mundo para uma sala de conferências – todos os que desempenhariam um papel importante, quem realmente realizaria o trabalho. Brent pediu que eles imprimissem todos os documentos disponíveis que descrevessem o que precisava ser feito no projeto. Não, não bastava enviar por e-mail; queríamos tudo em papel.

Estávamos em uma sala grande, de cerca de 200 metros quadrados e sem janela, como esse tipo de cômodo costuma ser, por algum motivo misterioso. Bem no meio havia uma mesa sobre a qual empilhamos todos os documentos que as pessoas carregaram para lá. A pilha tinha pelo menos uns 60 centímetros de altura.

"Quantos de vocês realmente *leram* tudo isso?", perguntei.

Silêncio.

"Mas, olha só", falei a um dos gerentes, "você assinou este documento. Aqui está a sua assinatura. Você não leu?"

Mais silêncio constrangedor.

Eu não queria pegar no pé dele, mas o fato é que, em um projeto após outro, as pessoas cortam, colam e enfiam um monte de clichês, mas ninguém de fato lê todos aqueles milhares de páginas. É impossível. Essa é a questão. Elas criaram um sistema que as obriga a colaborar com uma ilusão.

Então Brent e eu pegamos tesouras, fita adesiva, cola e post-its. No fim das contas, você *realmente* aprendeu tudo que precisa saber no jardim de infância.

"Vamos fazer o seguinte", disse Brent. "Vamos examinar essas pilhas de papel e recortar tudo que de fato precisa ser feito para concluir o projeto. Então vamos colar essas atividades na parede."

Durante as horas seguintes, foi isso que as pessoas fizeram. Por fim, centenas de post-its cobriam três paredes. Sobre a mesa, ainda havia mais da metade daquela torre de 60 centímetros. Duplicações, clichês, moldes. Um desperdício completo.

Falei para as equipes: "Agora precisamos estimar quanto trabalho cada um desses post-its vai demandar." Não quanto tempo, mas *trabalho*.

Falarei sobre as melhores maneiras de fazer isso mais adiante neste capítulo, uma vez que os seres humanos são péssimos em fazer estimativas de quanto trabalho algo vai dar. Ensinei aos funcionários da Medco uma forma rápida e meio porca que é a melhor dentre uma série de métodos ruins e eles puseram mãos à obra.

Demorou um tempo, mas eles conseguiram. Tudo que precisava ser feito para completar o projeto foi colado na parede e dividido em tarefas com as quais seria possível lidar. E o pessoal havia estimado quanto esforço seria necessário para concluir cada atividade. Eles estavam animados. Uma pilha de papel impossível de ler tinha se transformado em pedaços de trabalho compreensíveis. É como diz aquele velho ditado: "Como comer um elefante? Dando uma mordida de cada vez."

Uma das principais coisas que fizemos com cada post-it foi escrever não só o que precisava ser criado, mas também como saberíamos quando aquilo estivesse pronto. Foi assim que incorporamos as exigências da FDA (Food and Drug Administration), as garantias de qualidade e os relatórios de processos aos quais a equipe precisava ficar atenta. Simplesmente dizíamos: para que esta tarefa seja concluída, esses objetivos têm de ser cumpridos. Nós incluímos essas metas no projeto no primeiro nível, que definia o trabalho a ser feito, em vez de esperar até que tudo estivesse pronto para descobrir que algo não estava em conformidade com alguma regulação federal ou norma interna. Dessa forma, todos os integrantes da equipe, não só o pessoal das exigências, precisava trabalhar para atingir determinado nível de qualidade antes de passar para o item seguinte. A quantidade de retrabalho que isso elimina de um projeto é incrível. Chamo esse padrão que precisa ser alcançado de "definição de concluído". Assim, todo mundo sabe quando algo está pronto ou não, pois existem normas claras às quais qualquer parte do trabalho precisa se adequar.

Olhando para todos aqueles post-its na parede, todo mundo foi invadido por um sentimento de realização. Agora era possível ver o que tinha de ser feito.

"Certo", disse Brent. "O que precisamos fazer primeiro?"

Cerca de cinco pessoas se manifestaram.

"E depois?"

Outras cinco pessoas com ideias diferentes falaram dessa vez.

"E depois?"

Queríamos que aqueles indivíduos fizessem algo que, às vezes, ninguém quer fazer: *definir as prioridades*. Em geral, as pessoas dizem que tudo é importante. Mas Brent estava perguntando o que agregaria mais valor ao projeto. Aqueles eram os itens que deveriam ser realizados primeiro.

No final, tínhamos seis linhas de post-its nas paredes, cada uma de uma cor que representava uma equipe. As listas se estendiam ao longo de três paredes da sala. Nesse momento eu soube que, pelo menos, poderíamos começar.

Planejando um casamento

Colocado assim, pode parecer simples, mas vou ilustrar as etapas desse processo de planejamento usando um exemplo em escala menor: um casamento. Um casamento formal é um projeto com um monte de tarefas que precisam ser concluídas até determinada data. Como você sabe, se for casado – ou como vai descobrir, se decidir se casar um dia –, tudo dá errado e acaba exigindo quatro vezes o trabalho previsto.

É claro que pode acontecer o contrário: algo que você acha que vai levar horas é feito em 15 minutos. A pergunta que persiste é: "Por que somos tão ruins em estimar quanto tempo algo vai levar?"

Somos realmente péssimos nisso. Vamos falar sobre casamento daqui a pouco, mas primeiro quero apresentar um gráfico que tem um dos melhores nomes que já vi: "o cone da incerteza".

Esse gráfico mostra que as estimativas iniciais do tempo de trabalho podem corresponder a um intervalo entre 25% e 400% do tempo gasto na realidade. A estimativa mais alta é 16 vezes maior que a mais baixa. À medida que o projeto avança e se estabiliza, essas projeções começam a se aproximar cada vez mais do tempo real, até o momento em que não há mais estimativas, somente a realidade.

O CONE DA INCERTEZA

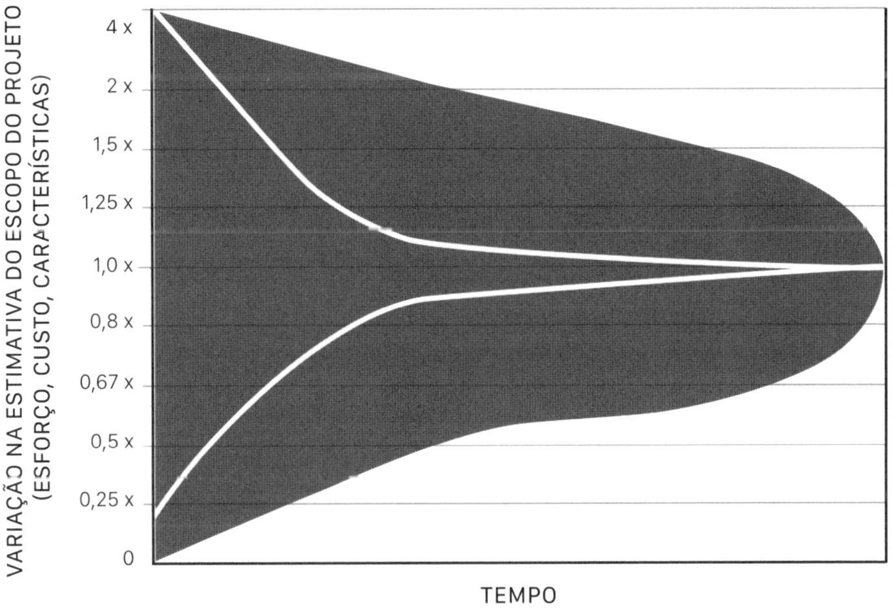

Lembre-se da Medco. Eles passaram meses planejando o que fariam – como seria o produto, quanto tempo levariam para produzi-lo. E, mesmo depois de tantos meses, as pesquisas mostram que era provável que levassem quatro vezes mais tempo que o estimado. É por isso que, na minha opinião, o planejamento no modelo em cascata é uma forma muito estúpida de fazer as coisas.

Ok, Sutherland, entendi que você quer dizer que somos péssimos em fazer estimativas, mas tenho de fazer *algo*, não é mesmo? Preciso de algum tipo de plano. Você está certo: de fato, é necessário ter um plano. Mas o segredo é refinar o plano *ao longo* do projeto em vez de fazer tudo com antecedência. Faça um planejamento minucioso apenas para a entrega do próximo elemento que agregue valor e delineie o restante do projeto em blocos maiores, não tão detalhados. No Scrum, ao fim de cada ciclo você tem algo de valor que pode ver, tocar e mostrar aos clientes. Você tem a oportunidade de perguntar a eles:

"É isso que você quer? Isso resolve pelo menos uma parte do seu problema? Estamos indo na direção certa?" Se a resposta for não, mude o seu plano.

Como fazer isso?

Vamos voltar ao casamento. O primeiro passo é criar uma lista com todos os elementos que compõem uma cerimônia de casamento bem-sucedida. Pode ser algo deste tipo:

- Noivos
- Flores
- Convites
- Igreja
- Salão de festas
- Comida
- Celebrante
- Vestido
- Alianças
- Música (DJ ou banda)

A próxima etapa consiste em classificar esses itens por ordem de prioridade. Isso vai variar de pessoa para pessoa. Cada casal tem uma visão de mundo diferente. Perguntei ao meu amigo Alex como ele ordenou a lista *dele* e foi este o resultado:

- Noivos
- Celebrante
- Alianças
- Salão de festas
- Convites
- Comida
- Música
- Vestido

- Flores
- Igreja

O objetivo do exercício é descobrir o que é mais importante e se dedicar primeiro a essas coisas. Para Alex, a comida e a música são mais importantes do que a igreja ou as flores. Esse tipo de dado é crucial. Se encontrar obstáculos relacionados à data ou aos custos, você sabe por onde deve começar a cortar: pelos últimos itens da lista. Vou falar mais detalhadamente sobre esse assunto no Capítulo 8, mas, por enquanto, isso é o suficiente.

Na Medco, a lista de afazeres cobria três paredes da sala de conferências e incluía centenas de itens. Seis equipes diferentes trabalhariam neles. Mas o conceito foi exatamente o mesmo: organizar de acordo com o valor de cada elemento, não importando a definição de valor que estejamos usando. Esse valor pode ser relacionado aos negócios, no caso da Medco, ou à felicidade da noiva, no caso de um casamento.

Tamanho é documento, mas só relativamente

Então você já tem sua lista do que precisa ser feito e já a ordenou de acordo com as prioridades. Agora a tarefa é descobrir de quanto esforço, tempo e dinheiro o projeto precisará. Como já mencionei, nós, seres humanos, somos péssimos em fazer esse tipo de previsão, mas parece que somos *bons* em dimensionamento *relativo*, ou seja, em comparar o tamanho de uma coisa com o de outra – por exemplo, definir a diferença entre uma camisa P, uma M e uma G.

Meu exemplo favorito de dimensionamento relativo são os "pontos caninos". Há muitos anos, meu amigo Mike Cohn, uma das principais figuras relacionadas ao pensamento ágil, estava tendo – assim como eu – dificuldade em estimar o tempo e o dinheiro necessários para realizar seus projetos e em se manter dentro do cronograma e do orçamento. Como adorava cachorros (embora sua mulher o tivesse proibido de ter um), ele começou a pedir que suas equipes relacionassem uma raça de cão a cada parte de um projeto. Ele listava um monte delas, mais ou menos assim:

- Labrador
- Bull terrier
- Dogue alemão
- Poodle
- Dachshund
- Pastor-alemão
- Setter irlandês
- Buldogue

Em seguida, dizia: "Muito bem, este problema é um dachshund ou um dogue alemão? Se aquele é um dachshund, esse deve ser mais ou menos do tamanho de um labrador, certo?" Depois disso, as equipes examinavam todas as funcionalidades que precisavam desenvolver e as mediam pela raça de cachorro. Então Mike dizia: "Vamos dar um valor numérico a cada raça, assim vai ser mais fácil. Vamos chamar um dachshund de 1 e um dogue alemão de 13. De acordo com essa escala, podemos dizer que um labrador seria um 5 e um buldogue, um 3."[1]

Você pode fazer o mesmo com a lista de casamento que acabamos de elaborar. Encontrar um local: bem, isso vai exigir pesquisas, informações sobre preços, visitas aos lugares. É um tanto complicado. Então vamos atribuir a esse problema o tamanho de um pastor alemão, um 5. Noivos? Aí não há nenhuma dificuldade: nós dois só precisamos aparecer no dia. Isso é um dachshund, tamanho 1, só é necessário um telefonema. Os convites, porém, são uma questão bastante complexa. Precisamos fazer a nossa lista de convidados, pegar a lista da sua mãe, a lista da minha mãe, escolher o papel, mandar os convites para a gráfica, para o calígrafo. Esse é um projeto grande: um dogue alemão, um 13.

Ou talvez dois dogues alemães. Se algo for grande assim, é melhor você dividi-lo em partes gerenciáveis. Que tal tornar a lista de convidados um projeto e separá-la da tarefa de lidar com a gráfica? Essas duas atividades têm, provavelmente, o porte de um buldogue, certo? Tamanho 3. E vamos considerar a tarefa de endereçar e entregar os convites um pastor alemão, um 5. E assim por diante.

Isso é dimensionamento relativo, ou seja, comparar as tarefas umas com as outras. Infelizmente, nem todo mundo usa cachorros como parâmetro, mas talvez você tenha notado um padrão nos números que atribuí às raças: 1, 2, 3, 5, 8, 13. Cada número da série é a soma dos dois anteriores. O nome disso é "sequência de Fibonacci" e há um motivo para usarmos esse padrão: ele está presente em tudo.

A SEQUÊNCIA DE FIBONACCI ESTÁ EM TUDO À NOSSA VOLTA

- A sequência de Fibonacci é um padrão em que o número seguinte, na sequência, é a soma dos dois anteriores. Por exemplo: 0, 1, 1, 2, 3, 5, 8, 13, 21, 34, 55...
- É onipresente em sistemas naturais, de modo que os seres humanos têm milênios de experiência com ela.

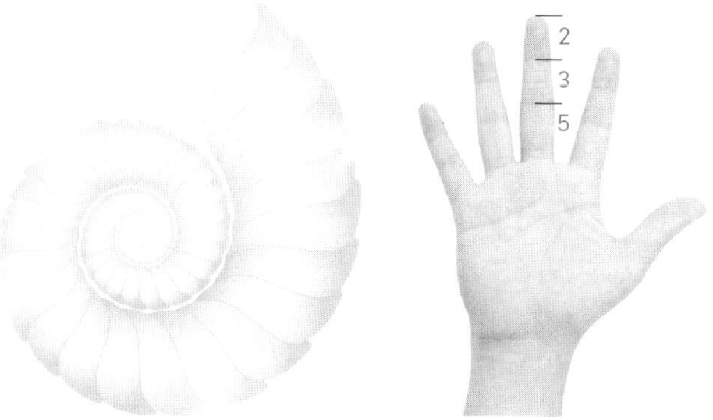

A natureza se apresenta de acordo com essa sequência, seja na concha de um molusco, nos galhos de uma árvore, na casca de um abacaxi ou nas pétalas de uma pinha. Ela aparece na couve-flor e nas curvas do cérebro humano. É a mesma na folha de uma samambaia ou no formato de uma galáxia. É um daqueles fenômenos que parecem bem estranhos quando paramos para pensar neles.

Há um nome para esse fenômeno: é chamado de "proporção áurea" ou "número de ouro". Nós o incluímos em construções e obras de arte. Desde o Partenon, em Atenas, até a Grande Mesquita de Kairouan, na Tunísia. Nós o utilizamos para decidir o tamanho e o formato das páginas de um livro e as proporções das cartas do baralho. Os seres humanos são programados para considerar essas proporções atraentes. Para nosso objetivo aqui neste livro, o importante é saber que a nossa espécie tem um entendimento profundo das relações presentes na sequência de Fibonacci. Nós as conhecemos de forma intuitiva.

Na sequência de Fibonacci, a distância entre os números é suficiente para que percebamos com facilidade a diferença entre eles. É fácil escolher entre um e outro. Se alguém estima que um objeto corresponde a um 5 e outro, a um 8, conseguimos diferenciá-los intuitivamente. E a diferença entre um 5 e um 6? É muito sutil, mais do que nosso cérebro é capaz de registrar.

Na medicina, há um consenso mais ou menos geral de que, para que os pacientes relatem ter percebido o alívio de um sintoma, é preciso haver uma melhora superior a 65%. Nossa mente não percebe melhoras sutis. Notamos melhor guinadas de um estado para outro – e não estou falando de mudanças suaves, mas daquelas bruscas.

Usar a sequência de Fibonacci para calcular a dimensão de uma tarefa permite que façamos previsões que não têm de ser 100% exatas. Nada será exatamente um 5, um 8 ou um 13. No entanto, usar esses números nos dá a chance de obter opiniões sobre a dimensão de uma atividade baseadas aproximadamente na mesma escala de medida. Assim, é possível chegar a um consenso.

Fazer previsões em grupo dessa maneira tem como resultado uma estimativa muito mais precisa do que aquela a que chegaríamos sozinhos.

O Oráculo de Delfos

Agora sabemos que somos bons em comparar dois elementos. Também sabemos a melhor proporção a usar para isso. Mas como chegamos a esse ponto? Devemos fazer uma lista de tarefas e ordená-las de acordo com seu grau de prioridade; até aí, tudo bem. Mas como chegamos à conclusão de que um item é um 5 e outro é um 8? O que é um golden retriever e o que é um schnauzer? E, mesmo que alguém ache que fez uma boa estimativa, como ter certeza de que ela se alinha com a de todo mundo? E se esse indivíduo não estiver levando em conta alguns fatores essenciais?

Como você deve imaginar, essa não é uma questão inédita. As pessoas têm dificuldade com isso há décadas. Um problema é que os diferentes integrantes de uma equipe têm conhecimentos distintos; mas existe outro, às vezes chamado de "efeito de contágio". Você com certeza já esteve em reuniões deste tipo: alguém tem uma ideia e todos começam a debatê-la. Mesmo que tenha discordado no início, você acaba indo na onda, porque o grupo todo parece aprová-la. E todo mundo concorda em seguir um caminho que aparenta ser ótimo naquele momento, mas acaba se mostrando um desastre completo. Quando questiona os indivíduos sobre a decisão tomada, você quase sempre descobre que eles tinham algumas ressalvas, mas não as expressaram porque achavam que o restante da equipe estava animado. As pessoas presumem que, se todo mundo concorda com algo, as ressalvas delas são bobas ou estão erradas, e ninguém quer parecer burro perante o grupo. Lembre-se de que esse tipo de decisão em grupo não é uma falha individual, é uma falha humana.

Na literatura científica, esse efeito é explicado como uma "cascata informacional". Sushil Bikhchandani, David Hirshleifer e Ivo Welch, autores do artigo "A Theory of Fads, Fashion, Custom, and Cultural Change as Informational Cascades" (Uma teoria de novidades, moda, costumes e mudança cultural como cascatas informacionais), descrevem o processo:

"Uma cascata informacional ocorre quando o ideal para um indivíduo, tendo observado as ações daqueles à sua frente, é seguir o comportamento de quem o precedeu, sem levar em conta a própria informação."[2]

Um ótimo exemplo dado pelos autores é quando alguém submete um artigo a uma revista científica. Digamos que o editor da revista rejeite o texto. Em seguida, o autor apresenta o mesmo artigo a outra publicação. O segundo editor, sabendo que o trabalho não foi aceito pela primeira revista, tem mais probabilidade de rejeitá-lo. E, se houver uma terceira revista, seu editor, ciente das duas rejeições anteriores, tem uma probabilidade ainda maior de rejeitar o artigo. As pessoas presumem que as outras tomam boas decisões, *mesmo que essas opiniões contradigam as suas*. Isso é ruim. Quando está estipulando um prazo de entrega para um projeto multibilionário, ou tentando prever se vai conseguir aprontar tudo a tempo para o seu casamento, é fundamental que você tome as *próprias* decisões. Use outras estimativas apenas para melhorar a sua, não para substituí-la.

Outro problema bem conhecido é o que chamamos de "efeito halo". Ele ocorre quando uma característica de algo influencia o modo como as pessoas percebem outras características da mesma coisa não relacionadas à primeira. Esse efeito foi estudado de maneira empírica pela primeira vez por Edward Lee Thorndike, em 1920. Em seu clássico artigo "A Constant Error in Psychological Ratings" (Um erro frequente em avaliações psicológicas), Thorndike pediu que oficiais militares classificassem seus soldados de acordo com várias características: físico, intelecto, liderança, personalidade etc. Em seguida, examinou como um conjunto de qualidades afetava a classificação das outras. Descobriu que as notas tinham uma correlação muito próxima. Se o físico de alguém recebesse uma avaliação boa, suas habilidades de liderança também recebiam. Assim como a inteligência e a personalidade. Essa pesquisa foi corroborada por outros estudos ao longo dos anos, confirmando, por exemplo, que, se alguém é bonito, todo mundo presume que também é inteligente e confiável.[3]

Mas o efeito halo vai muito além da mera beleza física; ele pode surgir em qualquer situação. Pesquisadores apontam, por exemplo, que as ONGs são frequentemente tratadas como grupos que praticam o bem, mesmo que não o pratiquem; que as montadoras de automóveis criam um carro "halo" para passar uma boa impressão para a linha inteira; e que o iPod deu um verniz *cool* ou descolado a todos os produtos da Apple.

Tal como acontece com o efeito de contágio, as pessoas que se concentram no "halo" não analisam os dados reais. Em vez disso, elas são atraídas para algo que tem uma aparência positiva. De novo, essa falha não é proposital; trata-se da natureza humana. Combatê-la é bobagem; é como tentar lutar contra a força da gravidade.

Mas você pode lidar com ela de forma inteligente. Na década de 1950, a Rand Corporation foi convidada a responder a algumas perguntas bem ao estilo das questões aterrorizantes que se discutiam durante a Guerra Fria. Invocando, em sua terminologia, o Oráculo de Delfos, onde sacerdotisas previam o futuro, Norman Dalkey e Olaf Helmer publicaram, em 1963, um artigo maliciosamente intitulado "An Experimental Application of the Delphi Method to the Use of Experts" (Uma aplicação experimental do método Delphi para o uso de especialistas), com a útil referência "Memorandum RM-727/1-Abridged" (Memorando RM-727/1-Resumido). No artigo, declararam a intenção de fazer perguntas sem que as opiniões de uma pessoa afetassem as de outra. Então reuniram um grupo de especialistas – quatro economistas, um profissional especializado em vulnerabilidade física, um analista de sistemas e um engenheiro elétrico – e propuseram o seguinte:

> Aplicar a opinião de especialistas para selecionar, do ponto de vista de um planejador estratégico soviético, um alvo industrial ideal nos Estados Unidos, além de estimar o número de bombas atômicas necessárias para reduzir a produção de munição a uma quantidade estabelecida.[4]

Simplificando, a ideia era perguntar de quantas bombas nucleares os russos precisavam para impedir que os americanos produzissem seu armamento nuclear. Isso na época em que se acreditava que um conflito nuclear poderia não apenas ocorrer, mas também ser vencido.

Dalkey e Helmer não queriam que seus especialistas fossem influenciados uns pelos outros. E se um deles fosse um chefe de departamento em uma grande universidade e outro fosse um humilde membro do corpo docente de uma faculdade pequena? Como impedir que as falsas premissas de uma pessoa contaminassem a opinião dos outros?

A solução que os dois pesquisadores encontraram foi realizar uma série de levantamentos anônimos. Nenhum dos especialistas sabia quem eram os outros; eles deveriam simplesmente dar suas estimativas. Depois de cada questionário, Dalkey e Helmer reuniam as respostas – e os dados que tinham servido de base para elas – e as repassavam ao grupo, removendo quaisquer características que identificassem quem as tinha dado. Em seguida, repetiam o procedimento.

No primeiro levantamento, o número de bombas necessárias para destruir com 50% de certeza a indústria de armamentos dos Estados Unidos foi estimado entre 50, no mínimo, e 5 mil, no máximo. Quando os pesquisadores analisaram as respostas, notaram que havia alguns pontos em comum no raciocínio: a vulnerabilidade de vários alvos, a capacidade de recuperação de diversas indústrias, estoques iniciais etc. Então os dois perguntaram aos especialistas se a análise estava correta e que informações eles tinham usado para chegar a suas estimativas.

A dupla de pesquisadores recebeu dados de todo tipo, como o nível de resistência das fábricas, a diferença entre vulnerabilidade física e econômica e o tempo mínimo para a fabricação de diversos componentes.

Em seguida, Dalkey e Helmer coletaram esses dados, forneceram as informações a todos os especialistas e perguntaram: "E agora, quantas bombas?" Dessa vez, as estimativas variaram entre 89 e 800. Logo depois, os pesquisadores repetiram o processo. E repetiram mais uma vez. Os resultados foram oscilando cada vez menos. Por fim, a variação passou a ser entre 167 e 360 bombas nucleares.

Peneirar uma variação enorme de estimativas – de 10.000% para cerca de 200% – é uma habilidade incrivelmente útil para quem lida com planejamento. Isso permite que se obtenha um consenso entre os especialistas sem se preocupar com influências. Essa ferramenta é tão poderosa que é usada ainda hoje pela Rand. Um exemplo recente foi um exercício realizado em 2011 de acordo com o método Delphi. A pesquisa enfocou o conflito no Afeganistão e estimou as chances de sucesso dos Estados Unidos. As previsões, caso lhe interesse, não foram muito favoráveis.

O pôquer do planejamento

A vantagem do método Delphi é que ele recolhe uma grande variedade de pontos de vista, tenta remover a maior quantidade possível de ideias preconcebidas e, com informações úteis porém anônimas, restringe as opiniões a uma estimativa geralmente aceitável. A parte ruim, para nossos objetivos, é que isso leva muito tempo. Quando me reuni com as equipes da Medco, não gastei nem um segundo com pesquisas anônimas. Queria que todas aquelas centenas de itens fossem estimadas em questão de *horas*, não dias – muito menos semanas.

Felizmente, *existe* um jeito de coletar estimativas que é bem rápido e preciso. Ele se chama "pôquer do planejamento".

A ideia é simples. Cada pessoa tem um baralho de cartas com estes interessantíssimos números de Fibonacci: 1, 2, 3, 5, 8, 13 etc. Escolhe-se uma tarefa por vez para ser avaliada. Então cada integrante do grupo separa a carta que considera corresponder à quantidade de esforço exigida por aquela tarefa e a coloca virada para baixo na mesa. Em seguida, todo mundo vira sua carta ao mesmo tempo. Se as opiniões de todos estiverem a uma distância de até duas cartas umas das outras (digamos, há um 5, dois 8 e um 13), a equipe apenas soma esses números, tira a média (neste caso, 6,6) e passa para o próximo item. Lembre-se de que estamos falando de *estimativas*, não de cronogramas rígidos. Além disso, trata-se de previsões para pequenas partes do projeto.

Se as cartas escolhidas estiverem a uma distância de mais de *três* números da sequência, quem selecionou a mais alta e a mais baixa explica seu raciocínio. Então se faz outra rodada. Caso contrário, se calcula a média das estimativas, que ficará próxima do resultado encontrado pelos estatísticos da Rand Corporation.

Digamos, por exemplo, que você esteja pintando o interior de uma casa e precise estimar quanto tempo vai demorar para completar a sala de estar, a cozinha e dois quartos. Você está realizando essa tarefa com uma equipe de pintura com a qual já trabalhou antes. Primeiro vocês opinam sobre os dois quartos – todo mundo estima que eles sejam um 3. Nenhuma discordância; todos já fizeram isso antes e consideram pintar os quartos uma tarefa bem simples. Em seguida, o grupo passa para a sala de estar. É bem grande, mas bastante simples. As previsões variam entre 5 e 13, e a média fica em 6. Mais uma vez, não há necessidade de discussão. Então é a vez da cozinha, e há um 3, um 8, um 13 e um 5 sobre a mesa. A pessoa do 3 diz que o cômodo é muito pequeno, portanto há menos área de parede para pintar do que nos quartos. O indivíduo que escolheu o 13 argumenta que levará muito tempo para instalar a proteção contra tinta nos armários e nas bancadas e que todas as áreas pequenas precisarão ser pintadas com pincel em vez de rolo. A equipe seleciona rapidamente novas cartas. Agora o 3 se tornou um 8 e todo o resto permaneceu igual. Tudo próximo o suficiente. Então o grupo soma os números, tira a média e passa para a próxima tarefa.

Esse método incrivelmente simples evita qualquer tipo de comportamento de ancoragem, como o efeito de contágio ou o efeito halo, e permite que toda a equipe compartilhe seus conhecimentos a respeito de determinada tarefa. No entanto, é fundamental que as previsões sejam feitas pelo grupo que de fato executará o trabalho, não por quaisquer avaliadores "ideais".

Aprendi isso do pior jeito quando trabalhava na GSI Commerce, uma empresa de e-commerce da Pensilvânia. Desde então, ela foi comprada pelo eBay. A GSI projeta as lojas on-line de empresas como a Levi's, a Major League Baseball e a Zales Diamonds. Esses projetos não são nada pequenos, e a GSI é muito boa no que faz.

Mas a empresa teve uma ideia que a princípio pareceu excelente: em vez de as previsões serem feitas por cada uma das equipes, essa tarefa seria dada aos melhores estimadores da empresa – os caras mais inteligentes, que conheciam de verdade os projetos e a tecnologia e sabiam o que precisava ser feito. Esses especialistas fizeram previsões para alguns projetos. Este aqui deve levar tanto tempo, aquele ali mais esse tanto e assim por diante. O plano era entregar estimativas de 80 projetos multimilionários, tanto para os clientes quanto para as equipes que fariam o trabalho. Parece razoável, certo?

Na verdade, é uma forma tão *errada* de fazer as coisas que a GSI cancelou o experimento na metade, depois de 40 projetos terem sido estimados. A situação me lembrou daqueles testes de medicamentos que são interrompidos porque se chega à conclusão de que os remédios estão matando os pacientes em vez de curá-los. As previsões se mostraram tão errôneas que eram inúteis. Nada foi entregue a tempo. Os clientes estavam insatisfeitos. As equipes ficaram desmoralizadas. Foi um desastre completo. A diretoria voltou a delegar a tarefa de fazer as estimativas para os grupos que realizariam cada trabalho. E eis que as previsões voltaram a corresponder à realidade.

O que aprendi com isso foi que somente quem põe a mão na massa sabe quanto tempo e quanto esforço um trabalho vai exigir. Pode ser que a equipe seja muito boa em um tipo de atividade, mas péssima em outro. Talvez o grupo tenha um especialista que seja útil em determinada área, mas ninguém que possua conhecimento em outro campo. Equipes, como já vimos, são únicas. Cada uma tem seu ritmo. Forçar grupos diferentes a seguir uma receita de bolo dá em desastre na certa.

Não existem tarefas, somente histórias

Quando você lista coisas a fazer, é tentador elencar os itens como eu fiz antes para o casamento de Alex: igreja, flores, celebrante, comida etc. O problema é que se você delegar qualquer um desses elementos a uma equipe que não esteja intimamente envolvida nos resultados das decisões - que, por exemplo, não seja afetada pelas consequências da escolha entre rosas brancas e margaridas –, é possível que não obtenha os resultados que deseja.

Em seu trabalho, quantas vezes já lhe deram uma tarefa que você não entende por que precisa ser realizada? Alguém lhe pede que determine a variação das vendas mês a mês na região A, em lojas com mais de 50 metros quadrados. Você o faz, mas não sabe *por que* isso é necessário. E, por esse motivo, é possível que você forneça o tipo errado de dados, que interprete a pergunta de maneira errônea ou que fique ressentido por ter recebido um monte de trabalho inútil. Ou então, se for um gestor, pode ficar chocado por seus funcionários não entenderem de primeira que você está cogitando fechar lojas pequenas e abrir estabelecimentos grandes.

O problema é que você não está recebendo ou fornecendo informações suficientes para que o trabalho seja feito do jeito certo. As pessoas pensam por meio de narrativas, de histórias. É assim que entendemos o mundo. Compreendemos intimamente personagens, desejos e motivações, mas temos dificuldade em extrair papéis discretos do enredo principal e lidar com eles fora de contexto.

Assim, quando estiver elaborando uma tarefa, o primeiro elemento que você deve levar em consideração são os personagens ou os papéis – por exemplo, um cliente, uma noiva, um leitor, um funcionário. Para *quem* esse trabalho está sendo feito? Devemos nos colocar no lugar de quem ao construir essa coisa, tomar essa decisão ou entregar esse produto?

Em seguida, você precisa se perguntar *o quê* – o que queremos fazer primeiro. Em geral, começamos e encerramos os projetos com essa informação. Mas ela é apenas o meio do processo que estamos executando.

Por fim, você precisa pensar na motivação. *Por que* essa persona quer isso? Como esse produto vai servir e encantar esse cliente? E, de certa forma, essa é a parte mais importante. A motivação é o que dá cor a tudo.

Meu exemplo favorito desse raciocínio vem de um meme que surgiu na internet há alguns anos. Tratava-se de uma imagem do capitão Jean-Luc Picard, da *Enterprise*, com a seguinte legenda: "Como comandante de uma nave espacial, eu gostaria que a função de diário de bordo usasse automaticamente a data estelar de hoje..." Se você parar para pensar, faz sentido. Você nunca se perguntou por que, num futuro distante, o comandante de uma nave espacial teria de mencionar a data toda vez que fizesse uma inclusão em seu diário de bordo? "Diário de bordo. Data estelar 4671.7. O planeta Marte está fascinante..." Nos dias atuais, *nós* já não precisamos fazer isso ao postar em um blog. Por que ele precisaria?

Mas a questão crucial que não é respondida naquela imagem é *por quê*. Por que ele quer essa funcionalidade? Para que ela servirá? Será apenas para manter os registros ordenados segundo a data? Ou será por um motivo mais importante? Será que as observações do comandante precisam ser inalteráveis, para que sirvam a algum tipo de auditoria por parte dos investigadores da Frota Estelar? Essas são duas implementações muito diferentes. Uma é casual, a outra é séria. A equipe tem de descobrir o que o comandante quer de fato. Quando tiver essa informação, ela pode pensar em um modo completamente diferente de atingir o mesmo objetivo, com outros elementos relevantes nos quais Picard talvez nem tivesse pensado, mas que lhe seriam muito úteis.

Muitas vezes, as necessidades mudam conforme os personagens. Imagine, por exemplo, uma história que termine assim: "... quero um carro para que eu possa ir até o trabalho." Se você começar essa frase com "Como alguém que mora num bairro residencial distante..." ou "Como um agricultor do interior de Dakota do Sul...", sua interpretação de qual seria o veículo ideal será muito diferente.

Portanto, antes de ordenar por prioridade as tarefas que sua empresa terá que executar, você precisa definir a persona, o usuário, o cliente – a pessoa que usará o que você vai produzir. É essencial saber de que ela gosta, o que detesta, quais são suas paixões, suas frustrações e suas alegrias. E então você tem de entender suas motivações. Como esse tipo de persona realiza seus desejos? Por que ela precisa de um carro? O que vão fazer com o diário de bordo da *Enterprise*?

Isso também influenciará a maneira como você vai fazer suas estimativas. Bem, eles querem uma simples função de calendário; isso é fácil. Uma datação inalterável para fins legais é algo um pouco mais complicado.

Escreva histórias curtas

Quando for escrever suas histórias, certifique-se de que elas fiquem curtas o suficiente para que seja possível estimá-las. Imagine a história da Amazon.com: "Como cliente, quero a maior livraria on-line do mundo, para que eu possa comprar qualquer livro que desejar, quando bem entender." Essa narrativa sem dúvida resume a Amazon, mas é grande demais para que se consiga de fato realizar algo a partir dela. É necessário dividi-la. Em blocos pequenos.

Você pode escrever histórias como estas para uma livraria on-line:

- "Como cliente, quero ser capaz de pesquisar livros por gênero, para que eu possa encontrar o tipo de obra de que gosto."
- "Como cliente, quero pôr um livro em um carrinho de compras, para que eu possa comprá-lo."
- "Como gerente de produto, quero poder rastrear as compras de uma cliente, para anunciar livros específicos com base no que ela já comprou."

Essas histórias têm o tamanho adequado para que uma equipe as tenha em mente. É possível debater sobre como implementá-las. São específicas o suficiente para serem postas em prática, mas não prescrevem *como* serão feitas. Lembre-se: a equipe decide como o trabalho será realizado, mas *o que* será feito é definido pelo valor do negócio. O conjunto de histórias que podem se tornar a ideia de uma livraria on-line é muitas vezes chamado de um "Épico". Ele é grande demais para ser executado por inteiro, mas inclui uma série de histórias menores que, somadas, formam uma única ideia.

Tim Stoll é um daqueles sujeitos cuja carreira abrange o que poderíamos chamar de um "amplo espectro de eventos", com foco na coordenação de equipes para a execução rápida de projetos. Ele serviu como médico das Forças Especiais dos Estados Unidos no Iraque e no Afeganistão, trabalhou para a CIA, foi policial – caçando criminosos violentos – e, hoje em dia, é treinador de Scrum. Tim costuma dizer que *sempre* foi treinador de Scrum, mesmo quando comandava missões das Forças Especiais.

"Nessas operações, não chamamos as partes de um projeto de histórias, e sim de Cursos de Ação. Mas é a mesma coisa."

Uma das poucas histórias que Tim pode contar publicamente sobre o tempo em que era das Forças Especiais é a de uma missão médica no Laos. "Tivemos dois Épicos. O primeiro foi um curso médico: precisávamos treinar as forças locais em medicina de combate. O segundo foi uma operação de remoção de minas terrestres, em que tivemos de lidar com artefatos não deflagrados."

Como médico, Tim esteve no comando do primeiro Épico. Ele diz que, antes da missão, sentou-se e delineou o que precisava realizar e como deveria ordenar as sub-histórias. Ele conta que começou com ideias que se encaixariam com facilidade na estrutura do Scrum.

"Como médico das Forças Especiais, devo ensinar fisiologia básica aos meus alunos, para que entendam o corpo humano."

Tim sabia que precisava partir desse ponto assim que começou a escrever suas histórias. Seus alunos tinham de entender onde os ossos ficavam para poder prestar os primeiros socorros. "Primeiro, eu falaria sobre os ossos longos. Em seguida, falaria sobre os ossos curtos; depois sobre os pulsos, os tornozelos, os tendões e os ligamentos." Só depois que os alunos aprendessem as histórias básicas ele poderia falar sobre como reposicionar os ossos, abrir as vias aéreas e estancar hemorragias.

Quando terminou de escrever essas histórias, Tim conseguiu determinar de que material de apoio precisava para atingir seus objetivos: um esqueleto e folhetos em inglês e laociano. Em seguida, dividiu tudo em ciclos, ou sprints. "Dois dias viajando até o Laos. Uma semana para me preparar. Em seguida, dois ciclos de seis semanas lecionando. Era necessário que nossos alunos saíssem do básico e se tornassem técnicos de emergência médica de nível intermediário. E conseguimos."

Pronto e concluído

Ao escrever histórias ou elaborar uma lista de tarefas, é importante fazer duas perguntas: a história está pronta? E como você vai saber que ela foi concluída?

Vamos usar a história de Tim como exemplo:

Como médico das Forças Especiais, eu devo ensinar fisiologia básica aos meus alunos, para que eles entendam o corpo humano.

Há um truque mnemônico que sempre uso para determinar se uma história está pronta. Ele foi criado por Bill Wake, um profundo pensador de design de softwares. Bill diz que, para que uma história esteja pronta, ela precisa atender aos critérios INVEST:

Independente. A história precisa ser acionável e "completável" por conta própria. Ela não deve ser intrinsecamente dependente de outra história.
Negociável. Até que seja de fato executada, é preciso que a história possa ser reescrita. Dar margem a mudanças deve ser uma de suas características.
Valiosa. Ela realmente entregará valor a um cliente, um usuário ou qualquer pessoa envolvida.
Estimável. Você tem que ser capaz de dimensioná-la.
Sucinta. A história precisa ser pequena o suficiente para que seja possível estimá-la e planejá-la com facilidade. Se for grande demais, você deve reescrevê-la ou dividi-la em histórias menores.
Testável. A história precisa possuir um teste pelo qual deve passar a fim de ser declarada concluída. Elabore o teste antes de executar a história.

A história de Tim é independente; ele é capaz de cumprir sua missão sem ter que considerar, por exemplo, quanto combustível de helicóptero será necessário para que os alunos cheguem ao local. Ela é negociável: ensinar fisiologia é a história que ele acha que precisa executar, mas se chegar lá e descobrir que os alunos já têm esse conhecimento, ou parte dele, Tim pode mudar sua tática de ensino. A história é valiosa: os alunos vão adquirir conhecimento prático e útil sobre o corpo humano. É sucinta: ele dará aulas de anatomia básica, não tentará ensinar a fazer uma cirurgia com o nível de conhecimento de anatomia que passará aos alunos. E é testável: ele conhece as informações que deseja transmitir e pode aplicar um teste para verificar se os estudantes de fato aprenderam o conteúdo.

Para cada história deve haver tanto uma "definição de pronta" (por exemplo, "Será que ela satisfaz todos os critérios INVEST?") quanto, por fim, uma "definição de concluída" (como "Que condições precisam ser atendidas, em quais testes a história precisa passar para que a gente encerre os trabalhos?"). Na prática, descobrimos que, se as histórias estiverem realmente prontas, a equipe duplicará a velocidade de implementação. E, se as histórias forem de fato concluídas até o fim de um sprint, as equipes podem dobrar a velocidade novamente. Esse é um dos truques necessários para fazer o dobro do trabalho na metade do tempo.

Planejamento do sprint

No Scrum, esse tipo de planejamento acontece a cada sprint numa reunião que é chamada de "planejamento do sprint". A equipe se reúne, analisa a lista de histórias que precisam ser concluídas e diz: "O que podemos fazer *neste* sprint? Essas histórias estão prontas? Elas podem ser concluídas até o fim deste ciclo? Podemos, então, demonstrá-las para o cliente e apresentar valor real?" O segredo para responder a essas perguntas se encontra na velocidade com que a equipe está trabalhando.

Conheça sua velocidade

Agora, podemos enfim começar a responder quando as coisas estarão concluídas, porque já sabemos como medir o que a equipe está de fato fazendo. Temos todas essas histórias, com tudo que precisa ser feito. E já as avaliamos – isso é um 8, isso aqui é um 3 e assim por diante. Então começamos nosso primeiro sprint. Digamos que ele tenha uma semana de duração. No fim da semana, verificamos todas as histórias que concluímos e somamos os pontos que atribuímos a elas. Esse número nos diz em que ritmo a equipe está trabalhando, a velocidade do grupo. Uma vez que saiba essa velocidade, você poderá contar quantas histórias ainda precisam ser executadas e quantos pontos elas representam. Assim você saberá quando o trabalho será concluído.

Além disso, uma vez que você saiba sua velocidade, poderá determinar o ponto mais importante do Scrum: o que o está impedindo de trabalhar *mais rápido*? O que o está impedindo de *acelerar*? No capítulo anterior, falei sobre desperdício, sobre os elementos que podem atrapalhar seu desempenho. É assim que você descobre se está *realmente* se livrando do desperdício.

Voltemos à Medco, por onde começamos este capítulo. Depois de estimarmos todo o trabalho, me reuni com os gestores seniores responsáveis pelo projeto. Havia vários executivos que comandavam unidades de negócios e um vice-presidente sênior.

Nós nos sentamos à mesa de conferências e o vice-presidente sênior tinha apenas uma pergunta:

– Você vai conseguir cumprir o prazo original? – indagou, batendo a mão na mesa.

– Não sei. Mas vamos conseguir concluir tudo antes da data que seus funcionários projetaram; caso contrário, você receberá seu dinheiro de volta – respondi.

– Isso não é o suficiente! Você vai cumprir o prazo original?

– Não tenho essa resposta *hoje*. As equipes precisam começar a trabalhar para sabermos a velocidade delas. É o seguinte: em seis semanas eu vou dizer a vocês a nossa data de entrega, e vocês não vão gostar dela. Mas – prossegui, antes que ele pudesse me interromper – vou entregar uma lista dos problemas que sua equipe está enfrentando e que estão impedindo que ela cumpra a data que vocês prometeram a Wall Street. Uma lista de obstáculos. E seu trabalho será removê-los o mais rápido possível.

Ele riu.

– Obstáculos! Sem problema, Jeff. Eu trabalhava na Toyota.

Eu ri e disse:

– Então este já parece um bom projeto.

Eu sabia que ele aderira à taxonomia de desperdícios de Taiichi Ohno e compreendia como as coisas funcionavam – que se livrar do desperdício é crucial para fazer com que as equipes acelerem.

Assim, depois de três sprints medindo a velocidade, as equipes tinham acelerado de 20 para 60 pontos por ciclo e eu sabia a provável data em que o trabalho seria entregue. Dada a velocidade dos grupos – naquele ponto, nós estávamos no início de março –, seriam necessários outros 19 sprints de duas semanas: 1º de dezembro.

Os gestores não ficaram muito satisfeitos. Não era bom o bastante. Era 1º de julho ou nada. Tudo dependia disso.

Então eu lhes entreguei uma lista com 12 obstáculos, que iam desde não dar poder às pessoas para tomar decisões até requisitos técnicos onerosos, desde algumas pessoas não aparecerem nas reuniões até coisas simples, como o fato de que nem todos os integrantes de uma equipe trabalhavam na mesma sala. Havia problemas relacionados a processos, personalidades e procedimentos – elementos que são endêmicos em qualquer corporação.

Esses obstáculos podem parecer insuperáveis. Diversas vezes você já deve ter observado seu local de trabalho e pensado: "Nós fazemos isso desta forma, sempre fizemos assim, e todo mundo sabe que isso não é inteligente." Mas por alguma razão as pessoas acham que mudanças na cultura corporativa são impossíveis. Eu concordava com isso, principalmente quando se tratava de grandes empresas, com uma cultura e políticas empresariais calcificadas.

A Medco provou que eu estava errado, e nunca vou voltar a pensar como antes. Aquele vice-presidente sênior da Toyota enviou minha lista de obstáculos para todos os seus funcionários em uma segunda-feira. Ao lado de cada obstáculo havia o nome de um gerente. E todos os empecilhos foram eliminados até a quinta-feira da mesma semana. Às vezes as pessoas precisam de uma arma apontada para a cabeça para que se motivem a mudar, mas esse episódio mostrou o que pode ser feito se houver vontade (ou se um cara da Toyota estiver no comando). Nada é imutável. Questione tudo.

No fim do sprint seguinte, a velocidade das equipes tinha aumentado em 50%. A nova data de entrega passou a ser 1º de outubro. Isso significava que ainda haveria três meses de atraso, apesar de os funcionários terem passado de 20 para 90 pontos por sprint, um aumento de mais de 400%!

Mas isso ainda não era bom o bastante.

Então Brent e eu reunimos todo mundo: engenharia, marketing, analistas de negócios, gerência etc. E todos estavam com medo. Temiam por seus empregos e por suas carreiras se não conseguissem concluir tudo no prazo. Fiz-lhes três perguntas:

1. Existe algo que possamos fazer de maneira diferente para acelerar o trabalho?

   O chefe de engenharia falou: "Bem, no meio do último sprint o pessoal de segurança da TI desligou uma porta da internet, por isso nossas equipes na Índia e no Brasil não conseguiram fazer nada."

   "Bem, a gente deveria resolver isso, não é mesmo?", observei, incrédulo.

   O chefe de engenharia olhou para o chefe de TI, que estava sentado do outro lado da mesa. Eles chegaram à conclusão de que, com essa questão resolvida, poderíamos eliminar mais um mês do tempo que seria necessário para entregar o produto. Agora faltava cortar mais dois meses.

2. Podemos nos livrar de alguns itens do backlog (pendências)? Há algo que possamos delegar a outras equipes?

   Ninguém tinha nenhuma ideia boa sobre isso.

3. É possível *não fazer* algumas coisas? Podemos reduzir o escopo do projeto, ainda que minimamente?

A princípio, eles me disseram que de jeito nenhum, que já tinham eliminado todos os requisitos possíveis. Ok, respondi, mas vamos passar a tarde aparando as arestas. Cada tarefa vai ter de lutar para sobreviver.

Levamos algumas horas, mas conseguimos cortar outro mês do prazo de entrega.

Foi nesse momento que eu disse: "Tudo bem, ainda temos um mês de atraso. Se não conseguirmos pensar em mais nenhuma solução, vamos dizer à diretoria que não vai ser possível terminar o projeto até lá."

"Não", responderam todos. "Vamos ser demitidos. Vamos dar mais uma olhada nas três perguntas." Propus que nos reuníssemos com a diretoria. O problema não era apenas nosso. Era deles também, e eles poderiam ajudar.

Foi uma reunião curta. A diretoria tomou ciência da situação e disse: "Bem, precisamos entregar em 1º de julho. Talvez pudéssemos fazer a implementação em uma fábrica primeiro? Apenas um centro? Ou dois? Será que isso resolveria o problema?" Houve um burburinho enquanto algumas coisas eram reorganizadas. Mas, por fim, todos chegaram à conclusão de que seria possível reduzir as funcionalidades necessárias e fazer a entrega em julho de 2007, na data que o presidente havia prometido a Wall Street.

No fim da reunião, o vice-presidente sênior me disse simplesmente: "Já podemos declarar vitória. Ligue se você tiver qualquer problema."

Foi incrível acompanhar o preço das ações da Medco naquele verão. Quando iniciamos a construção da infraestrutura, o valor começou a subir, e continuou subindo depois que fizemos a entrega. Quanto? Bem, muitos bilhões de dólares, passando de 25 a mais de 50 dólares até o fim do ano. Wall Street decidira que a empresa continuaria a crescer, atrairia novos clientes e manteria a liderança do setor. Em retrospecto, acho que eu deveria ter pedido um percentual do aumento do valor de mercado como pagamento em vez de uma quantia fixa.

Alguns anos depois, a Medco usou o Scrum para construir o que chamou de "Medco 2.0". Eles reestruturaram todas as áreas da empresa. Novas fábricas, novos robôs, novos processos, mais automação. Mark Landy, que àquela altura era o diretor técnico da corporação, diz que, sem a experiência adquirida no projeto do Centro de Recursos Terapêuticos, a Medco não teria conseguido fazer isso. "Não permitiriam que a gente reformulasse a empresa inteira. Mas tínhamos a confiança de todos os departamentos: desenvolvimento, operações, financeiro, clínico. Fomos capazes de criar uma nova cultura. E esta é a parte mais importante do Scrum: ele muda a cultura de trabalho, o que pode ser assustador para algumas pessoas. Na verdade, a Medco teve de dispensar funcionários que não conseguiram se adaptar à mudança", segundo Landy, não porque eram incompetentes, mas porque estavam retendo informações e conhecimento para o próprio benefício, para garantir que seriam indispensáveis, em vez de ajudar a equipe e a empresa. No entanto, mudar essa cultura é o que permite que a verdadeira excelência surja.

RESUMO

- **O mapa não é o terreno.** Não se apaixone pelo seu plano. É quase certo que ele esteja errado.
- **Planeje apenas o necessário.** Não tente projetar tudo com anos de antecedência. Planeje apenas o suficiente para manter suas equipes ocupadas.
- **Que raça de cachorro é esta tarefa?** Não estime em termos absolutos, como horas. Foi provado que os seres humanos são péssimos nisso. Calcule o tamanho das coisas de modo relativo – por exemplo, esse problema corresponde a que raça de cachorro, ou a qual tamanho de blusa (P, M, G, GG, GGG)? Ou, mais comumente, use a sequência de Fibonacci.

- **Pergunte ao oráculo.** Use uma técnica de cegamento, como o método Delphi, para evitar vieses, como o efeito halo, o efeito de contágio ou um simples raciocínio de grupo ruim.
- **Planeje com o pôquer.** Use o pôquer do planejamento para estimar rapidamente alguma atividade que precisa ser realizada.
- **O trabalho é uma história.** Pense primeiro em quem receberá o valor de algo, em seguida pense sobre o que esse algo é, depois por que essa pessoa precisa disso. Os seres humanos pensam por meio de narrativas, então dê uma narrativa a eles. Como X, eu quero Y, para que Z.
- **Saiba sua velocidade.** Toda equipe deve saber quanto trabalho consegue realizar em cada sprint. E também deve saber quanto pode aumentar essa velocidade ao trabalhar de modo mais inteligente e ao remover barreiras que diminuem seu ritmo.
- **Velocidade × Tempo = Entrega.** Uma vez que saiba a sua velocidade, saberá em quanto tempo chegará ao destino.
- **Defina metas audaciosas.** Com o Scrum, não é tão difícil dobrar a produção ou cortar pela metade o tempo de entrega. Se você aplicá-lo de maneira certa, sua receita e o valor de sua empresa devem dobrar também.

CAPÍTULO 7

Felicidade

As pessoas querem ser felizes. Não de um jeito complacente, subserviente, e sim de forma ativa. Thomas Jefferson, entre muitos outros, exaltou a felicidade que surge quando temos um propósito. De fato, ter um propósito parece trazer felicidade. O Scrum, quando executado *de maneira correta*, faz com que trabalhadores, clientes, gerentes e acionistas fiquem felizes (geralmente nessa ordem).

A verdadeira felicidade não vem fácil. Certa vez, conheci um alpinista que me vendeu uma foto do topo do Himalaia ao pôr do sol. Ele a tirara pouco depois de ter chegado ao cume do monte Everest sozinho quando já estava quase escurecendo. Parecia impossível voltar ao acampamento base antes do anoitecer. Se ele não conseguisse, com certeza morreria congelado. A pungência da foto refletia seus sentimentos no momento em que ele escreveu o que pensava ser sua última anotação: ele estava feliz por ter alcançado o cume, apesar de que a pessoa que leria o bilhete talvez o encontrasse morto.

Se você conversar com alpinistas sobre uma expedição, eles não vão passar muito tempo falando sobre a experiência de alcançar o topo de uma montanha. Em vez disso, falarão sobre as temperaturas geladas, as bolhas dolorosas, a comida ruim, as péssimas condições e o equipamento difícil de carregar. E lhe dirão que, após a euforia de atingir o topo, há geralmente uma decepção (a menos que a experiência de quase morte continue). Eles conseguiram. A luta teve resultado. Mas, se você perguntar quando se sentiram mais felizes, eles responderão que foi nos momentos de desafio, quando levaram o corpo, a mente e o espírito ao limite. Foi *nesses momentos* que se sentiram mais felizes, que experimentaram a verdadeira felicidade. E é isso que querem viver de novo. Pensando friamente, ninguém em sã consciência se meteria de livre e espontânea vontade nessa mesma situação *duas vezes*. No entanto, os alpinistas parecem incapazes de parar e desafiam montanha após montanha, procurando a felicidade na conquista do próximo topo.

O mais fascinante é que a maioria das culturas não recompensa nem incentiva esse tipo de felicidade. Tal Ben-Shahar, professor que ministrava a disciplina mais popular na Universidade Harvard, chamada Psicologia Positiva, escreve em seu livro *Seja mais feliz*: "Nós não somos recompensados por desfrutar a jornada em si, mas pela *conclusão* bem-sucedida de uma jornada. A sociedade recompensa resultados, não processos; chegadas, não viagens."

Mas o nosso dia a dia é constituído de jornadas. Não é todo dia que atingimos cumes, tiramos uma nota alta ou ganhamos um grande bônus. Passamos a maior parte do tempo nos esforçando *em direção* aos nossos objetivos, sejam eles quais forem. Em uma empresa, a meta pode ser entregar aquele produto excelente, tornar a vida das pessoas um pouco melhor ou resolver algum problema que atormenta o mundo. Mas se só formos recompensados por resultados, não por processos, seremos muito infelizes.

Assim que deixei o universo acadêmico para entrar no mundo dos negócios, no início dos anos 1980, fui posto no comando de dezenas de programadores infelizes. Seus projetos estavam sempre atrasados e estourando o orçamento – e isso quando davam certo. O estado de espírito deles se tornou tão negativo que o clima da empresa deixava todo mundo para baixo. O processo que eles usavam estava tão errado que era impossível serem bem-sucedidos. Passei os últimos 30 anos resolvendo esse tipo de problema.

Percebi a importância da felicidade quando estava montando minha primeira equipe de Scrum. Eu me dei conta de que, além do raciocínio, precisava abordar o estado emocional da equipe. Para um piloto de caça treinado em West Point, isso significava uma mudança e tanto. Eu estava acostumado a ser muito pragmático. Era racional e científico, então levei algum tempo para descobrir que para empoderar as pessoas, para mudar a vida delas para melhor, eu também precisava mudar. Ao longo dessa primeira tentativa do Scrum, percebi que a verdadeira grandeza está profundamente enraizada na alegria. E que ser feliz é dar o primeiro passo em direção ao sucesso.

Se tudo isso parece um pouco "nova era", como se eu estivesse prestes a mandar você se sentar perto de uma fogueira de acampamento e entoar um mantra, saiba que, na época em que comecei a assessorar startups, os investidores com quem trabalhei pensavam que eu era um verdadeiro hippie de São Francisco. Na visão de mundo deles, empoderar as pessoas nunca traria resultados. Claro, hoje em dia trabalho como consultor sênior para empresas de capital de risco e muitas vezes sou tratado como um oráculo. Quando têm um problema difícil, as pessoas pedem uma solução ao oráculo. Elas não necessariamente esperam que a resposta faça sentido. Só a experimentam e, para sua surpresa, quase sempre dá certo.

Isso acontece porque a felicidade é crucial para os negócios. Na verdade, ela prevê a receita melhor do que a maioria das métricas que os diretores de finanças oferecem. Neste capítulo, vou mostrar como a felicidade é importante para os resultados e como capturá-la, medi-la e aplicá-la. Isso é o que chamo de felicidade com rigor.

Posso ter me tornado uma pessoa melhor através do desenvolvimento do Scrum, o que faz com que minha família e eu sejamos mais felizes. Mas, como homem de negócios e cientista, gosto de dados concretos.

Felicidade é sucesso

As pesquisas são surpreendentemente claras. As pessoas felizes se dão melhor – em casa, no trabalho, na vida. Ganham mais dinheiro, têm empregos melhores, se formam na faculdade e vivem mais tempo. É bastante notável. Elas são melhores no que fazem – esse é um fato quase universal.

Pessoas felizes vendem mais produtos, ganham mais dinheiro, custam menos, são menos propensas a largar o emprego, são mais saudáveis e vivem mais. Como afirma um artigo de 2005 que fez uma meta-análise de cerca de 225 artigos científicos com mais de 275 mil participantes:

> A felicidade leva ao sucesso em quase todos os setores da nossa vida, o que inclui casamento, saúde, amizade, participação na comunidade, criatividade e, em particular, o trabalho, a carreira e os negócios.[1]

Os meta-analistas mostraram que quem se sentia feliz tinha mais probabilidade de garantir entrevistas de emprego, ser avaliado mais positivamente por supervisores, mostrar desempenho e produtividade superiores e gerir equipes melhor.

No entanto, esta é a parte mais interessante do estudo: intuitivamente, faz sentido que pessoas felizes se deem melhor – elas são felizes *por causa* de seu sucesso, certo? Errado. Eis o que concluiu essa mesma meta-análise: "Sucessivos estudos mostram que a felicidade *precede* resultados importantes e indicadores de prosperidade."

É isso mesmo. As pessoas não são felizes porque são bem-sucedidas; elas são bem-sucedidas por serem felizes. A felicidade é um medidor *profético*. E o desempenho melhora mesmo que os indivíduos fiquem apenas um pouco mais felizes. Não é necessário mudar de maneira drástica a vida de alguém para torná-lo mais feliz, pelo menos por um tempo.

Até mesmo um pouco de felicidade leva a resultados muito melhores. As pessoas não precisam estar felizes de um jeito delirante, como se estivessem sempre no dia do casamento. Precisam estar somente um pouco mais felizes do que antes. Claro, torná-las ainda mais felizes tem um efeito ainda maior. Mas a mensagem que quero passar é simples: *mesmo pequenos gestos podem ter um grande impacto.* O Scrum se concentra em pegar esses pequenos detalhes e uni-los sistematicamente, construindo um andaime para o sucesso. Com apenas uma coisa de cada vez, você pode mudar o mundo de verdade.

Vou fornecer um kit de ferramentas para medir sua felicidade e a felicidade de sua equipe, de sua empresa, de sua família ou de qualquer organização da qual você faça parte. Isso é o que o Scrum faz. Esqueça exercícios para gerar confiança. Em vez disso, construa a confiança todo dia. E quero que você a meça. *Achar* que as pessoas estão felizes não é suficiente. Quero que aja como um cientista, quantificando a felicidade e comparando-a com o desempenho. Se os dados não forem correspondentes, há um problema. É ótimo ir ao bar com a equipe toda e fazer amizades. Mas a empresa não é tão beneficiada se essas amizades não resultarem em um desempenho melhor. Há várias pessoas com quem saio apenas por diversão. Com minha equipe, quero que essa vida social se reflita diretamente no desempenho. E isso de fato acontece.

Medindo a felicidade

Como fazer com que nós mesmos, nossos funcionários e nossos colegas de equipe sejam felizes? Como canalizar essa felicidade para conseguir mais produtividade e mais receita?

Para responder a essas perguntas, preciso voltar à Toyota e à cruzada de Taiichi Ohno para eliminar o desperdício. Esse objetivo levou-o à ideia de "aprimoramento contínuo". Chegar a certo nível de produtividade e permanecer nele não é suficiente; a ideia é examinar constantemente seus processos, de modo a melhorá-los o tempo todo e para sempre. Claro que é impossível atingir a perfeição, mas cada incremento em direção a ela é relevante.

Assim como o trabalho e o tempo precisam ser divididos em partes gerenciáveis, o aprimoramento precisa ser realizado um passo de cada vez. Em japonês, a palavra usada é *kaizen*, ou "melhoria". Qual é a pequena prática que pode ser realizada de imediato e que vai tornar as coisas melhores?

No Scrum, isso é capturado no fim de cada sprint, durante aquilo que chamo de "retrospectiva do sprint". Depois que a equipe mostra o que realizou durante determinado ciclo – o que está "Feito" e pode ser enviado a clientes para receber feedback –, todos se sentam e pensam sobre o que deu certo, o que poderia ter sido melhor e o que pode ser melhorado no sprint seguinte. Qual é o aprimoramento no processo que podem implementar de imediato, em equipe?

Para ser eficaz, essa reunião requer certo nível de maturidade emocional e um ambiente de confiança. É essencial que todos se lembrem de que não estão procurando um culpado, mas sim examinando o processo. Por que isso aconteceu dessa forma? Por que não percebemos aquilo? O que faria com que trabalhássemos mais rápido? É crucial que as pessoas assumam a responsabilidade pelo processo e pelos resultados *em equipe* e busquem soluções *em equipe*. Ao mesmo tempo, os indivíduos precisam ter estrutura emocional para mencionar as questões que os incomodam de modo a buscar uma solução, não de uma forma que pareça acusatória. E o resto do grupo tem que ter maturidade suficiente para ouvir o feedback, levá-lo em consideração e procurar uma solução em vez de ficar na defensiva.

A reunião de retrospectiva é a parte "Verificar" do ciclo Planejar-Fazer-Verificar-Agir (PDCA) de Deming. O segredo é alcançar o passo "Agir", o *kaizen*, que é o que de fato mudará o processo e o tornará melhor da próxima vez. Compartilhar seus sentimentos não é o bastante; você precisa ser capaz de agir.

A "métrica da felicidade" foi o melhor método que encontrei para captar tudo isso. É uma maneira simples, mas muito eficaz, de chegar àquilo que o *kaizen* deve ser, mas também ao *kaizen* que fará com que as pessoas fiquem mais felizes. Já empreguei essa técnica e obtive ótimos resultados.

Veja como ela funciona. Ao fim de um sprint, cada integrante da equipe responde a algumas perguntas:

1. Em uma escala de 1 a 5, como se sente em relação ao seu papel na empresa?
2. Nessa mesma escala, como se sente em relação à empresa como um todo?
3. Por que se sente assim?
4. O que faria com que ficasse mais feliz no próximo sprint?

É isso. Leva apenas alguns minutos. Os integrantes da equipe falam um de cada vez, e isso gera conversas muito interessantes. Em conjunto, o grupo geralmente pensa em um *kaizen* com bastante rapidez. O método expõe o que é mais importante para cada membro da equipe e o que ele acha que é mais relevante para a empresa.

E aí vem a parte crucial. A equipe torna a melhoria essencial mencionada nas respostas a tarefa mais importante do sprint seguinte – *com testes de aceitação*. Como provar que você de fato realizou o aprimoramento? É preciso definir o que é sucesso de forma concreta e acionável, de modo que, na retrospectiva do sprint seguinte, fique bem fácil verificar se o *kaizen* foi alcançado.

Há alguns anos, decidi expandir minha empresa, a Scrum Inc., oferecendo um serviço completo de consultoria de Scrum. Medimos nossa velocidade e descobrimos que estávamos executando cerca de 40 pontos de histórias a cada sprint de uma semana. Quando implementei a métrica da felicidade, o primeiro comentário que veio à tona foi que nossas histórias de usuários não eram muito boas. Elas não estavam prontas, não tinham uma definição de "Concluído" e eram muito vagas. Trabalhei nessa questão e começamos a obter histórias melhores. Durante o sprint seguinte, as histórias de usuários ainda não estavam boas o suficiente. Nossos números de felicidade refletiam isso. No terceiro sprint, outra questão surgiu. Então trabalhamos em cima dela. E assim foi. Dentro de algumas semanas, nossa velocidade aumentou de 40 para 120 pontos por sprint. Triplicamos a produtividade só por perguntar o que tornaria as pessoas mais felizes. Como resultado, nossos clientes ficaram mais felizes e nossa receita disparou de maneira drástica. Tudo que precisei fazer foi começar a perguntar para a equipe "O que deixaria você mais feliz?" e, em seguida, tentar concretizar isso.

Elaboramos gráficos com esses dados ao longo do tempo e vimos algumas coisas muito interessantes. Como CEO, tenho que me concentrar naquilo que vai acontecer no futuro com a nossa receita, o nosso crescimento e a nossa produtividade. Ao contrário das métricas financeiras, descobri que a métrica da felicidade é *profética*. Os dados financeiros mostram o que aconteceu no passado, mas, quando você pergunta qual é o nível de felicidade das pessoas, elas projetam o futuro. E, quando pensam sobre seu nível de felicidade com relação à empresa, elas começam a projetar de acordo com o nível de sucesso que acreditam que a empresa está obtendo. Como resultado, você terá sinais de que um problema está a caminho *antes* que ele chegue. E, se prestar atenção suficiente àquilo que sua equipe lhe diz, pode agir e resolver a questão antes que ela se torne um problema. No gráfico a seguir, por exemplo, uma queda na felicidade precede uma diminuição da velocidade ou da produtividade em algumas semanas. Se só observar a produtividade, você não saberá que há um problema até que ela despenque de um penhasco. Mas se vir uma queda de felicidade que atinge uma equipe inteira, mesmo que a produtividade esteja aumentando, saberá que há uma questão que precisa ser resolvida, e logo.

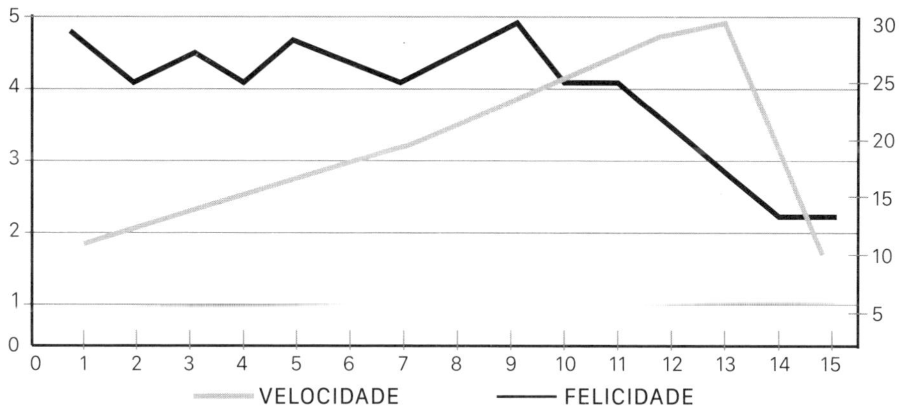

Deixe tudo às claras

O que *realmente* faz as pessoas felizes? São as mesmas coisas que produzem grandes equipes: autonomia, domínio e propósito. Ou, usando mais palavras para dizer a mesma coisa, é a capacidade de controlar o próprio destino, a sensação de estar melhorando em alguma atividade e de estar servindo a algum propósito maior. Mas há algumas atitudes simples e concretas que os gestores podem tomar para fazer com que a cultura da empresa incentive essas qualidades.

Um elemento do Scrum que muitas vezes é um prelúdio para alcançar a autonomia, o domínio e o propósito é a transparência. A ideia é que não deve haver nenhuma conspiração secreta, nenhum objetivo escondido, nada por debaixo dos panos. No mundo empresarial, com muita frequência não fica claro em que todo mundo está trabalhando, ou não se sabe como a atividade diária de cada pessoa ajuda na concretização das metas da empresa.

Quando estava começando a aplicar o Scrum, passei muito tempo pensando nas leis que um grande amigo meu tinha ajudado a introduzir na legislação do Colorado: as leis "Sunshine", nome que em inglês significa "luz do Sol". Elas exigem que todas as reuniões parlamentares sejam abertas, que todos os registros estejam disponíveis para o público e que nada ocorra a portas fechadas – ou seja, que nada seja escondido. É por isso que, no Scrum, qualquer um pode ir a todas as reuniões. Qualquer pessoa envolvida de alguma forma no trabalho ou no resultado pode acompanhar uma reunião diária ou assistir a uma demonstração.

Eu queria tornar tudo visível. E isso pode ser assustador para algumas pessoas. A PatientKeeper é uma empresa que desenvolve dispositivos portáteis para hospitais e médicos. Quando fui contratado por ela, apliquei o Scrum de imediato em toda a área de desenvolvimento. Disse aos desenvolvedores que todo mundo saberia de tudo. Eles estavam tão acostumados com as medições usadas para criticar o seu trabalho que ficaram temendo que o novo nível de transparência significasse apenas mais broncas.

"Confiem em mim", pedi. "Isso não vai ser usado contra vocês. Nem para puni-los. Só vai servir para melhorar as coisas."

Como já mencionei, não me importo muito com o desempenho individual; só o que me interessa é o desempenho da equipe. Sou capaz de dobrar a produtividade de uma equipe em um mês, mas a de um indivíduo? Talvez demorasse um ano. E um monte de indivíduos? Um departamento? Uma empresa inteira? Isso poderia levar uma eternidade. Portanto, uso a transparência para me concentrar em melhorar a equipe. Em geral, observo que a própria equipe consegue resolver problemas individuais de desempenho. Os integrantes do grupo sabem exatamente o que as pessoas estão fazendo, quem está ajudando, quem está atrapalhando, quem faz com que a equipe seja ótima e quem torna o trabalho penoso.

Então, no Scrum, tudo é às claras. Nas minhas empresas, qualquer salário, dado financeiro ou despesa fica disponível para todos. Nunca entendi por que alguém manteria essas informações em segredo, a não ser para promover seus objetivos individuais ou para manter as pessoas infantilizadas. Quero que o assistente administrativo possa ler o balanço da empresa e entender *exatamente* como o trabalho dele contribui para aquele resultado. Quero que todos os funcionários da empresa se unam em torno de um único propósito. Pulverizar as pessoas em feudos informacionais só diminui a velocidade de todo mundo. Além disso, esse tipo de cultura gera suspeita e desconfiança. Divide uma empresa entre os grandes, que sabem de tudo, e os peões, que se limitam a executar pequenas tarefas para algum propósito misterioso que são incapazes de compreender. Isso é besteira. Se não pode confiar nas pessoas que trabalham com você, isso significa que contratou os indivíduos errados e criou um sistema que carrega o fracasso em sua estrutura.

O quadro Scrum é a representação visual mais radical dessa ideia e você o verá em todas as salas de trabalho de equipes Scrum no planeta.

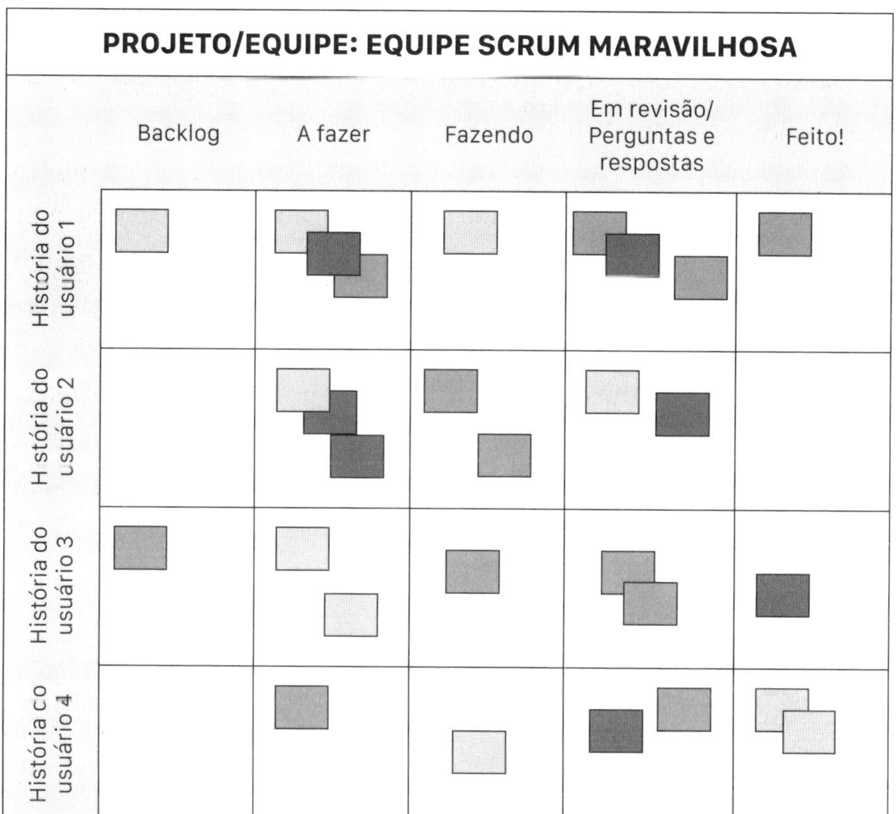

Existem softwares que medem todo tipo de dado, que fornecem todas as métricas e análises possíveis, mas o quadro Scrum é somente um monte de post-its em um quadro branco. Existem três níveis de status de tarefa: "A fazer", "Fazendo" e "Feito". Quando alguém pega uma história para si, todo mundo sabe quem está trabalhando nela. E todos ficam sabendo quando ela é concluída. Como o quadro tem post-its que representam tudo que precisa ser feito em um único sprint, todo mundo sabe como o sprint está evoluindo. Qualquer um pode entrar na sala, olhar o quadro e saber exatamente como o trabalho da equipe está se desenrolando.

Uma vez que a equipe sabe o que já está pronto e o que ainda precisa ser feito, seus integrantes podem se autorregular. Eles sabem o que precisam fazer, podem ver se um colega está com um problema, se uma história permanece na coluna "Fazendo" durante muito tempo. A equipe pode se organizar para enfrentar problemas que se tornam óbvios, porque tudo é transparente.

Na PatientKeeper, a transparência que os desenvolvedores temeram de início acabou gerando frutos. Como todo o trabalho se tornou transparente, fomos capazes de coordenar tarefas entre várias equipes. Todo mundo sabia exatamente o que todos os outros estavam executando a todo momento. Eles podiam ajudar uns aos outros se alguém deparasse com um obstáculo. Talvez um desenvolvedor já tivesse pensado em uma solução para um problema enfrentado por outro, mesmo que eles não estivessem na mesma equipe. A produtividade na PatientKeeper mais do que quadruplicou. Em um ano, conseguimos lançar 45 versões de um software da empresa. Não estamos falando de uma atualização no *Angry Birds*; trata-se de um produto utilizado em grandes hospitais, algo que mexe com a vida das pessoas. Entretanto, depois de aplicar a transparência em relação a tudo, nos tornamos capazes de pôr o produto no mercado mais rápido do que qualquer um. Esse é o resultado de deixar tudo às claras.

Depois que saí da PatientKeeper, uma nova equipe de gestão decidiu que o Scrum não era mais a melhor maneira de executar o trabalho. O resultado? O número de lançamentos de novas versões de software caiu de 45 para 2 por ano, a receita caiu de 50 para 25 milhões de dólares ao ano e a rotatividade de pessoal, que era inferior a 10%, subiu para mais de 30%. Ao retornar ao comportamento corporativo tradicional, a PatientKeeper deixou de ser uma grande empresa e voltou a ter um desempenho medíocre.

Entregando felicidade

Uma empresa que vê a felicidade como algo essencial para sua cultura é a Zappos. Esse site de sucesso estrondoso convenceu as pessoas a fazer algo que muita gente achava impossível: comprar sapatos na internet. No seu livro *Satisfação garantida: no caminho do lucro e da paixão*, o CEO Tony Hsich escreve sobre a cultura singular da empresa, que é baseada na criação de momentos de deslumbramento para os clientes. Na verdade, para fazer os clientes felizes, você precisa de pessoas felizes do outro lado do balcão.

Ao falar com os executivos da Zappos, uma palavra que se ouve muito é *conexão*. Pesquisas realizadas pela empresa mostram que quanto mais conectadas aos colegas de trabalho, mais felizes as pessoas são – e, aparentemente, mais produtivas e inovadoras também. Assim, os executivos da Zappos decidiram criar conexões não apenas em uma equipe ou em um departamento, mas em toda a empresa. E não somente entre os funcionários de um mesmo nível, mas entre diferentes escalões, desde os diretores até os funcionários do financeiro.

Isso é feito com métodos ao mesmo tempo simples e complexos. Por exemplo, eles induzem os funcionários a se encontrarem pessoalmente. A sede da empresa tem muitas saídas, mas todas ficam fechadas, exceto uma, o que obriga os funcionários a entrar e sair por uma única porta. A ideia é que, ao se esbarrarem, as pessoas têm mais probabilidade de criar conexões e nutri-las.

Outro exemplo tem a ver com a maneira como as pessoas são inseridas na cultura da Zappos. Todo funcionário, desde um estoquista até um diretor, tem que passar pelo que Christa Foley, gerente sênior de recursos humanos da Zappos, chama de "treinamento". Durante quatro semanas, cada funcionário é instruído sobre como a empresa funciona, mas também sobre como é sua cultura. Na verdade, essa é a segunda triagem no processo de contratação da Zappos. Mesmo depois de receber a oferta de emprego, você precisa provar que consegue absorver a cultura.

"Os resultados são notáveis", diz Foley. "As conexões [entre funcionários] feitas durante o treinamento permanecem ao longo de suas carreiras." O treinamento é propositalmente intenso – as pessoas têm de chegar às sete da manhã, trabalhar duro, cumprir prazos e passar por testes. Mas funciona. Indivíduos que passam juntos pelo treinamento permanecem conectados não apenas durante meses, mas por anos, organizando encontros e churrascos para manter contato.

"O grupo se transforma em uma grande família", afirma Rachel Brown, executiva da Zappos. "Você convida seus colegas de trabalho para a sua casa. Você sai e se diverte com eles."

Outra tática da Zappos para manter os funcionários felizes é dar a eles a oportunidade de aprender e crescer. A empresa quase sempre prefere contratar internamente. Digamos que surge uma vaga no RH e alguém da contabilidade, que sempre achou que gostaria daquele tipo de trabalho vê o anúncio. Aquele indivíduo que tem curiosidade a respeito do RH pode ser levado para uma "aprendizagem". Esse programa dá ao funcionário a oportunidade de verificar se ele gosta mesmo daquele trabalho e dá ao gerente a chance de ver se aquele indivíduo se encaixa bem na equipe. A empresa também oferece aulas gratuitas ministradas por outros funcionários – finanças básicas, desenvolvimento de código para iniciantes etc. A Zappos quer que as pessoas cresçam dentro da empresa.

Como mencionei no Capítulo 3, sobre equipes, as pessoas querem crescer; querem melhorar naquilo que fazem e descobrir em que mais podem evoluir. A ideia é que se aprimorar no trabalho traz motivação. Dar aos funcionários a oportunidade de descobrir onde se encaixam melhor ajuda a Zappos a mantê-los felizes, animados e empenhados.

Para muitos que já tiveram uma carreira mais tradicional, essa cultura pode ser uma brisa refrescante. "Durante toda a minha carreira antes da Zappos, eu me concentrava basicamente no recrutamento", diz Foley. "A rotina era maçante e eu ficava exausta." Ir para a Zappos a fez sentir-se revigorada. Segundo ela, a cultura da empresa é responsável por isso. "É o que me deixa animada para vir para o trabalho."

É isso que a Zappos quer; aliás, é o que qualquer empresa deveria querer. É o que eu quero. Quero que as pessoas adorem ir para o trabalho. É uma mudança de mentalidade. É a diferença entre trabalhar para uma empresa e trabalhar com a *minha* empresa. Algumas pessoas têm dificuldade de adotar essa mentalidade. É por isso que a Zappos se concentra em realizar promoções internas. Eles descobriram que os indivíduos que vêm de fora, em especial para cargos mais altos, têm dificuldade de se adaptar. "Nós somos uma mistura de empresa empreendedora e inovadora", afirma Foley. "Mas isso é apenas metade da história. A outra metade é a colaboração." A empresa quer que as pessoas que trabalham juntas desenvolvam relacionamentos. Às vezes, isso não se encaixa na cultura corporativa tradicional. Um gerente sênior me disse: "Eu não tenho um cargo. Acreditamos que, em grupo, podemos trabalhar muito melhor."

Em várias empresas, vemos com frequência gerentes que querem conduzir seu setor sem transparência e sem colaboração. Criam uma dinâmica de "nós contra eles". Delimitam suas fronteiras, e é quase possível ver os diferentes departamentos tramando uns contra os outros. Parece uma cena maquiavélica de uma corte medieval. Imagine como uma organização seria muito mais produtiva se todos trabalhassem juntos em direção a um objetivo comum. Imagine uma empresa na qual todo mundo pense como *minha* empresa, em que cada dia seja uma oportunidade de se aprimorar, de fazer algo melhor, de aprender algo novo. Em vez disso, a maioria das corporações cria um ambiente no qual as pessoas estão mais preocupadas com a política interna do que em gerar lucros.

Na Zappos, se você não se der bem com a equipe e a cultura, não se encaixa na empresa. A taxa de rotatividade é de 12% ao ano e a maior parte das mudanças de funcionários, dizem, é no call center. Isso ocorre porque eles demitem indivíduos que não têm verdadeira paixão por prestar bons serviços aos clientes. A Zappos vê esses funcionários como a imagem pública da empresa, portanto os padrões são elevados. O pessoal de lá é flexível em relação a um monte de coisas, mas não nesse aspecto.

Já vi essa mesma dinâmica se desenrolar em outras equipes. Talvez um integrante de um grupo tenha habilidades ou conhecimentos especializados – conhecimentos que ele retém, como um avarento. Ele vê isso como uma posse que garante o seu emprego. O Scrum, através das retrospectivas e da transparência, expõe esse tipo de comportamento quase de imediato. Torna-se óbvio quais são os obstáculos, onde está o desperdício. Quando comando uma empresa, digo a essas pessoas com hábitos "avarentos" que elas não podem se dar ao luxo de manter a equipe e a empresa como reféns. Ou elas mudam sua mentalidade ou vão trabalhar em outro lugar.

A Zappos descobriu que quanto mais idade tiver o novo contratado, mais enraizado estará seu modo de pensar e, portanto, mais terá de se esforçar para deixar de trabalhar à moda antiga. O Scrum fornece um modelo para que isso seja feito. Ele oferece uma estrutura para a organização inteira caminhar em direção a um objetivo comum. Seus pilares são a transparência, o trabalho em equipe e a colaboração. Hoje, muitas empresas abraçam essa filosofia – e, o que é inevitável, essas organizações não perdem para as que não passam pela transformação.

A Zappos pulou de 1,6 milhão de dólares em vendas, em 2000, para mais de 1 bilhão em 2008. Essa é uma taxa de crescimento de 124% ao ano, durante oito anos consecutivos. Não sei você, mas acho que esse é um argumento muito convincente para fazer com que as pessoas fiquem felizes. E o Scrum oferece ferramentas que você pode usar para chegar lá.

Estoure a bolha de felicidade

Algo que não é igual à felicidade – pelo menos *o tipo* de felicidade de que estou falando – é a complacência. A felicidade é o contrário disso: ela é um envolvimento positivo e apaixonado. Como diz Christa Foley, da Zappos, a felicidade é o oposto da passividade. "Adoro vir para o trabalho. Em vez de incentivar que você se torne complacente, nossa cultura positiva e animadora faz com que trabalhe com mais afinco." De fato, o pessoal da Zappos tem de eliminar aqueles que pensam que trabalhar em um lugar feliz significa não trabalhar. Eles querem pessoas que usem a alegria como combustível.

E a Zappos não está sozinha nisso. A edição de janeiro-fevereiro de 2012 da *Harvard Business Review* foi toda dedicada à felicidade. O que eles descobriram foi

> [...] que o único caminho para a felicidade de um funcionário que também beneficia os acionistas é por meio de um sentimento de satisfação que é resultado de um trabalho importante bem-feito. Devemos tentar não só tornar os funcionários "felizes", mas fazer isso enquanto os ajudamos a alcançar grandes feitos. Em suma, devemos defender apaixonadamente os nossos funcionários, em prol da missão e do sucesso da empresa, ajudando-os a defender apaixonadamente os clientes.[2]

E essa defesa apaixonada tem benefícios tangíveis. Funcionários felizes comparecem ao trabalho, se esforçam mais e não só não saem da empresa como também atraem outros com o mesmo ímpeto. Em seu artigo para a *Harvard Business Review*, Gretchen Spreitzer e Christine Porath decidiram não se referir a essas pessoas como "felizes" por causa das conotações de complacência. Em vez disso, chamaram esses indivíduos de "prósperos". Elas descobriram que essas pessoas tinham um desempenho 16% melhor do que seus pares, um índice de esgotamento 125% menor, eram 32% mais comprometidas e 46% mais satisfeitas com o trabalho. Também tiveram menos faltas por motivo de doença, foram menos vezes ao médico e tinham mais probabilidade de serem promovidas.[3]

O que esses indivíduos "prósperos" têm em comum é aquilo que venho escrevendo ao longo deste capítulo: todos são vigorosos e apaixonados e tentam aperfeiçoar seu ofício, não importa se integram a tripulação de uma companhia aérea ou se trabalham em um restaurante. O que as empresas podem fazer para criar um ambiente em que as pessoas prosperem? Os gerentes podem incentivar a autonomia ao permitir que a equipe tome as decisões sobre suas tarefas. E as organizações podem garantir que os funcionários saibam de tudo o que está acontecendo, porque, como dizem, "fazer o seu trabalho em um vácuo de informação é entediante e não traz inspiração". Os gerentes também devem ter tolerância zero com atitudes incivilizadas e nunca permitir que um funcionário envenene a cultura corporativa com abusos ou desrespeito. E, por fim, devem fornecer feedback rápido e direto.

O Scrum oferece tudo isso. Ele é configurado para *fazer* com que isso aconteça, em especial o feedback direto, que é dado todo dia na reunião realizada com todos de pé. Esse também é o objetivo da retrospectiva do sprint e da métrica da felicidade.

No entanto, deve ser tomada certa cautela que eu gostaria de ressaltar. É possível – certo, acontece tantas vezes que já passei muito tempo estudando os motivos disso – que surja uma "bolha de felicidade". Em geral, isso ocorre depois que uma equipe atingiu grande sucesso ou aumentou a produtividade de maneira drástica usando o Scrum. O grupo se organizou e se sente orgulhoso do progresso atingido. E é nesse ponto que a complacência pode se instalar. As pessoas dizem a si mesmas: "Poxa, nós melhoramos tanto, não precisamos melhorar mais." Elas atingem um patamar de produtividade e logo em seguida param de fazer um ótimo trabalho. Mas estão bem o suficiente para, por um tempo, viver nessa bolha de felicidade que as isola de verdades desagradáveis. Não percebem que o aprimoramento contínuo significa exatamente isto: não para nunca. Na época em que fui piloto de caça, dizíamos que depois de 3 mil horas no *cockpit* você precisa pedir demissão, porque se torna complacente, e esse comportamento pode matá-lo. No mundo dos negócios, uma equipe complacente corre menos riscos, mas o desempenho do grupo está ameaçado.

Com frequência, a atitude complacente se revela em um comentário como este: "A gente *merece* desacelerar; a gente já se dedicou o bastante." Ou os integrantes valorizam tanto o seu espírito de equipe e a sua felicidade que não querem pôr tudo a perder. Ou temem qualquer mudança por acharem que, se o time está ganhando, para que mexer nele?

As "bolhas de felicidade" me preocupam muito porque são o ponto em que as fórmulas do Scrum talvez saiam do eixo. Vi isso se repetir várias vezes: a equipe faz tudo que o Scrum ensina – priorização, realização de uma tarefa de cada vez, multifuncionalidade, rituais de revisão –, mas para de melhorar. Muitas vezes o grupo está muito melhor do que era antes de aprender o Scrum e obteve diversos sucessos para provar isso, mas descansa sobre os louros. Diz: "A gente *não precisa* melhorar mais."

Isso me lembra do time de basquete dos Estados Unidos nos Jogos Olímpicos de 2004. Aquela equipe tinha alguns dos melhores jogadores do mundo – LeBron James, Tim Duncan e Allen Iverson, para citar apenas alguns – e os Estados Unidos tinham um histórico de não apenas vencer, mas dominar o esporte, em especial desde que jogadores profissionais foram autorizados a participar. O time de basquete americano *sabia* que era o melhor. Só que *não era*. A equipe perdeu mais jogos do que qualquer outro time de basquete olímpico dos Estados Unidos na história. Foi derrotada pela *Lituânia*. O orgulho e a complacência dos jogadores causaram a sua derrocada. Eles estavam vivendo numa bolha de felicidade.

Mas como estourar a bolha antes que seus jogadores envergonhem o país ao vivo na televisão, na frente de bilhões de pessoas? O primeiro passo é ter consciência do problema. É por isso que quero que as equipes meçam sua velocidade a cada sprint. Quero saber qual é a taxa de mudança delas. Se não houver um crescimento positivo, sei que precisamos nos esforçar mais. Para fazer isso, dependo do Scrum Master. Essa pessoa precisa ser capaz de identificar o problema e abordá-lo com a equipe. É crucial que alguém faça as perguntas difíceis. O que você quer é um "Bobo Sábio".

> Admira-me como tu e tuas filhas são aparentados: elas
> me açoitam por eu dizer a verdade,
> enquanto tu farias o mesmo por eu mentir; e às vezes
> sou açoitado por permanecer quieto.[4]
>
> – *Rei Lear*, ato 1, cena 4

O "Bobo Sábio" é a pessoa que faz perguntas desconfortáveis ou traz à tona verdades desagradáveis. Nem sempre é fácil conviver com esses indivíduos, pois podem ser considerados causadores de problemas ou os outros podem pensar que eles não se integram à equipe, mas esse tipo de pessoa precisa ser cultivado e utilizado.

Talvez o melhor exemplo disso seja bem conhecido: ele vem do clássico conto "A roupa nova do imperador", de Hans Christian Andersen. Como você deve se lembrar, era uma vez um imperador que amava tanto roupas refinadas que possuía uma veste diferente para cada hora do dia. Se estivesse procurando o imperador, o primeiro lugar em que deveria procurá-lo era o quarto de vestir. Certo dia, alguns vigaristas foram até ele e juraram ter um tecido secreto tão refinado que as pessoas que não fossem astutas o bastante seriam incapazes de enxergá-lo. Eles exigiram a melhor seda, mas apenas fingiram costurá-la. Em vez disso, "teceram" o ar e puseram os materiais caros em suas malas. Um dia, o imperador foi verificar o progresso dos alfaiates, mas não viu nada. Lembrando que o tecido só era visível para quem fosse inteligente, elogiou-o como o mais refinado que já vira. Ele interrogou seus conselheiros, mas eles também juraram que o material era o mais maravilhoso que já tinha existido. No dia da entrega, os vigaristas vestiram o imperador, cuidadosamente, com nada, sob comentários animados da corte. Assim, o imperador decidiu desfilar pela cidade, mostrando às pessoas o tecido mágico.

Você se lembra de como a história termina: todos assistiram ao desfile sem comentar nada sobre a nudez do imperador, pois ninguém queria ser visto como tolo. Assim, a procissão real prosseguiu pela avenida até que uma criancinha gritou: "Mas o imperador está nu!" A princípio, o pai da criança mandou que ela se calasse, mas, em seguida, com sussurros que foram crescendo até se tornarem gritos, o povo da cidade começou a exclamar: "O imperador está nu!" O imperador, apesar de temer que todos estivessem certos, continuou seu desfile. E seus cortesãos o seguiram, segurando uma cauda inexistente.

O Bobo Sábio é aquela criança: a pessoa que enxerga que a verdade aceita por todos é uma ilusão consensual e que, na verdade, o imperador está nu. Então, se tiver um ou dois Bobos Sábios, cultive-os.

Há outras maneiras de estourar a bolha de felicidade – por exemplo, incluindo sangue novo no grupo ou por meio de intervenções da gerência –, mas, no fundo, todas são iguais: fazem a equipe encarar uma realidade que não queria ver. Felizmente, tudo é transparente no Scrum: o nível de produção da equipe, a qualidade do trabalho, a satisfação do cliente. Uma das virtudes do Scrum é que ele torna o desconfortável visível com muita rapidez, ao contrário de equipes e organizações tradicionais, que podem caminhar alegremente em direção a um penhasco e só depois se perguntarem o que teria dado errado. Elas esperam muito tempo para obter feedback que possa ser posto em prática, tanto do mercado quanto dos próprios funcionários.

Feliz hoje, feliz amanhã

Psicólogos, inclusive Ben-Shahar, de Harvard, dizem que uma forma de analisar como as pessoas veem o mundo é perguntar se o que estão realizando as faz felizes hoje e se isso as tornará mais felizes amanhã. Considero essa ferramenta uma lente útil para examinar os indivíduos em ambientes de trabalho.

As pessoas tendem a se dividir em quatro categorias, de acordo com Ben-Shahar. O primeiro tipo, o "hedonista", é alguém que está fazendo o que o torna feliz hoje. Amanhã? "Vamos nos preocupar com o amanhã quando ele chegar. Vou aproveitar o presente." Vejo esse tipo de comportamento com frequência em startups: um monte de gente em uma garagem figurativa, fazendo as coisas só porque é legal e divertido. Mas não se presta muita atenção à criação de um produto sustentável. Pouquíssima energia mental é canalizada para o futuro da empresa dali a um mês, muito menos dali a um ano.

E normalmente isso preocupa os investidores. Então eles contratam um monte de gestores para comandar os hackers. E, de repente, os hackers descobrem que o mundo que eles tanto adoravam se tornou uma droga. Passou a haver um monte de regras, testes e relatórios. O presente está uma droga e eles acham que vai ser uma droga para sempre. Vamos chamá-los de "niilistas".

O terceiro grupo é o das pessoas que foram chamadas para comandar o lugar. São as únicas dispostas a trabalhar 80 horas por semana (e dispostas a chicotear *os outros* para que façam o mesmo), porque pensam que depois vão ser promovidas e, então, ficarão mais felizes. É claro que, quando são promovidas, elas só passam a ter novas dores de cabeça com as quais lidar, que requerem ainda mais tempo. Elas gostam dessa rotina estressante e competitiva.

O quarto tipo de pessoa é aquele que o Scrum tenta identificar e incentivar: o indivíduo que trabalha em coisas divertidas hoje, mas mantém o foco em um futuro melhor e está convencido de que vai ser divertido para sempre. Esse tipo de pessoa raramente passa por esgotamento ou desilusão. Ele não tem os mesmos sentimentos negativos em relação ao trabalho dos hedonistas, dos niilistas e dos gerentes workaholics que se esforçam para fazer todo mundo andar na linha.

O Scrum promove um único quadro mental que estimula todos. Como todo mundo trabalha junto, a equipe ajuda o hedonista a olhar para a frente, convence o niilista de que há um futuro sem sofrimento e diz aos gestores presos em uma rotina interminável que, na verdade, existe um caminho melhor para fazer as coisas.

Foi por isso que implementei a métrica da felicidade na minha empresa. Ela faz com que a equipe ajude seus integrantes a se tornarem pessoas melhores. Remove de maneira sistemática, cuidadosa e progressiva as causas da infelicidade. Empodera as pessoas para que se transformem e oferece um incentivo para que elas o façam.

Você se lembra do erro fundamental de atribuição? Quando estiver cercado por idiotas, não procure pessoas ruins; procure os sistemas ruins que as recompensam por agir dessa maneira. Em seguida, use a métrica da felicidade para consertar a situação.

Na faculdade, muita gente estuda a "hierarquia das necessidades" do psicólogo americano Abraham Maslow. Ela mostra, em forma de pirâmide, as necessidades das quais os seres humanos cuidam primeiro e, em seguida, aquelas que se tornam mais prementes à medida que os itens das camadas inferiores são alcançados. Na base da pirâmide estão as necessidades fisiológicas: ar, água, alimento, roupas e moradia. Se não tivermos esses elementos, não conseguimos sequer começar a pensar em outra coisa. A camada seguinte é a segurança, não apenas física e financeira, mas também a garantia de uma boa saúde. É importante ter acesso a serviços de saúde. Curiosamente, muitas pessoas param por aí, mesmo que a camada seguinte inclua aquilo de que, como seres humanos, necessitamos muito, mas que a sociedade ignora com frequência: amor e sensação de pertencimento – a conexão de que a Zappos fala. Acima disso vem a necessidade de autoestima e respeito dos outros. E, no topo da pirâmide, a necessidade de autorrealização.

Essa camada mais alta era a que mais interessava a Maslow, e é nela que o Scrum se concentra: ajudar as pessoas a alcançarem crescimento pessoal e um sentimento de realização. Os indivíduos localizados nos níveis mais altos dessa pirâmide não só são mais felizes e se sentem mais realizados, mas também são mais eficazes e inovadores. E são capazes de produzir excelência.

Quase consigo ver você assentindo agora, porque todos conhecemos essa pirâmide de maneira intuitiva, mesmo que nunca a tenhamos visto. O truque é tentar escalar até as camadas mais altas e, em seguida, ter um meio de medir *com precisão* o impacto que você produz. Se estiver no comando de uma empresa, talvez meça a excelência em termos de receita e crescimento. Se estiver tentando fazer com que indivíduos doentes melhorem, talvez a meça pelo número de pessoas que não morrem. Se estiver tentando mudar o mundo, talvez sua medida de excelência seja *quanto* já o mudou. Se estiver tentando cumprir a lista de tarefas elaborada por seu cônjuge, talvez meça a grandeza pelo número de fins de semana em que consegue se dedicar ao lazer.

Ser feliz não é o suficiente. A felicidade precisa ser aproveitada para produzir resultados. Todos os elementos do Scrum se unem para ajudar as pessoas a fazerem isso. O verdadeiro truque? Prioridades. É delas que vamos falar a seguir.

RESUMO

- **O que importa é a viagem, não o destino.** A verdadeira felicidade é encontrada no processo, não no resultado. Muitas vezes só premiamos os resultados, mas devemos de fato recompensar as pessoas que se esforçam para obter excelência.
- **A felicidade é a nova moda.** A felicidade ajuda a tomar decisões mais inteligentes. Além disso, quando está feliz, a pessoa é mais criativa, tem menos propensão a largar o emprego e maior tendência a realizar muito mais do que podia imaginar.
- **Quantifique a felicidade.** Sentir-se bem não é o suficiente; você precisa medir esse sentimento e compará-lo com o desempenho real. Outras métricas se concentram no que já aconteceu. A felicidade é uma métrica que olha para o futuro.
- **Melhore a cada dia – e meça isso.** Ao fim de cada sprint, a equipe deve escolher um pequeno aprimoramento, ou *kaizen*, que a torna-

rá mais feliz. Esse elemento deve ser o objetivo mais importante do sprint seguinte.

- **O sigilo é venenoso.** Nada deve ser secreto. Todo mundo deve saber de tudo, e isso inclui os salários e as finanças. O obscurantismo só serve àqueles que servem a si próprios.
- **Deixe tudo às claras.** Providencie um quadro que mostre todo o trabalho que precisa ser feito, o que está sendo feito e o que já foi realizado. Todo mundo deve vê-lo e atualizá-lo todo dia.
- **Felicidade é autonomia, domínio e propósito.** Todo mundo quer controlar o próprio destino, melhorar naquilo que faz e servir a um propósito maior.
- **Estoure a bolha de felicidade.** Não fique feliz a ponto de acreditar nas próprias mentiras. Certifique-se de que a felicidade seja medida em relação ao desempenho. Se houver uma desconexão, prepare-se para agir. A complacência é inimiga do sucesso.

CAPÍTULO 8

Prioridades

Conheci Scott Maxwell no restaurante Johnny's Luncheonette do Newton Center há alguns anos. Já falei sobre ele neste livro. É o fundador da OpenView Venture Partners e foi quem descobriu que trabalhar muitas horas na verdade dá mais trabalho do que resultados. Há oito anos trabalho com a OpenView e algumas de suas empresas, e vimos aumentos significativos na produtividade de todas elas. Mas o objetivo do Scrum não é apenas fazer as equipes trabalharem mais rápido. Trata-se de impulsionar o impacto, que, no caso do setor de capital de risco, assume uma forma simples: receita. Se uma empresa não estiver ganhando dinheiro, você não tem um empreendimento bem-sucedido; tem um hobby.

Não consigo nem contar quantas vezes vi empresas com grandes ideias e um produto muito legal – algo que deixa todo mundo animado, que parece preencher um nicho de mercado, que *deveria* ser bem-sucedido. É tão legal. Mas, apesar de doses cavalares de imaginação, inspiração e trabalho duro, as pessoas que fazem o produto nunca conseguem descobrir um jeito de ganhar dinheiro com ele.

Qual é a diferença entre uma Pets.com e uma Zappos? As duas viram um segmento de mercado no qual as pessoas gastam bilhões de dólares por ano. As duas descobriram uma maneira de entregar produtos com mais facilidade e menos custo on-line. Uma se tornou um símbolo do excesso de empresas na internet e do desperdício de muito dinheiro; a outra vale mais de 1 bilhão de dólares. Ambas tinham visão. O que a Pets.com *não tinha* era um senso de prioridades. Eles não sabiam o que fazer a cada momento.

Gosto de mostrar este diagrama de Venn:

O DONO DO PRODUTO DEVE EQUILIBRAR SEUS VÁRIOS ATRIBUTOS

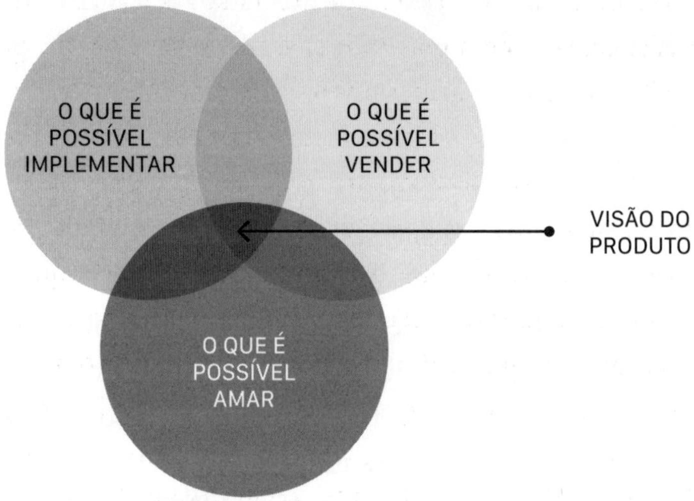

Toda empresa precisa pensar nesse diagrama. Caso se concentre apenas no que pode realizar, talvez acabe fazendo algo que ninguém quer de verdade, mesmo que você ame aquilo. Caso se concentre apenas no que pode vender, talvez prometa um produto que não consegue desenvolver. Se só produzir o que tem potencial de vendas mas não amar o produto, acabará trabalhando duro para fazer algo medíocre. Mas no centro do diagrama, naquela área perfeita, existe uma visão baseada na realidade – com verdadeira chance de se tornar algo excelente. Neste capítulo, vou mostrar como chegar lá. Os capítulos anteriores se concentraram em como trabalhar mais rápido e melhor. Este capítulo é sobre como fazer o "mais rápido e melhor" trabalhar para você – como alcançar a excelência.

Scott Maxwell diz que o verdadeiro poder do Scrum está na lista de coisas a fazer definida, priorizada e estimada de acordo com o escopo das tarefas. Foi por isso que ele implementou o método no seu grupo de capital de risco e que o considera uma vantagem competitiva essencial.

A lista de tarefas: o que fazer e quando

O primeiro passo quando se está implementando o Scrum é criar uma lista de tarefas, que também podemos chamar de backlog. Ela pode ter centenas de itens ou conter apenas uns poucos elementos nos quais você precisa trabalhar primeiro. Claro, é preciso que você tenha uma ideia clara do que quer ao fim do trabalho. Pode ser um produto, um casamento, um serviço, uma nova vacina ou uma casa pintada. Pode ser qualquer coisa, mas, depois que tiver uma visão clara do que é, você precisa considerar o que será necessário para que ela se concretize.

Há uma empresa com a qual venho trabalhando que produz sistemas de automação para edifícios – aquecimento, refrigeração, parte elétrica, encanamento, tudo que possa imaginar. Um dos novos produtos é um sistema de automação residencial. Eles estão desenvolvendo um programa que controla todos os aspectos da sua casa – abrir a porta da frente, controlar seus gastos com aquecimento, acender as luzes –, tudo isso a partir de seu smartphone. Então o pessoal da empresa se reuniu e escreveu uma lista de tudo que seria necessário para concretizar esse projeto: interruptores, controladores, interfaces, sensores, protocolos de comunicação etc. Eles não descreveram as regras e as peças específicas, mas sim todas as "histórias" que seriam necessárias.

Escreveram coisas do tipo: "Como proprietário de uma casa, quero ser capaz de ver quem está na minha porta, para que eu possa abri-la apenas para as pessoas que quero que entrem." Pensaram em histórias sobre como abrir o portão da garagem, ligar o aquecimento, acender as lâmpadas. Continuaram escrevendo essas narrativas até que tivessem uma lista de tudo que achavam que seu sistema precisaria fazer para ser um produto atraente.

No fim das contas, a lista tinha centenas de itens. Trata-se de um sistema grande e complicado. A ideia do backlog é conter tudo que pode ser incluído no produto. Na realidade, você não vai desenvolver tudo, mas é bom ter uma lista de tudo que *poderia* haver nessa visão de produto.

O segredo, portanto, é o que você decide realizar primeiro. Esta é a pergunta que deve ser feita: quais são os itens que têm o maior impacto sobre o negócio, que são mais importantes para o cliente, que podem gerar mais dinheiro e que são mais fáceis de fazer? Você precisa ter em mente que há um monte de itens da lista que nunca serão postos em prática. O ideal é trabalhar primeiro nas tarefas que agregam mais valor e trazem menos riscos. Com o desenvolvimento e a entrega graduais do Scrum, o objetivo é começar com os elementos que vão gerar receita imediatamente, de modo a "eliminar os riscos" do projeto. E fazer isso também em relação às funcionalidades do produto. Você precisa entregar valor aos seus clientes o mais rápido possível. Você deve ter algo pronto, na coluna "Feito" – algo que possa mostrar. Pode ser apenas uma pequena parte do projeto maior, mas deve estar comprovadamente pronta. Se está pintando uma casa, talvez o primeiro item a ser feito seja a sala de estar.

No desenvolvimento de produto, há uma regra simples que tem se provado verdadeira repetidas vezes. Já falei sobre ela: 80% do valor estão em 20% das funcionalidades. Pense nisso por um segundo. Em qualquer coisa que você compre, a maior parte do valor – a maior parte daquilo que as pessoas de fato querem – se concentra em apenas um quinto do que foi desenvolvido. No caso da empresa de que estou falando, quando o pessoal olhou para a enorme lista de itens que poderiam ser incluídos em seu sistema de automação residencial, todos sabiam – *sabiam* – que os clientes só queriam realmente 20% deles. O truque do Scrum é determinar como desenvolver esses 20% primeiro. No desenvolvimento de produto tradicional, as equipes não sabem quais são esses 20% até entregarem tudo. Isso significa que 80% do esforço delas são desperdiçados. E você sabe o que penso sobre o desperdício.

E se você pudesse começar a desenvolver seus produtos cinco vezes mais rápido do que a concorrência, com cinco vezes mais valor? Esse é um bom negócio.

Então os funcionários da empresa de automação tinham uma enorme lista de funcionalidades e se perguntaram: "O que faremos amanhã? O que é mais importante para o cliente? Como podemos entregar valor a ele mais rápido do que qualquer concorrente?" Como diz Scott Maxwell, o difícil não é descobrir *o que* se quer realizar; é descobrir o que se *pode* realizar. Isso serve para a construção de uma casa ou para a fabricação de um carro, para a produção de um livro ou para o desenvolvimento de um videogame, para combater o crime ou fazer uma faxina. Descubra em que ponto pode entregar mais valor com menos esforço e faça isso de imediato. Em seguida, identifique o próximo item mais valioso e assim por diante. Quando menos esperar, você terá criado ou entregado algo com resultados demonstráveis, reais. O segredo é priorizar o trabalho.

Como fazer isso? Bem, primeiro você precisa de alguém que consiga descobrir qual é a visão e em quais itens o valor se concentra. No Scrum, chamamos essa pessoa de Product Owner, ou Dono do Produto.

O Product Owner

Existem apenas três funções no Scrum. Ou você é parte da equipe e realiza o trabalho, ou é um Scrum Master e ajuda a equipe a determinar como realizar o trabalho de uma maneira melhor, ou você é um Product Owner (Dono do Produto). Tudo isso está descrito no Apêndice. O Product Owner decide qual deve ser o trabalho. Ele controla o backlog, o que é incluído nele e, o mais importante, como ele é ordenado.

Quando comecei a primeira equipe Scrum, em 1993, não havia um Product Owner. Eu fazia parte da equipe de liderança e tinha um monte de outras responsabilidades além de definir o que a equipe deveria fazer em cada sprint. Exercia funções de gestão e de marketing, lidava com clientes e bolava estratégias. Nesse primeiro sprint, percebi que poderia lidar com o backlog. Eu só precisava me certificar de que tinha "histórias" e recursos suficientes para a equipe trabalhar durante o sprint seguinte. O problema foi que, após o segundo sprint, introduzimos a reunião diária. A velocidade aumentou 400% no sprint *depois desse* e a equipe concluiu em uma semana o que pensamos que demoraria um mês. Não havia mais nenhum item na lista! Pensei que teria um mês para criar mais "histórias". Está certo que esse é um ótimo problema para se ter, mas ele precisava ser resolvido. Então pensei nesse papel de Product Owner e em quais qualidades alguém precisaria ter para executá-lo corretamente.

Minha inspiração para essa função veio do engenheiro-chefe da Toyota. Um engenheiro-chefe da Toyota é responsável por uma linha de produtos inteira, como o Corolla ou o Camry. Para fazer isso, ele precisa aproveitar os talentos de grupos especializados na engenharia do motor, do chassi, da parte elétrica etc. O engenheiro-chefe precisa de todos esses grupos para montar uma equipe multifuncional capaz de criar um carro. Fora da Toyota, todo mundo pensa nesses lendários engenheiros-chefes (ou *Shusas*, como eram chamados originalmente) como líderes todo-poderosos do "Sistema Toyota". E, de certo modo, é isso que eles são. Mas eles não têm autoridade. Ninguém se reporta a eles. Em vez disso, eles se reportam a suas equipes. As pessoas podem dizer aos engenheiros-chefes que eles estão errados e eles precisam ter certeza de que estão certos. Eles não fazem avaliações de desempenho nem dão promoções ou aumentos. Mas decidem sobre a visão do carro e sobre como ele será produzido – à base de persuasão, não de coerção.

Essa é a ideia que eu queria incorporar ao Scrum. John Shook, do Lean Enterprise Institute, descreveu o papel do engenheiro-chefe citando o manual de liderança do Corpo de Fuzileiros Navais dos Estados Unidos:

> A responsabilidade de um indivíduo para com a liderança não depende de autoridade. [...] o pressuposto profundamente enraizado de que autoridade deve ser igual a responsabilidade é fonte de muitos males organizacionais. Acredito que o mau entendimento dessa questão é excessivo, problemático e se acha tão infiltrado em nossa consciência que nós nem o percebemos.[1]

Ao refletir sobre o tempo que passei em West Point e no Vietnã, cheguei à conclusão de que liderança não tem nada a ver com autoridade. Pelo contrário, tem a ver – entre outras coisas – com possuir conhecimento e ser um líder-servidor. O engenheiro-chefe não pode simplesmente *dizer* que algo precisa ser feito de determinada maneira. Ele precisa convencer, persuadir e demonstrar que o seu caminho é o correto, o *melhor*. Em geral, uma pessoa precisa de 30 anos de experiência para preencher essa função. Eu queria isso no Scrum, mas também tenho consciência de que pouquíssimas pessoas têm esse nível de habilidade e experiência. Então dividi a função em duas, dando *como* ao Scrum Master e *o quê* ao Product Owner.

Mesmo no começo do Scrum, eu sabia que precisava de alguém que fosse profundamente ligado ao cliente. O Product Owner tinha de ser capaz de passar o feedback do cliente para a equipe a cada sprint. Ele precisava gastar metade do seu tempo falando com as pessoas que compram o produto (recebendo sua opinião sobre a entrega parcial mais recente e como ela tinha agregado valor) e a outra metade com a equipe criando o backlog (mostrando de que os clientes tinham gostado ou não).

Lembre-se: o "cliente" pode ser o consumidor em geral, um grande banco, seu marido ou alguém que precisa de vacina contra o rotavírus e depende de você para que ela seja disponibilizada. O cliente é quem receberá o valor do que é feito.

Mas eu não queria um gerente. Queria alguém em quem a equipe acreditasse e confiasse quando ordenasse o backlog de acordo com as prioridades. Chamei o melhor profissional em marketing de produto – não em engenharia, mas em marketing. E foi assim que Don Rodner se tornou o primeiro Product Owner. Ele conhecia aquilo que estávamos produzindo não do ponto de vista técnico – embora entendesse disso o suficiente para se comunicar com os desenvolvedores –, mas do ponto de vista do cliente. De que precisavam as pessoas que de fato usariam o produto? Quando for escolher um Product Owner, contrate alguém que consiga se pôr no lugar de quem receberá o valor do que está produzindo. Como diz um amigo meu: "Minha esposa é o Product Owner perfeito; ela sabe o que quer. Eu só tenho de realizá-lo."

O Product Owner não precisa apenas de uma gama de habilidades mais ampla do que o Scrum Master. Essas habilidades também precisam ser postas em prática de acordo com um conjunto de padrões diferentes. O Scrum Master e a equipe são responsáveis pela velocidade do trabalho e por quanto podem aumentá-la. O Product Owner é responsável por traduzir a produtividade da equipe em valor.

Ao longo dos anos, resumi as características essenciais de um Product Owner a quatro pontos:

Um, o Product Owner precisa ter conhecimento na área. Isso significa duas coisas: ele deve entender bem o suficiente o processo que a equipe está executando para saber o que pode ser realizado e, tão importante quanto isso, o que não pode ser feito. Mas também tem de compreender o *o quê* bem o bastante para saber como traduzir o que pode ser concretizado em valor real e significativo. Não importa se o produto é um sistema de computador que ajuda o FBI a capturar terroristas ou um método de ensino que melhora o desempenho dos alunos de escolas públicas. O Product Owner precisa conhecer o mercado bem o suficiente para saber o que vai fazer diferença.

Dois, ele precisa ter o poder de tomar decisões. Assim como a gerência não deve interferir na equipe, o Product Owner deve receber carta branca para tomar decisões sobre qual será a visão do produto e o que precisa ser feito para chegar lá. Isso é muito importante, porque ele está sendo pressionado por todas as partes interessadas, tanto internas quanto externas, e tem de ser capaz de aguentar firme. O Product Owner deve se responsabilizar pelos resultados, mas deixar que a equipe tome as próprias decisões.

Três, ele tem de estar disponível para a equipe, para explicar o que precisa ser feito e por quê. Ele é, em última instância, responsável pelo backlog, portanto é necessário que mantenha um diálogo constante com a equipe. Muitas vezes a experiência do grupo indica as decisões que o Product Owner precisa tomar. Ele tem de ser confiável, coerente e disponível. Sem acesso a ele, a equipe não vai saber o que fazer ou em que ordem executar as tarefas. Os integrantes do grupo contam com ele para "a visão" e também para aplicar a inteligência de mercado à importância das tarefas. Se ele não estiver disponível para a equipe, o processo inteiro pode desmoronar. Essa é uma das razões pelas quais eu raramente recomendo que CEOs ou executivos de alto escalão sejam Product Owners. Eles não têm o tempo de que a equipe necessita.

Quatro, ele precisa ser responsável pelo valor. No mundo dos negócios, o que importa é a receita. Avalio um Product Owner pela receita que ele gera para cada "ponto" de esforço. Se a equipe produz 40 pontos de trabalho a cada semana, devo medir a receita gerada por ponto. Mas minha medida também poderia ser o sucesso do grupo. Conheço uma equipe das forças policiais cuja medida de valor era o número de prisões de criminosos procurados realizadas a cada semana. Conheço igrejas que usam o Scrum e medem seu sucesso pela qualidade dos serviços prestados à sua congregação e pelo crescimento dela. O segredo é decidir qual é a medida de valor e dar ao Product Owner a responsabilidade de entregá-lo em quantidades cada vez maiores. No Scrum, é fácil observar esse tipo de métrica por causa da incrível transparência do método.

Mas isso é muito trabalho para uma pessoa só. É por isso que em grandes projetos, em geral, há uma *equipe* de Product Owners para atender a todas as necessidades. Entrarei em detalhes sobre isso mais adiante. Mas, primeiro, para dar uma ideia do que o Product Owner precisa fazer, quero que você se imagine no *cockpit* de uma aeronave F-86 Sabre, com o "Major Maluco" John Boyd, prestes a entrar em uma batalha acima da península coreana.

Observar, Orientar, Decidir, Agir

O combate aéreo durante a Guerra da Coreia ocorreu principalmente entre aeronaves F-86 Sabre americanas e MiG-15, de fabricação russa. O MiG era mais rápido, mais ágil, tinha uma relação empuxo-peso melhor, além de ser, em tese, uma aeronave superior. Teoricamente, os MiG-15 deveriam ter exterminado os pilotos americanos. Em vez disso, foram derrubados na proporção de 10 para 1. A tentativa de descobrir como foi possível que isso tivesse acontecido moldou o futuro das guerras e também se tornou crucial no desenvolvimento do Scrum.

John Boyd foi o maior piloto de caça que já existiu, apesar de nunca ter abatido um inimigo em combate. Ele voou em apenas 22 missões sobre a Coreia antes do armistício, e naquela época você precisava voar em 30 missões antes de assumir a liderança como um "atirador". Foi depois da guerra, ensinando na Escola de Armamentos da Força Aérea dos Estados Unidos, na base aérea de Nellis, no sul do estado de Nevada, que ele se destacou. Em um sistema de forças armadas que valoriza o revezamento frequente de pessoal, ele passou ao todo seis anos como instrutor na base aérea, algo sem precedentes.

Pilotos de caça não costumam ser muito humildes. No momento em que chegam a Nellis, já são considerados os melhores pilotos da Força Aérea americana, por isso demonstram certa arrogância. Boyd tinha uma maneira infalível de desmantelar o ego de um piloto, para que o aluno de fato aprendesse o que ele tinha a ensinar. Ele convidava seus alunos a voar e os mandava para a posição "seis", logo atrás dele – a melhor posição no combate aéreo. Em seguida, mandava o aluno atacar.

Sem exceção, dentro de 40 segundos Boyd se punha em posição de dar um tiro mortal na traseira do aluno, ao mesmo tempo que gritava "Armas! Armas! Armas!" pelo rádio. Isso foi antes do advento dos lasers, dos computadores e das armas simuladas. Era esse grito que dizia ao aluno que ele estava morto. O sucesso infalível de Boyd lhe rendeu um apelido: "Forty Second" Boyd, ou Boyd "Quarenta Segundos".

Sua outra alcunha, "Mad Major", ou "Major Maluco", foi um apelido que ele ganhou por causa de suas... declarações enérgicas. Elas eram feitas quase sempre com o rosto a menos de 10 centímetros de quem o estava contradizendo, enquanto ele cutucava o peito do adversário com dois dedos. Entre esses dois dedos sempre havia um charuto Dutch Masters aceso. Reza a lenda que, de vez em quando – acidentalmente, tenho certeza –, ele punha fogo na gravata do adversário. Nessas ocasiões, não demonstrava nenhum arrependimento. Boyd usava qualquer arma de seu arsenal para ganhar uma discussão.

Ele tinha a capacidade de enxergar o espaço de batalha por inteiro. Como contou uma vez:

> Eu me via em uma grande bola – *dentro* dela – e conseguia visualizar todas as ações que ocorriam em volta dela. Enquanto isso, claro, eu estaria o tempo todo manobrando. [...] Eu podia visualizar a partir de dois pontos de referência. Quando estava em combate aéreo, *eu conseguia me ver como um observador imparcial olhando para mim mesmo, além de todos ao meu redor.*[2]

Esse tipo de consciência, a capacidade de ver um pedaço inteiro do céu e assistir enquanto os eventos se desdobram, influenciou as teorias militares de Boyd e, por fim, redefiniu a ação dos Estados Unidos em guerras.

Quando deixou a Escola de Armamentos, Boyd decidiu estudar engenharia. Ao fazê-lo, criou um modelo de desempenho de aeronaves que descrevia o combate aéreo em termos de relações energéticas. A teoria de Energia-Manobrabilidade (EM) leva em consideração as energias cinética e potencial de um avião em qualquer situação – sua altitude, sua velocidade e sua direção – e a rapidez com que ele pode alterar qualquer uma dessas variáveis. Por fim, a teoria foi inserida na forma como a maioria dos caças são projetados, levando ao desenvolvimento do F-15 e do F-16, as aeronaves que dominaram essa categoria nos últimos 40 anos.

O problema era que, de acordo com a teoria de Boyd, o MiG-15 deveria ter arrasado o F-86 Sabre. Não fazia sentido. Boyd, segundo a biografia de Robert Coram, entrava frequentemente em transes, que duravam dias, tentando desvendar o motivo disso. Ele tinha certeza de que sua teoria estava certa, portanto qual seria a razão para a taxa de destruição de 10 para 1 a favor dos pilotos americanos? Treinamento? Isso só explicava parte do motivo. Tática? Talvez, porém mais uma vez esse fator não conduziria a um resultado tão desigual. Então ele teve um estalo. Os pilotos americanos enxergavam melhor e agiam mais rápido. Não por causa de qualquer qualidade inerente, mas graças a algumas escolhas simples de design. O Sabre tinha a capota em forma de bolha, enquanto a do MiG tinha vários painéis de vidro e suportes bloqueando a visão do piloto. O F-86 também tinha controles de voo hidráulicos, enquanto o MiG só tinha controles com *assistência* hidráulica. Os pilotos de MiG-15 eram conhecidos por levantar peso para ganhar força na parte superior do corpo e assim poder manobrar a aeronave.

Como resultado, os pilotos americanos conseguiam ver os MiGs primeiro e, em seguida, o que era crucial, conseguiam agir com base nessa informação mais rápido do que os pilotos chineses e norte-coreanos. A batalha não foi decidida apenas pelo que a máquina era capaz de fazer, mas pela rapidez com que a observação era traduzida em ação. O MiG realizava uma ação, o piloto americano respondia e, enquanto o piloto do MiG tentava reagir, o piloto americano conseguia realizar uma nova ação. Ele reagia a cada novo alinhamento do MiG tão mais rápido que o avião com tecnologia mais avançada tornava-se um alvo fácil.

O mesmo fenômeno ocorreu no Vietnã quando eu estava lá. Àquela altura, aeronaves diferentes eram utilizadas, o MiG-21 e o F-4. No entanto, mais uma vez, a visibilidade superior do F-4 superou o poder de manobra do avião de fabricação soviética. Como Boyd diria, sua mais famosa inovação pôs os pilotos "dentro do ciclo de decisões do inimigo".

Essa percepção se tornou fundamental para a forma como as guerras são travadas. E foi exatamente para isto que formatei o Scrum: para permitir que um Product Owner tome decisões rapidamente, com base no feedback em tempo real. Ao receber comentários constantes do cliente – seja a pessoa que clicará no botão "comprar" na Amazon, o fiel de uma igreja, a criança em uma sala de aula ou alguém experimentando um vestido –, você consegue fazer ajustes constantes na estratégia e atingir o sucesso mais rápido.

A ideia atende pelo nome um tanto ridículo de ciclo OODA. É a sigla para **O**bservar, **O**rientar, **D**ecidir e **A**gir. Embora possa soar engraçada, ela é mortal na guerra e nos negócios. Invadir o processo de tomada de decisões de alguém deixa a pessoa confusa e em dúvida. Ela acaba reagindo de forma exagerada ou insuficiente. Como Boyd explicou em uma palestra para outros oficiais: "Quem consegue lidar com a taxa de mudanças mais rápida sobrevive."[3] Veja a tabela do ciclo OODA nas páginas a seguir.

"Observar" é um tanto óbvio: significa ver claramente a situação enquanto ela se desenrola. No entanto, não é tão simples quanto parece. Boyd descreveu isso como se mover para fora de si mesmo, de modo a enxergar a situação por completo, não apenas do próprio ponto de vista.

"Orientar" não tem a ver apenas com o lugar onde você está, mas também com os resultados que é capaz de visualizar – o cardápio de alternativas que você cria para si próprio. De acordo com Boyd, herança genética, tradições culturais, experiências anteriores e, claro, o desdobramento das circunstâncias influenciam essa criação de alternativas.

CICLO OODA

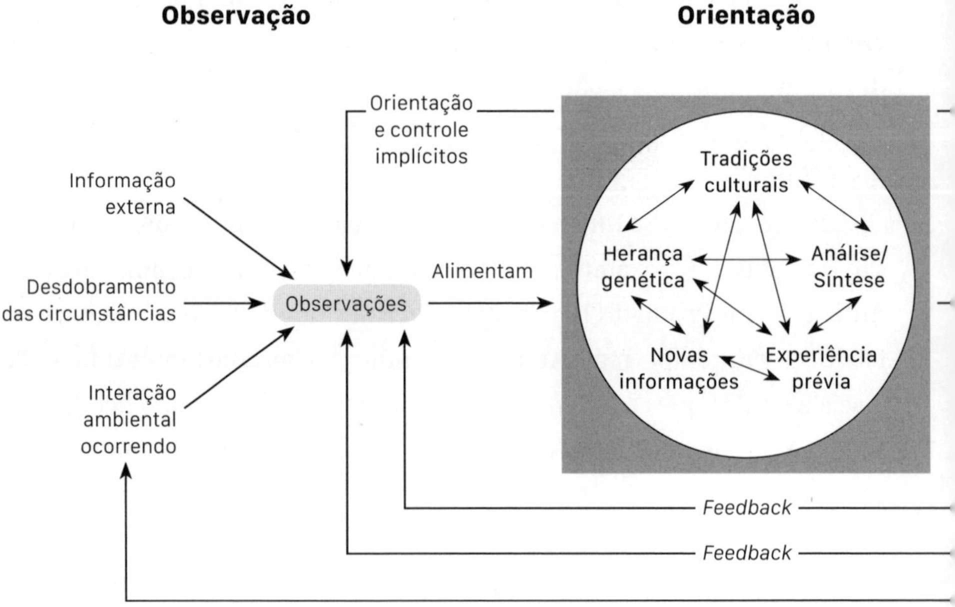

Assim, a orientação reflete não apenas como você vê o mundo e seu lugar nele, mas que mundo você é *capaz* de visualizar.

A combinação de Observação e Orientação leva a uma "Decisão", que conduz a uma "Ação". Então o ciclo recomeça, com a observação dos resultados de suas ações e das ações de seu oponente, ou, no mundo dos negócios, a observação da reação do mercado.

O Scrum, por meio da entrega de um incremento utilizável, dá ao Product Owner a capacidade de verificar quanto valor esse incremento gera, como as pessoas reagem a ele. Em seguida, com base nessa informação, ele pode mudar o que a equipe vai realizar no próximo sprint. Isso cria um ciclo de feedback constante que acelera a inovação e a adaptação, permitindo que o Product Owner meça quanto valor é entregue. (No mundo dos negócios, a medida é o dinheiro. Para quem estivesse pintando o interior de uma casa, a medida poderia ser o número de cômodos concluídos.) O Product Owner, portanto, tem a capacidade de se adaptar de imediato a um mundo em constante mudança.

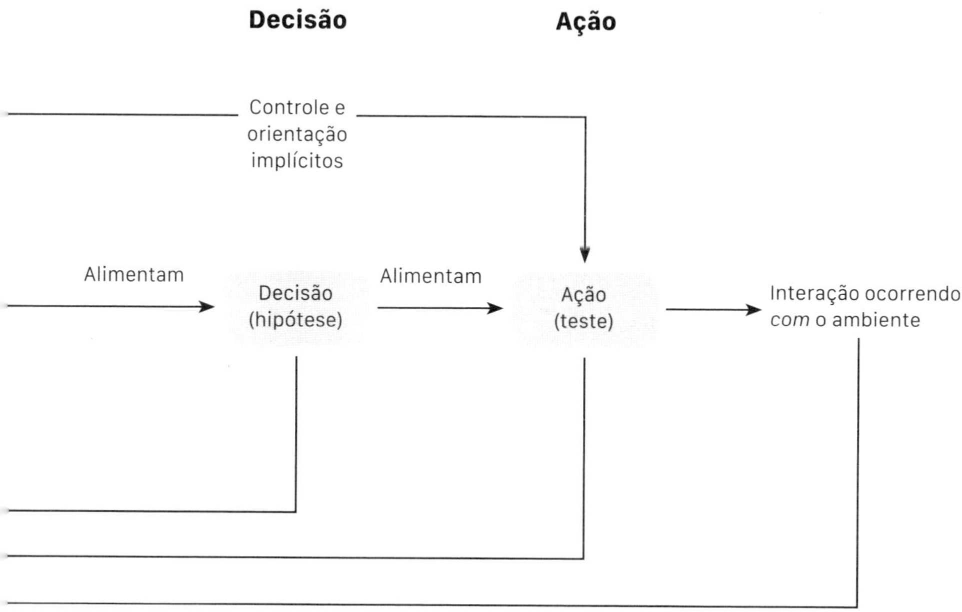

Pode ser difícil imaginar versões de incrementos de produtos ou projetos que não parecem, a princípio, ter qualquer valor até que estejam completos. Por exemplo, como fazer entregas parciais de um carro? Ou de um videogame de 100 milhões de dólares? O segredo é olhar para quais partes realmente têm valor – valor suficiente para que se obtenha feedback de verdade sobre elas – e reagir em tempo real.

Vamos usar os carros como exemplo. A Toyota desenvolveu o Prius, desde o conceito até o lançamento, em 15 meses, mais rápido do que qualquer entrega que a empresa já tinha feito. Apesar de a equipe que projetou e fabricou o Prius não ter começado a vender o carro antes de ele ser concluído, ela fez protótipos do veículo para que o engenheiro-chefe pudesse testá-lo e ver se a equipe estava indo na direção certa. Esse tipo de montagem rápida de protótipos – fabricar veículos funcionais antes do lançamento e, em seguida, melhorar esses protótipos de maneira gradual até obter o produto que se deseja vender aos consumidores – pode conduzir a mudanças incrivelmente rápidas. O segredo é não ter um design engessado no início, mas, em vez disso, fazer um protótipo funcional e ver o que pode ser aprimorado. E então, depois de realizar os aprimoramentos, fazer o protótipo seguinte e melhorá-lo. A ideia é que quanto mais cedo receber um feedback real, mais rápido você conseguirá fabricar um carro melhor.

A equipe WIKISPEED, sobre a qual escrevi no Capítulo 4, produz protótipos completos de seu carro a cada *semana*. E vende esses protótipos. Essas transações não ocorrem em um mercado de massa – a WIKISPEED ainda não está pronta para isso –, mas *existem* compradores dispostos a pagar 25 mil dólares por esses primeiros protótipos. Quando estiver pensando em fazer um produto, não presuma que só pode entregar algo de valor quando estiver concluído. Em vez disso, tente pensar no produto mínimo viável, o MVP. "O que é o mínimo absoluto que posso produzir e, ainda assim, entregar algum valor para o cliente?"

Os videogames são outro bom exemplo. Hoje em dia, cada vez mais desenvolvedores estão permitindo que consumidores paguem por um acesso "alpha", logo no início do processo. Dessa forma, os produtores obtêm feedback de seus fãs mais dedicados antes que o jogo funcione de fato. Isso permite que eles verifiquem como as pessoas reagem de verdade em vez de tentarem adivinhar como elas vão reagir.

Dependendo do setor em que você trabalha, ou da organização que comanda, pode ser difícil se convencer a adotar essa ideia de versões incrementais. Uma alternativa, se não puder apresentar algo a um cliente *externo*, é identificar um cliente *interno* – por exemplo, o Product Owner – que possa representar o público. Mostre a seu cliente interno qualquer coisa que gere feedback útil: partes de um plano de expansão imobiliária, um projeto de melhoria de uma fábrica, uma reformulação de um sistema de freios, uma campanha de trabalho voluntário etc. A ideia é criar uma oportunidade para que você inspecione o produto e possa adaptá-lo. Uma empresa ou organização que não consegue reagir a mudanças de condições, de concorrentes ou de gostos está em apuros.

Boyd diz o seguinte:

> Queremos entrar no ritmo do outro, no espaço onde vamos conseguir detê-lo. [...] Precisamos obter uma imagem ou um quadro mental, que chamamos de orientação. Então temos de tomar uma decisão sobre o que vamos fazer e, em seguida, implementar a decisão. [...] Depois, olhamos para a ação resultante, para a nossa observação e acrescentamos novos dados, nova orientação, nova decisão, nova ação, *ad infinitum*. [...] A orientação não é apenas um estado em que você se encontra; é um processo. Você se orienta o tempo todo. [...]
>
> Um mundinho pequeno e agradável em que nada muda [...] criaturas que vivem em um mundo assim são dinossauros; elas vão morrer. O crucial é não se tornar um dinossauro. Se estiver em uma condição de equilíbrio, você está morto. [...] A mensagem subjacente é simples: não há como fugir disso. [...] É assim que as coisas são, pessoal.[4]

É assim que as coisas são, pessoal. Como eu disse no Capítulo 1, você tem uma decisão muito difícil pela frente: mudar ou morrer. Se não invadir o ciclo decisório dos seus concorrentes, eles vão invadir o seu. Como disse Boyd: "Quero dobrar meu adversário. [...] Então conseguirei deixá-lo confuso e perturbado e farei com que ele fique paralisado." Não sei você, mas eu prefiro estar ao lado de quem faz isso a estar ao lado do alvo.

Comece pelo começo

Então você tem um Product Owner que atualiza constantemente o backlog, ordenando os itens a serem realizados e entregues. Se tiver algumas centenas de itens, esse processo de ordenamento pode se tornar bem complexo em pouco tempo. O essencial é descobrir como entregar o máximo de valor o mais rápido possível. Pode haver milhões de maneiras de organizar o backlog, mas a ideal é a entrega no período mais curto possível daqueles 20% de funcionalidades que concentram 80% do valor. É quase certo que sua primeira tentativa de fazer isso, no sprint inicial, não seja o caminho certo – mas será sua melhor escolha naquele momento.

Mas isso é apenas a primeira tentativa. Após o sprint inicial, depois de ter concluído o ciclo OODA e entregado algum produto aos clientes, você vai mudar a ordem da lista, percebendo que, na verdade, há outra organização melhor.

Então você continua fazendo isso, atualizando e revisando as prioridades do backlog a cada sprint, tentando chegar à ordem que entrega valor mais rápido. É provável que a ordem perfeita nunca seja alcançada, mas você deve caminhar em direção a ela passo a passo, a cada sprint.

O mais importante é se lembrar de que a ordem está sempre em fluxo. A ordem certa para uma semana não será a mesma na semana seguinte. Seu ambiente terá mudado. Você terá aprendido coisas novas. Terá descoberto que alguns itens são mais fáceis e outros, mais difíceis. Essa mudança constante do ordenamento do backlog acontece em cada sprint. O essencial é reconhecer a incerteza, aceitar que suas concepções atuais de ordem e valor só são relevantes naquele momento específico. Elas mudarão de novo. E de novo. E de novo.

Um mau hábito que uma empresa pode adquirir, por causa da constante mudança das necessidades do mercado e porque os gerentes não sabem exatamente onde fica a maior parte do valor, é priorizar tudo. Tudo é *prioridade máxima*. Devemos ter em mente o seguinte ditado de Frederico II da Prússia, que mais tarde se tornaria conhecido como Frederico, o Grande: "Aquele que defende tudo acaba não defendendo nada." Se não concentrar tanto os seus recursos quanto a sua energia mental, você os diminuirá tanto que eles se tornarão irrelevantes.

Há alguns anos comemorei meu aniversário de 70 anos na Normandia, na França. Fui ver a famosa praia onde meu pai desembarcou durante a invasão do Dia D. Na maré baixa, a praia de Omaha parece se inclinar ao longo de quilômetros antes de encontrar o mar – uma faixa de areia aparentemente infinita. Correr por aquela ladeira extensa e molhada, encarando as armas alemãs, deve ter exigido uma coragem que não dá nem para imaginar. Andar pelas sepulturas de milhares de pessoas que morreram naquele dia exige silêncio e respeito. Mas, quando comecei a ler sobre as defesas alemãs, percebi que uma das razões pelas quais a invasão americana foi bem-sucedida foi que os alemães esqueceram o conselho de Frederico, o Grande. Eles ficaram tão confusos com as manobras dos Aliados que acabaram espalhando suas forças ao longo de toda a costa da França. Como resultado, os Aliados conseguiram isolar as unidades alemãs, derrotando uma de cada vez. Os nazistas não definiram suas prioridades de modo adequado e, felizmente, acabaram perdendo tudo.

Lançamento

Então você tem as prioridades. Sabe onde estão os 80% de valor. Quando o produto será lançado? É nesse ponto que o Scrum consegue entregar valor radicalmente mais rápido. Sempre que fizer algo, o ideal é dar o produto o mais rápido possível para quem irá de fato usá-lo. Faça isso antes mesmo de concretizar os 20% das funcionalidades. Faça isso com algo que proporcione, pelo menos, *um pouquinho* de valor. Chamo isso de "produto mínimo viável", ou MVP. É isso que você deve mostrar ao público pela primeira vez. Qual deve ser o nível de eficácia do MVP? Bem, ele deve funcionar de verdade, embora, para alguém que esteja trabalhando nele, possa parecer meio constrangedor. Você precisa entregar esse produto ao público *assim que possível*! Dessa forma, receberá o feedback de que precisa para alimentar o seu ciclo de decisão e definição de prioridades. Trata-se da Versão 0.5. É uma câmera que tira fotos, mas não acerta o foco. É uma mobília de sala de jantar com apenas duas cadeiras. É a distribuição de uma vacina para cinco das 100 cidades que precisam de ajuda. É algo quase ridiculamente incompleto.

Mas isso lhe dá feedback. Não dá para manejar a câmera direito porque o botão do obturador está em um lugar bizarro. A madeira das cadeiras não combina com a da mesa. Você acaba ofendendo os idosos da cidade com uma gafe que poderia ter sido evitada com facilidade. Cometa esses erros no início, com o mínimo de dano possível.

Então, quando fizer o lançamento oficial, ou der início a um grande programa, você já terá feito os ajustes e descoberto o que as pessoas valorizam de fato. No nosso exemplo da câmera, talvez os fotógrafos tenham *dito* que um modo paisagem e uma ferramenta para compartilhar fotos no Facebook têm valor igual. No entanto, quando começaram a *usar* a câmera, eles nunca usavam o modo paisagem, sempre queriam postar fotos no Facebook.

Isso permite que você desenvolva primeiro as características que os clientes valorizam e lance o seu produto tendo feito apenas cerca de 20% do trabalho. Você sabe que não é perfeito, mas está bem perto disso. Cada hora gasta dando aquele polimento no produto é uma oportunidade perdida de gerar valor.

CURVA DE VALOR – ENTREGA RADICALMENTE *MAIS RÁPIDA*

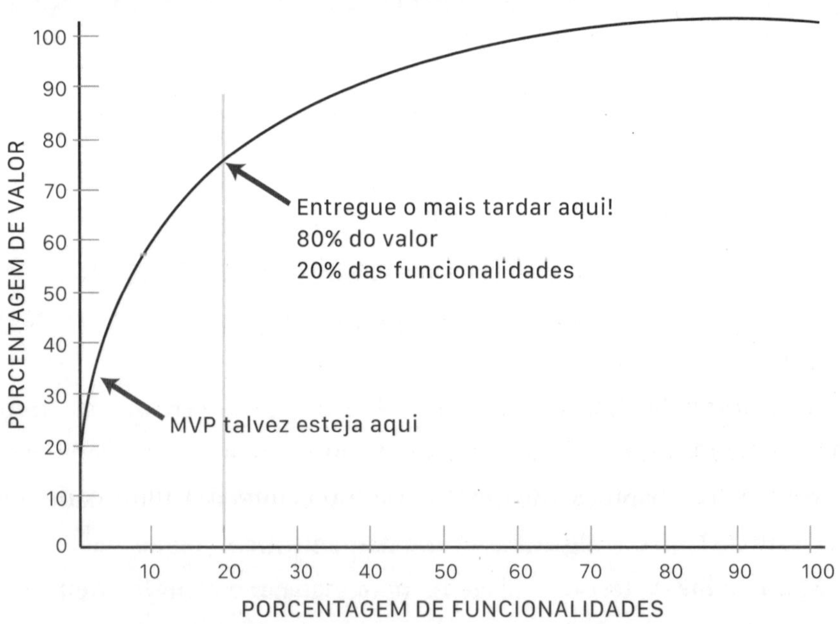

O melhor desse processo é que ele é cíclico: simplesmente repita. Quando receberem o seu produto, o seu serviço ou uma mudança em suas vidas, as pessoas vão informar quais são os *próximos* itens mais valiosos. Em seguida, desenvolva 20% deles e entregue de novo. E de novo.

Com esse processo de lançamentos incrementais, no período que gastaria para criar metade das funcionalidades do seu produto ou projeto inicial, você consegue lançar 200% do valor, na metade do tempo. Esse é o verdadeiro poder do Scrum. É assim que ele é capaz de fazer uma mudança fundamental não apenas no modo como você trabalha, mas na maneira como vive. Não se concentre em entregar uma lista inteira de itens. Concentre-se em entregar o que tem mais valor, aquilo que as pessoas realmente desejam ou de que precisam.

AUMENTANDO O VALOR – ENTREGA RADICALMENTE *MELHOR*

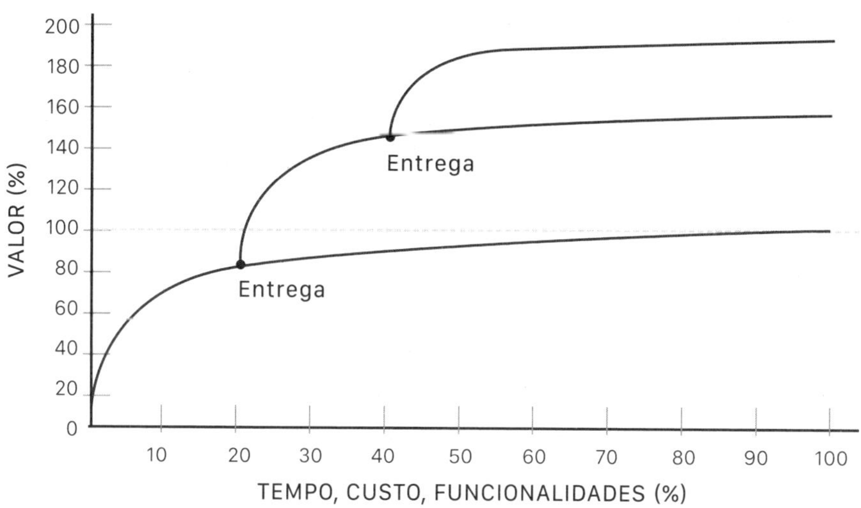

Lembro-me de algumas histórias do Iraque e do Afeganistão. Eram mais ou menos assim: um pelotão americano chega a uma cidade, olha em volta e diz: "Essas pessoas estão criando galinhas. Vamos construir uma fábrica de processamento de frangos para elas." Então milhões de dólares são gastos para construir uma fábrica da mais alta categoria. Ninguém leva em conta que não há energia elétrica regular ou que a maioria dos habitantes da cidade é analfabeta e não pode ser facilmente treinada para operar o equipamento. Então alguém chega à cidade e pergunta aos moradores: "O que *de fato* ajudaria vocês?", ao que eles respondem: "Sabe, seria ótimo ter uma passarela sobre o rio, assim a gente não precisaria gastar metade do dia caminhando até a ponte mais próxima para chegar ao mercado." Essa passarela custa algumas centenas de dólares. Ela é muito menos impressionante do que uma grande fábrica. Quando falar com seus chefes em Washington sobre ela, não soará nada extraordinário. Mas, para as pessoas daquela cidade, isso é infinitamente mais valioso do que o edifício extravagante com as máquinas que, hoje em dia, estão lá enferrujando.

Outro ponto interessante é que às vezes você termina antes do que imaginava. Digamos que esteja produzindo um superdespertador de última geração para a Despertadores Ltda. Você tem uma lista com dezenas de funcionalidades: um relógio, um botão de soneca, um cronômetro, um alarme bem alto, um rádio, um encaixe para iPhone, um GPS etc. Mas, como um Product Owner experiente, prioriza o que as pessoas querem de fato: um alarme fácil de programar, que toque alto o suficiente, um rádio e um display que brilhe o bastante para ser visto quando o cômodo estiver claro ou escuro. Quando sua equipe termina isso, você percebe que ela criou o despertador mais elegante de todos os tempos. É o iPod dos despertadores. É bonito e cumpre sua função muito, muito bem. Em vez de fazer com que sua equipe trabalhe em funcionalidades adicionais, você lança o relógio e começa a trabalhar no próximo projeto. A equipe pode produzir mais valor fazendo outra coisa.

Dinheiro por nada e alterações de graça

No início deste livro, contei a história do projeto Sentinel do FBI. Você deve lembrar: uma empresa terceirizada gastou centenas de milhões de dólares no desenvolvimento de um software que não funcionava. Um dos principais motivos do excesso de custos nesse projeto – e em praticamente qualquer contrato, seja para desenvolver software, fabricar aviões ou construir edifícios – eram as taxas de alteração. Acumular taxas de alteração é, na verdade, o modelo de negócio de um monte de fornecedores do governo. Eles orçam um projeto por baixo, sabendo que vão lucrar por causa de pedidos de alteração. Quando um contrato de um projeto com duração de vários anos é elaborado, com todos os requisitos enunciados naqueles lindos gráficos, é tentador dizer: "Bem, isso é tudo." Então o fornecedor diz: "Concordo em fazer isso e apenas isso. *Se você quiser qualquer mudança, vai ter um custo.*" Esse faturamento posterior se tornou a fonte de tantas despesas que empresas e agências criaram conselhos de controle de alterações. Do ponto de vista dos custos, faz sentido. Limitando o número de mudanças, você limita o custo associado a elas.

O que eles não percebem é que estão criando um sistema que nega às pessoas o que elas realmente querem. Ao tentar limitar os custos, limitam a aprendizagem, a inovação e a criatividade. Se você começar um projeto e perceber em pouco tempo que o valor real, aqueles 20%, não reside nas funcionalidades que foram estabelecidas, mas sim em um conjunto diferente de elementos que você descobriu durante o trabalho, o gerenciamento de projetos tradicional é configurado para detê-lo. É configurado para deter a entrega de valor mais rápida.

Além do mais, o esforço para "exercer controle firme" não funciona! Mesmo com conselhos de controle de alterações tentando evitar mudanças, a necessidade de realizá-las é tão grande que muitas vezes as equipes passam por cima deles. Sem as alterações, o projeto não teria valor algum. Assim, a contragosto, os conselhos de controle de alterações permitem essas mudanças e o projeto acaba custando mais. E depois outra alteração precisa ser feita. E, ops!, mais outra. E em pouco tempo o projeto ultrapassa o orçamento em milhões de dólares e atrasa um, dois ou cinco anos.

Foi por isso que pensei nas "alterações gratuitas". Em um contrato de preço fixo padrão, diga que as alterações são de graça. Liste todas as funcionalidades que espera. Por exemplo, se estiver fabricando um tanque, deseja que ele alcance uma velocidade de 110km/h e dispare 10 séries de tiros por minuto, tenha capacidade para quatro pessoas, ar-condicionado etc. – tudo aquilo que acha necessário em um tanque. O construtor olha para essa descrição e diz: "Hum, construir esse motor, acho que isso equivale a 100 pontos; o mecanismo de carregamento, digamos que são 50 pontos; o assento, 5 pontos." E por aí vai, até o fim da lista. Ao final, há determinado número de pontos para cada recurso. Então, a cada sprint, o cliente, que nesse cenário é obrigado por contrato a trabalhar em estreita colaboração com o Product Owner, pode mudar as prioridades. Todos os itens do backlog podem ser reordenados. E novos recursos? Sem problema: basta abdicar de outras funcionalidades com o mesmo tamanho. Ah, você quer um sistema guiado a laser agora? Bem, isso equivale a 50 pontos de trabalho – para compensar esse acréscimo, vamos deixar de lado 50 pontos de funcionalidades de baixa prioridade, que estão nas últimas posições do backlog.

Algumas empresas têm levado a um novo nível a ideia de entregar apenas funcionalidades de alto valor para o cliente. Há alguns anos, ouvi falar sobre um desenvolvedor Scrum que assinou um contrato de 10 milhões de dólares para fornecer um software para uma grande construtora. As duas partes concordaram com o prazo de 20 meses. Mas a empresa Scrum inseriu uma cláusula no contrato. A construtora poderia finalizar o projeto a qualquer momento – só teria de pagar 20% do valor do restante do contrato. Basicamente, se o software funcionasse da maneira que o cliente queria, ele poderia fazer com que a empresa Scrum parasse o trabalho.

O desenvolvedor do software começou os sprints, que tinham duração de um mês. No fim do primeiro mês, a construtora redirecionou uma parte do esforço do desenvolvedor para obter mais valor. No segundo mês, fez a mesma coisa. Após o terceiro mês, o cliente rescindiu o contrato, pegou o software e começou a utilizá-lo. Ele já tinha obtido o valor de que precisava.

Vamos fazer umas contas para ver como todo mundo saiu ganhando. Nos primeiros três meses do contrato, o cliente pagou 1,5 milhão de dólares para a firma Scrum. Encerrar o contrato mais cedo do que o previsto obrigava a construtora a pagar 20% dos 8,5 milhões restantes, o que dá 1,7 milhão. Ela pagou 3,2 milhões por um software que pensava que custaria 10 milhões e recebeu o produto 17 meses mais cedo do que o planejado.

E não foi apenas a construtora que saiu ganhando. A empresa Scrum assinou o contrato esperando uma margem de lucro de 15%. Então gastou 1,3 milhão no desenvolvimento durante os primeiros três meses. Mas recebeu 3,2 milhões. Sua margem de lucro passou de 15% para 60%. Isso significa um aumento de 400% no lucro. E a partir desse momento, com seus desenvolvedores ociosos, a empresa poderia trabalhar em outros projetos. Ótimo negócio.

Isso foi possível por causa da maneira como o trabalho é organizado no Scrum. Ao se autogerir como uma unidade multifuncional, a equipe foi capaz de acelerar rapidamente, entregando mais valor em menos tempo. Ao fim de cada sprint, um incremento do produto estava "Feito". Funcionava. Podia ser implementado de imediato. A cada sprint, o Product Owner era capaz de reordenar as prioridades do backlog com base no feedback do cliente. E, quando a construtora considerou que já havia sido criado valor suficiente, todo mundo parou de trabalhar. Dessa forma, o Scrum atende aos interesses de todos: da equipe, do Scrum Master, do Product Owner, do cliente e da empresa. Todos trabalham com o mesmo objetivo e com a mesma visão: *oferecer valor real o mais rápido possível*. Adoro situações em que todo mundo sai ganhando, e ganhar mais dinheiro oferecendo produtos melhores a um preço inferior me parece um ótimo negócio.

Risco

O gerenciamento de risco está no cerne de qualquer empreendimento de sucesso. O Scrum permite que você reduza os riscos de fracasso. Os três tipos mais comuns são o risco de mercado, o risco técnico e o risco financeiro. Em outras palavras, as pessoas querem o que estamos produzindo? Podemos de fato produzi-lo? Vamos conseguir vender o que produzimos?

Já escrevi muito sobre o risco de mercado. O Scrum minimiza isso ao enfatizar a entrega de incrementos. Ele permite que você coloque o cliente em contato com o produto com mais rapidez. Ao obter feedback com antecedência e com frequência, você pode fazer pequenas alterações de imediato em vez de ser forçado a fazer grandes mudanças depois de investir milhões de dólares e só aí perceber que o que está produzindo não é aquilo que o cliente quer. Muitas vezes, é o que o cliente *disse* que queria no início do processo, mas, na realidade, as pessoas não sabem o que querem de fato até experimentar o produto. No mundo dos negócios, há muitos conselhos que têm a ver com falhar o mais rápido possível. Prefiro pensar em entregar rápido.

O risco técnico é interessante. A questão de saber se é efetivamente possível realizar o que o cliente quer é delicada, principalmente se você estiver produzindo algo físico, concreto, o que exige instalações, ferramentas e um investimento inicial.

Lembra-se da empresa com o sistema de automação residencial? Eles abordaram o projeto realizando o que é chamado de "esquemas concorrentes experimentais". Traduzindo: isso significa "fabricar alguns protótipos diferentes para ver qual deles funciona melhor antes de realizar a produção completa". Por exemplo, eles sabiam que precisavam de uma câmera para que os clientes vissem quem estava batendo à porta antes de abri-la para o visitante. A parte mais cara da câmera, e a que exigia mais tempo, era a lente. Deveria ser de plástico? Vidro? Cristal? Qual material resiste a qualquer tipo de condição climática? Qual arranha com facilidade? Qual produz a melhor imagem? Qual é o custo de fabricação de cada tipo de material?

Em vez de tomar a decisão logo de cara e passar para a fabricação definitiva, a empresa produziu três lentes funcionais e as comparou. Uma vez que só estava tentando resolver a questão da lente e precisava fazer isso primeiro por causa do longo tempo de fabricação, a equipe testou cada protótipo de lente na câmera de um laptop. Descobriram que o vidro preenchia melhor os requisitos. O que muda tudo é que a equipe foi capaz de tomar essa decisão depois de *ver* algo que funcionava de verdade. A escolha não foi baseada em presunções teóricas. Os funcionários tinham algo que podiam olhar e tocar. Com essa questão resolvida, passaram para o projeto do invólucro da lente e dos processadores de imagem. Ao priorizar a decisão relativa à lente, a empresa pode ter economizado milhões de dólares. A Apple é famosa por fazer isso com todos os seus produtos, muitas vezes fabricando mais de 10 protótipos totalmente funcionais antes de realizar testes para ver qual deles é o melhor. Isso permite que diferentes ideias sejam postas em prática com rapidez e sem um investimento gigantesco.

O risco financeiro é o que faz com que a maioria das empresas vá à falência. Alguém fabrica um produto legal, mas não consegue vendê-lo por um preço que dê lucro de fato. Um exemplo clássico é o jornalismo on-line e a morte do jornal. Quando a internet começou a explodir, nos anos 1990, os jornais ficaram ansiosos para lançar seu conteúdo on-line. Alguns diretores de jornais acharam que, tanto na internet quanto no papel, as pessoas pagariam para anunciar, então disponibilizaram o conteúdo de graça. O problema, é claro, era que os anunciantes estavam dispostos a pagar muito menos por anúncios on-line do que pelos impressos. No entanto, o custo de produção das reportagens ainda era o mesmo. Houve quem tentasse cobrar pelo conteúdo, mas havia tantos sites oferecendo notícias de graça que muitos acabaram sendo obrigados a fazer o mesmo. Enviar repórteres para outros lugares para testemunhar os fatos custa caro. O resultado disso pode ser visto no fechamento de redações no mundo inteiro.

A ideia de fornecer conteúdo ou um serviço de graça e ganhar dinheiro com publicidade ainda é muito comum em startups de tecnologia. Empreendedores olham para o Facebook ou o Google e dizem: "Eu posso fazer isso." O problema é que não há muitos Facebooks e Googles por aí. Nos primórdios da internet, quando o espaço on-line começou a permitir que empresas mirassem em segmentos específicos de consumidores, a "hipersegmentação" era vista como algo valioso. Mas, à medida que surgem mais e mais plataformas para facilitar isso, essa capacidade vai deixando de exercer o mesmo fascínio.

Outra maneira de empresas desmoronarem financeiramente é pagar demais para conquistar clientes. Um exemplo são empresas de compras coletivas, como Groupon e Living Social. No início, elas adquiriam clientes de forma rápida e fácil. Mas, à medida que expandiam seu alcance e aumentavam o seu porte, foi se tornando cada vez mais caro atrair anunciantes adicionais e mais pessoas dispostas a comprar cupons. Você pode ver o resultado no valor de mercado dessas empresas.

O que o Scrum faz pelos negócios é responder rapidamente a esta pergunta crucial: Será que vamos ganhar dinheiro fazendo isso? Ao fornecer protótipos aos clientes de forma rápida, você descobrirá o que eles valorizam e quanto estão dispostos a pagar. Se seus primeiros palpites estiverem errados, pode fazer alterações. O máximo que pode perder é o tempo e a energia que investiu em alguns poucos sprints, em vez de gastar milhões de dólares na montagem de uma infraestrutura complexa apenas para descobrir que, apesar de adorarem o seu produto, as pessoas não gostam dele o suficiente para pagar o preço de custo.

O que você vai fazer amanhã

Certo, o que você pode fazer amanhã para implementar o Scrum no seu trabalho? O primeiro passo é montar um backlog e uma equipe. Pense na visão que tem para o seu produto, o seu serviço, o que for, e comece a delimitar as tarefas que terá de executar para concretizar essa visão. Você não precisa de muito, basta um backlog equivalente a uma semana de trabalho. Enquanto os integrantes da equipe estiverem realizando as reuniões diárias e executando o primeiro sprint, você conseguirá elaborar um backlog suficiente para manter a equipe ocupada durante os dois sprints seguintes. Contudo, fique atento ao backlog, porque, conforme sua equipe for acelerando, ela começará a executar mais trabalho do que você pensava que fosse possível.

Então, como Product Owner, monte um roteiro com o rumo que acha que o trabalho deve tomar. O que acredita que pode ser feito neste trimestre? Aonde quer chegar até o fim do ano? É importante lembrar que isso é apenas uma previsão momentânea. Por isso não planeje demais; faça apenas uma estimativa. Você não está criando um contrato vinculativo das entregas; está só estabelecendo aonde pensa que conseguirá chegar em certo período. Acredite em mim, as previsões *vão* mudar. Talvez radicalmente.

Esse tipo de planejamento deve ser feito para criar transparência dentro da organização. Se você tem uma equipe de vendas, ela precisa saber quais são as funcionalidades em que está trabalhando para que possa começar a comercializá-las. A gerência precisa ter alguma ideia de quais serão as fontes de receita – e também quando ela virá e de quanto será. O mais importante é passar a mensagem de que tudo está sendo feito às claras. Qualquer um pode ver em que ponto o produto está a qualquer momento. Os funcionários podem observar as histórias se deslocando pelo quadro Scrum até a coluna "Feito". Podem representar graficamente quanto tempo cada ponto da história levou para ser realizado em um gráfico de *burndown* e ver a linha se mover de maneira constante até o zero. Todos sabem quantos pontos sua equipe realizou no último sprint e quantos você estima que ela realizará no próximo. Saiba que, como Product Owner, você vai ser avaliado em relação à receita e ao custo.

O que você descobrirá bem rápido, em especial se estiver trabalhando em um lugar com várias equipes, é que precisará montar uma equipe de Product Owners para gerar backlog suficiente para o pessoal continuar trabalhando. Talvez tenha um Product Owner que se concentre mais na estratégia e na interação com o cliente, e outro que seja mais tático, decidindo o que as equipes farão no decurso de cada sprint.

O importante é começar. Simplesmente comece. Você pode ver as etapas detalhadas de como fazer isso no Apêndice. O Scrum é projetado para que você consiga pôr uma equipe para trabalhar em poucos dias. Monte seu backlog, planeje o primeiro sprint e vá em frente. Você não precisa dedicar muito tempo ao planejamento, à reflexão, a meditações, declarações de missão ou projeções de cinco anos para a frente. Deixe tudo isso para seus concorrentes e faça com que eles comam poeira. E, no caminho, por que não tornar o mundo melhor? No próximo capítulo vou mostrar como.

RESUMO

- **Faça uma lista. Verifique duas vezes.** Crie uma lista de tudo que poderia ser feito em um projeto. Em seguida, ordene os itens de acordo com as prioridades. Coloque os itens com maior valor e menor risco no começo do backlog e assim por diante.
- **O Product Owner** transforma a visão em um backlog. Precisa compreender o negócio, o mercado e o cliente. Tem conhecimento do setor e poder de tomar decisões definitivas. Está disponível para responder a perguntas e é responsável pela entrega de valor.
- **Um líder não é um chefe.** Um Product Owner define *o que* precisa ser feito e *por quê*. Cabe à própria equipe decidir *como* realizará o trabalho e *quem* fará o quê.

- **Observar, Orientar, Decidir, Agir (OODA).** Observe todo o quadro estratégico, mas aja de forma rápida e tática.
- **Medo, incerteza e dúvida.** É melhor dar do que receber. Invada o ciclo OODA de seus concorrentes e faça com que eles fiquem confusos no processo decisório deles.
- **Dinheiro por nada e alterações de graça.** Crie funcionalidades novas apenas quando elas acrescentarem valor ao produto. Esteja disposto a trocá-las por outras que exigem a mesma quantidade de esforço. O que pensou que era preciso no início nem sempre é de fato necessário.

CAPÍTULO 9

Mude o mundo

O Scrum teve origem no universo do desenvolvimento de softwares. Hoje ele está presente em uma infinidade de outros ambientes de trabalho. Vários tipos de negócio usam o método com diversos objetivos, como a construção de foguetes, o gerenciamento de folhas de pagamento e a expansão de recursos humanos, e ele também aparece em setores tão díspares quanto o mercado financeiro, firmas de investimento, empresas de entretenimento e veículos jornalísticos. Volta e meia fico impressionado quando penso que um processo que criei em 1993 para melhorar o desenvolvimento de softwares tenha se provado universalmente aplicável. O Scrum acelera o esforço humano, não importa qual seja ele.

De fato, comecei a ver o método ser aplicado nos setores mais improváveis, para resolver os problemas mais espinhosos que a humanidade enfrenta. Pense em alguns desses problemas. Por exemplo, pessoas que vivem na pobreza, o que é não somente aviltante, mas também gera uma série de males sociais, como a criminalidade, a corrupção, a guerra e a destruição. Há também nosso sistema educacional, que fracassa com alunos do mundo inteiro. Em vez de ensinar habilidades do século XXI, atolamos nossos jovens em métodos de ensino e aprendizagem criados no século XIX. E outro elemento disfuncional que vem à mente é o governo, que se paralisou de muitas maneiras, baseando-se em ideias formadas há centenas de anos e que não parecem adequadas ao nosso modo de vida atual.

É fácil sentir vontade de jogar a toalha quando vemos as notícias mais recentes sobre as pessoas que morrem na África, a violência nas escolas ou os embustes sem fim dos nossos governantes. Às vezes, parece impossível lidar com tudo isso. Mas é justamente para lidar com esses problemas, os mais difíceis, que o Scrum é projetado. Neste exato momento, há pessoas recorrendo a ele para solucionar essas questões, e, assim como no mundo dos negócios, esses indivíduos estão obtendo sucessos notáveis.

Educação

Em alguns aspectos, comunidades residenciais são muito parecidas no mundo inteiro. Elas ficam a alguns quilômetros de uma grande metrópole e é para lá que as pessoas se mudam para comprar casas mais baratas, criar suas famílias e mandar seus filhos para a escola sem ter de enfrentar muitos dos problemas das grandes cidades.

Alphen aan den Rijn é uma cidade bem típica nesse sentido. Fica no oeste da Holanda, entre Leiden e Utrecht, a cerca de 45 minutos de Amsterdã. Se você pegar a estrada em direção à cidade em um dia de semana, todo o tráfego estará na direção contrária – rumo aos empregos em outros lugares. Fazendas de produção de laticínios e moinhos de vento, o velho e o novo, cobrem a zona rural.

Dentro da cidade, praticamente só transitam bicicletas. Centenas de pessoas se encaminham para a escola pública local, a Ashram College, que, assim como a cidade, é bem típica para os padrões holandeses. Há cerca de 1.800 alunos com idades entre 12 e 18 anos. A Holanda divide seus estudantes desde cedo, oferecendo diversos programas: programas de formação profissional básica, visando à profissionalização de cabeleireiros, mecânicos, secretários, entre outros; programas de formação profissional superior, destinados a orientar os jovens para a enfermagem, a administração e a engenharia; e programas ligados a universidades, destinados àqueles inclinados para a medicina, o direito ou a pesquisa científica. Os alunos dos programas básicos podem começar a trabalhar aos 16 anos, enquanto aqueles dos programas superiores talvez permaneçam na universidade ou em instituições de ensino profissional até quase completarem 30 anos. Todos os programas educacionais requerem algumas disciplinas básicas em comum, embora cada grupo tenha aulas separadas. Na Ashram, há todos os três programas. E uma dessas disciplinas em comum é a que Willy Wijnands leciona a todos os alunos da escola: química.

Tenho certeza de que você se lembra das aulas de química no ensino médio. Nos Estados Unidos, em geral há laboratórios com fileiras de mesas em linha reta de frente para o professor, talvez uma semana de aula seguida de alguns dias de trabalho prático em dupla, sendo que a escolha desse colega muitas vezes é estratégica e um bocado estressante. Talvez você gostasse de química, talvez ficasse terrivelmente entediado e talvez *Breaking Bad* tenha feito você reconhecer o potencial monetário de aprender bem as técnicas do laboratório e a importância de escolher o parceiro correto. Seja qual for a sua experiência, assim que o professor começava a falar sobre ligações covalentes ou algum outro conceito obscuro, é provável que você e seus colegas se distraíssem e começassem a olhar pela janela, a rabiscar desenhos ou a pensar naquele menino ou naquela menina na segunda fileira. Sejamos sinceros: nas escolas americanas e de várias outras partes do mundo, quando a aula de química começa, a distração aparece.

No entanto, não é isso que acontece nas aulas de Wijnands. "Olhe só", diz ele no momento em que os alunos invadem a sala e correm para suas mesas – estranhamente, eles não se sentam. "Eu não faço nada." São 8h30 de uma quarta-feira normal de setembro, e a sala de Wijnands não tem a aparência de uma sala de aula clássica. As mesas não são alinhadas em fileiras voltadas para o professor. Em vez disso, ficam posicionadas de modo que os alunos se dividam em quartetos e fiquem de frente uns para os outros.

Em vez de se sentarem no início da aula, os estudantes colam na parede uma grande folha de papel coberta de post-its e se reúnem ao redor dela. O cartaz é dividido em algumas colunas. *Alle items*, na extrema esquerda. Em seguida, *Te doen*, *In uitvoering* e, por último, *Klaar*. Como você deve imaginar, elas querem dizer “Todos os itens”, “A fazer”, “Fazendo” e “Feito”.

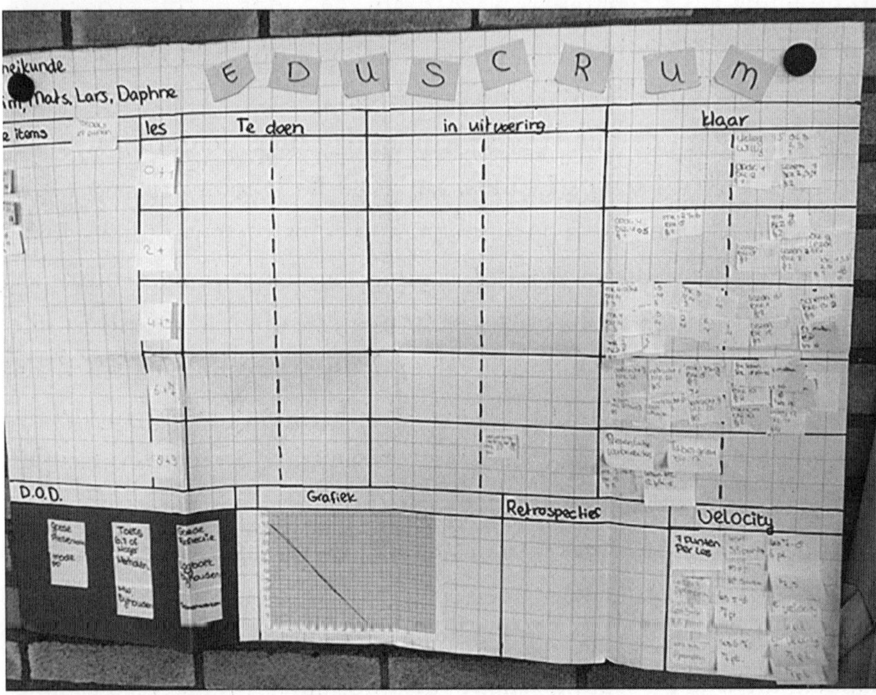

Na parte inferior das colunas há quatro títulos adicionais: “D.O.D.”, sigla para “Definition of Done” (definição de feito); “Grafiek”, que indica o gráfico de *burndown* do grupo, mostrando o progresso em direção à meta; e, por fim, Retrospectiva e Velocidade, onde os estudantes medem quantos “pontos” realizam durante cada lição. Os sprints geralmente duram de quatro a cinco semanas e terminam com um teste.

Em frente aos quadros Scrum – ou “flops”, como são chamados em holandês –, os alunos tentam definir quais exercícios terminarão na aula daquele dia. Eles pegam na coluna *Alle items* (o backlog) os post-its com as tarefas que acham que conseguirão realizar, colam em *Te doen* e começam a trabalhar. Nesse momento, Wijnands continua sem fazer nada, como gosta de dizer. Os alunos abrem seus livros e começam a aprender por conta própria. Ou, o que talvez seja o mais importante, ensinam uns aos outros. Wijnands caminha pela sala, examinando os quadros Scrum e os gráficos de *burndown*. De vez em quando, vê um ponto em que os alunos estão tendo dificuldade, explica de maneira rápida um conceito complicado ou escolhe ao acaso uma história da coluna *Klaar* e faz perguntas a cada aluno sobre ela, certificando-se de que todos compreenderam os conceitos. Se os estudantes não entenderam, ele põe a tarefa de volta na coluna *Te doen*. É que parte da definição de “Feito” é todo mundo ter entendido a matéria.

Os alunos têm uma parte exclusiva do quadro Scrum: uma “definição de diversão”. O trabalho não é só realizar todas as tarefas, eles também precisam se divertir no processo. Os três testes são Confiança, Humor e uma palavra holandesa quase intraduzível: *Gezelligheld*. É um conceito que pode ser descrito como “aconchego”, “companheirismo”, “divertido” ou “agradável”, como ver um amigo depois de uma longa ausência, passar um tempo com seus entes queridos ou ter uma sensação de pertencimento. Na verdade, acho que essa é uma maneira perfeita de descrever o sentimento de apoio, prazer, esperança, alegria, conforto e animação que temos quando fazemos parte de uma equipe muito boa.

“Você não precisa ser a polícia”, diz Wijnands. “Agora temos outra forma de lidar com os alunos. Eles fazem tudo. Até definem qual será o dever de casa!” Cada equipe sabe em que ponto a matéria está, os prazos que tem para realizar etapas intermediárias e se precisará levar trabalho para casa para aprender toda a matéria a tempo. “Eles se organizam e desenvolvem métodos de estudo mais inteligentes e mais rápidos. Uma das equipes começou pelo teste e trabalhou a partir dele, de trás para a frente. Um monte de crianças de 11 anos. 'Isso não é bom', falei. Eles ficaram assustados." Wijnands abre seu sorriso contagiante. "Então concluí: 'É excelente!'"

O Scrum, ou o eduScrum, como Wijnands chama sua abordagem, é apresentado aos estudantes no primeiro dia de aula. A primeira tarefa deles é escolher as equipes, que precisam ser multifuncionais. Os alunos se avaliam em várias categorias, como bravura, gosto pela matemática, preocupação com os sentimentos dos outros e "foco nos objetivos". Em seguida, são orientados a formar grupos multifuncionais, que tenham todas as habilidades necessárias para aprender a matéria. Wijnands afirma que isso ensina algo tão importante quanto a química: trabalhar com pessoas com talentos diferentes dos seus e valorizá-las.

Tim Jansen tem 17 anos e está no último ano do ensino médio. Ele vem realizando o Scrum há três anos e está prestes a entrar na universidade, onde pretende estudar química. Tim tem o jeito de um típico nerd. "Consigo aprender mais rápido do que os outros", diz. "Mas, ao trabalhar em grupo, você se aprimora, melhora. Aprendo a matéria melhor ao explicá-la para os outros." Ele se vira para Gudith Zwartz, sentada à frente dele. "Ela sabe que pode me fazer perguntas sobre a matéria. E eu posso fazer perguntas *a ela* sobre organização. Ela consegue organizar as coisas melhor do que eu."

Gudith é muito diferente de Tim na aparência: é magra, bonita, loura. "Você começa a conhecer melhor seus colegas. Sabe quem é melhor em quê."

"O Scrum ajuda os alunos mais excluídos a se conectarem com os colegas de turma", opina Maneka Bowens, amiga de Gudith e tão bonita quanto ela. "Às vezes você escolhe a equipe, outras vezes é escolhido. Você aprende que seus colegas são melhores do que você em algumas áreas."

Wijnands afirma que esse tipo de aprendizado é parte do seu objetivo – fazer com que habilidades inconscientes se tornem conscientes. Habilidades que podem ser testadas em uma prova estão longe de ser as únicas que importam. Ajudar os alunos a identificar e valorizar em si mesmos e nos outros diferentes pontos fortes é uma habilidade do século XXI. É algo que todo mundo precisa aprender a fazer.

Depois de escolher suas equipes, os alunos aprendem a estimar o trabalho não em horas ou dias, mas em pontos. Em seguida, estimam cada parte da matéria que precisam aprender jogando o pôquer do planejamento, no qual usam o dimensionamento relativo inerente à sequência de Fibonacci. Willy explica a ideia dos pontos de uma forma bem simples: "Ignore todas as medidas que você conhece. Não há medidas absolutas. Se eu peso 50 pontos, quantos pontos você pesa?", pergunta ele, apontando para uma aluna magra do ensino médio.

"Hum, 40?", responde ela, tentando adivinhar.

"Ora, muito obrigado! Mas eu apostaria que você está mais perto dos 20 pontos."

Ao fim de cada conjunto de lições, as equipes fazem uma retrospectiva, na qual se perguntam "O que deu certo?", "O que poderia ter ido melhor?" e "Como a equipe pode melhorar?".

Wijnands afirma que esse foco em equipes às vezes surpreende os pais. Ele conta a história de uma mãe que lhe telefonou e disse que sua filha tinha feito todo o trabalho do grupo. Por que ela tinha que carregar os outros nas costas?

"Eu disse a ela que a menina precisava ter coragem de pedir aos colegas que fizessem mais. Ela fez isso e as notas da equipe melhoraram. A mãe me ligou depois para agradecer. Os alunos precisam aprender a trabalhar não apenas para si mesmos, mas também em grupo."

A energia nas salas de aula da Ashram é impressionante, e isso se traduz em resultados. No sistema educacional holandês, as notas vão de 1 a 10, e 5,5 é a média necessária para passar em uma matéria. Na disciplina de Willy, a média é 7. E os alunos correspondem a essa expectativa. Wijnands conta que, no último ano, as notas subiram mais de 10%.

Ele soube do Scrum através do genro, que trabalha em uma grande empresa técnica na Holanda que utiliza o método. Ele leciona há quase quatro décadas e diz que, durante todo esse tempo, era isto que estava procurando: uma abordagem que ensine os alunos a ser autodidatas e a valorizar as próprias habilidades e as dos outros. E, além disso, permita que eles se divirtam enquanto aprendem.

Devo dizer algo importante sobre o Scrum: ele raramente permanece isolado – é projetado para *ganhar escala*. Nas escolas holandesas, por exemplo, o eduScrum não depende de uma pessoa, mesmo quando se trata de um grande professor como Wijnands. Embora o método tenha começado com Willy e ele possa ter convencido alguns de seus colegas que também lecionam química na Ashram a experimentá-lo, o Scrum está crescendo por lá. Apoiada pela comunidade empresarial, existe atualmente na Holanda uma Fundação eduScrum, que treina professores e apresenta o método a escolas. Até agora, a fundação já treinou 74 professores, de todas as matérias, em 12 escolas. Eles planejam treinar 60 professores e 15 escolas por ano. Em cinco anos, isso significará mais 300 professores e 75 escolas. Um bom começo. Encontrei-me com alguns dos professores em várias partes do país e eles me disseram que esse é o novo Montessori. Eles veem o eduScrum como um *movimento*.

Mas isso não está acontecendo apenas na Holanda. No Arizona, Estados Unidos, há uma *charter school** para alunos pobres do meio rural e de origem indígena que utiliza o Scrum. O método começou a ser ensinado em algumas universidades. Na Harvard Business School (HBS), foi construída uma nova sala de aula chamada de "Innovation Lab" (laboratório de inovação) onde todo o ensino é baseado em equipes. E como o professor Hirotaka Takeuchi, da HBS, me disse, quando você ensina equipes, a melhor maneira de fazê-lo é com o Scrum.

Na Ashram, conversei com alguns alunos. Quando pedi que me fizessem perguntas, um menino levantou a mão.

"Não acredito que você criou isso para o desenvolvimento de softwares", comentou. "Parece feito sob medida para a escola."

---

* *Charter schools* são escolas públicas com gestão privada, independentes da Secretaria de Educação local. [*N. da T.*]

Enquanto eu olhava para aquele jovem, senti lágrimas em meus olhos. Mais tarde, fiquei sabendo que ele era autista. Antes do Scrum, ele era um aluno desinteressado e resignado. O Scrum lhe proporcionara um caminho para seguir em frente, para de fato desfrutar da escola e para se tornar uma pessoa melhor, mais completa.

Há alguns anos, quando estava tentando resolver os problemas de algumas empresas de software, não percebi que também estava criando algo que poderia ajudar a resolver os problemas das pessoas. Mas o Scrum fez isso. E talvez tenha realizado mudanças ainda mais drásticas na zona rural de Uganda.

Pobreza

Uganda é um dos países mais pobres do mundo. Mais de um terço de seus habitantes vive com menos de 1,25 dólar por dia. A grande maioria dos ugandenses reside em áreas rurais, onde a pobreza é endêmica e as pessoas lutam para subsistir por meio da pequena agricultura familiar. Muitas dessas terras cultiváveis são mais do que remotas – ficam a dias de viagem a pé da cidade mais próxima. As famílias têm muita dificuldade de mandar as crianças para a escola, pois a mão de obra delas é necessária para ajudar na agricultura. As meninas, em particular, abandonam cedo os estudos. A expectativa de vida é de 53 anos. A mortalidade infantil atinge mais de cinco bebês em cada 100 nascidos vivos e cerca de 6 mil mulheres morrem anualmente por conta de complicações na gravidez. A vida de um agricultor rural em Uganda não é fácil.

A Fundação Grameen foi criada pelo banco Grameen, do vencedor do Prêmio Nobel Muhammad Yunus. O banco foi pioneiro em microfinanciamentos para pessoas extremamente pobres em Bangladesh. A fundação se concentra em ajudar a tirar da pobreza pessoas de todo o mundo, não por meio de doações, mas aproveitando os pontos fortes subvalorizados desses indivíduos. Em Uganda, a instituição resolveu tentar fazer exatamente isso, dando aos pobres a capacidade de compartilhar e produzir conhecimento.

Para isso, foram recrutadas cerca de 1.200 pessoas em áreas rurais pobres, que foram denominadas "trabalhadores com conhecimento comunitário" (CKWs, na sigla em inglês). A fundação já havia desenvolvido aplicativos para celular relacionados a microfinanças e pagamentos, e decidiu fornecer a esses trabalhadores não apenas informações sobre transações bancárias, mas também conhecimentos que eles poderiam usar no dia a dia, o que, no caso de Uganda, significava algo que fosse aplicado à agricultura. A fundação forneceu aos trabalhadores acesso às melhores práticas agrícolas, dando-lhes smartphones e transmitindo informações por meio deles.

Há pouco tempo, Steve Bell, integrante do Lean Enterprise Institute e um Scrum Master certificado, visitou duas aldeias remotas e descreveu como o processo funciona nelas. Há uma reunião de agricultores, que se encontram todos de pé em um campo. Nesse dia, um agricultor trouxe uma planta afetada por uma doença. Rapidamente, os CKWs olharam algumas fotos no celular até encontrarem uma imagem de uma planta sofrendo da mesma doença. Então, nesse mesmo instante, estava disponível o tratamento científico para a praga – algo que não exigia pesticidas ou produtos químicos caros, mas apenas um método que o agricultor poderia pôr em prática na mesma hora.

Bell diz que a transmissão rápida de informações que podem ser postas em prática já seria uma ferramenta poderosa o bastante, mas o aplicativo também conecta os agricultores a seus pares ao redor do país. Ao usar essa conectividade, eles podem compartilhar informações precisas sobre como estão as vendas dos produtos no mercado da cidade mais próxima, muitas vezes a dias de distância. Antes, os agricultores ficavam à mercê de intermediários que se aproveitavam de sua falta de conhecimento do mercado para estipular os preços como quisessem. Agora, os agricultores sabem quanto os intermediários estão ganhando.

Bell me contou a história de uma mulher que lhe disse que, depois que passou a ter acesso aos dados agrícolas, dobrou sua produção. Mas os dados de mercado também fizeram com que ela dobrasse seus preços. Ela costumava ganhar 300 xelins por alqueire. No entanto, após saber que sua produção estava sendo vendida por 1.000 xelins por alqueire, ela foi capaz de negociar o preço de 600 xelins. O dobro da receita, a mesma quantidade de trabalho. O Scrum é projetado para fazer exatamente isso, e foi o que fez pela agricultora.

Eric Kamara lidera o grupo de tecnologia do escritório da Fundação Grameen em Kinshasa. Seu grupo usa o Scrum para desenvolver seus aplicativos. Ele diz que, cada vez que alguém pede um conjunto de funcionalidades, sua equipe classifica o pedido em uma escala de 1 a 7 com base em três questões:

1. Qual é a importância desse trabalho para a missão de ajudar os pobres?
2. Como essa funcionalidade contribuirá para o trabalho dos CKWs?
3. Há algum parceiro dando apoio à funcionalidade? (A fundação prefere trabalhar com parceiros, como a Fundação Gates, em vez de realizar os projetos sozinha.)

Isso permite que Kamara priorize o trabalho usando critérios objetivos. Ele conta que, antes do Scrum, as pessoas pediam tudo ao mesmo tempo. Com os recursos limitados de uma organização sem fins lucrativos, era impossível fazer tudo. O resultado era que a equipe acabava não fazendo nada. Agora, em cada sprint, os diferentes grupos que querem funcionalidades fazem seus pedidos e podem ver de forma transparente como o que pedem se compara a outras requisições. Isso ajuda um grupo com pouco poder de barganha a determinar o que terá o maior impacto.

Conforme já vi ocorrer em outros lugares, esse tipo de trabalho se espalhou pelo resto dos escritórios de Kinshasa, mudando a maneira como as pessoas encaravam suas tarefas diárias. Antes, o escritório realizava o tipo de reunião semanal que todo mundo detesta – uma atualização sobre o andamento do trabalho que se arrastava por horas, durante a qual as pessoas descreviam seus problemas e se queixavam, mas muito pouco era realizado. A reunião não acabava nunca e todo mundo saía insatisfeito. Muitas vezes, o único resultado era apontar culpados em vez de procurar soluções. Kamara conta que, agora, todas as equipes têm um quadro Scrum. Antes da reunião, problemas e obstáculos se tornam facilmente visíveis. Hoje em dia, o diretor pode caminhar pelo escritório e verificar de forma instantânea quais são os obstáculos ou os impedimentos – basta olhar o quadro Scrum.

Quando converso com pessoas no universo das ONGs, uma queixa recorrente é que suas organizações estão cheias de indivíduos que têm propósitos e compromissos em comum, mas não têm disciplina. O Scrum é capaz de pegar a paixão das pessoas e aproveitá-la, deixando claro o que devem priorizar.

É fácil defender o uso do Scrum nos *negócios*. Se aplicá-lo, você ganhará mais dinheiro – muito mais. Você fará o dobro do trabalho na metade do tempo. Mas a promessa mais importante para a humanidade está com as pessoas que dedicam suas vidas a ajudar os mais pobres. Se o Scrum conseguir auxiliar esses indivíduos que vêm trabalhando à margem a obter o mesmo efeito, isso significará um passo gigantesco em direção ao bem da humanidade.

Esse "bem" não somente chegará mais cedo, mas também será mensurável. O Scrum torna as pessoas capazes de medir o progresso com facilidade. Na Fundação Grameen, há o que os funcionários chamam de "índice de progresso para fora da pobreza", que mede a eficácia de cada programa. Eles podem pesquisar e *ver* exatamente o impacto que aqueles trabalhadores com conhecimento comunitário que receberam telefones celulares estão exercendo nas áreas rurais. Podem experimentar diferentes maneiras de fazer as coisas. Podem ajudar as pessoas a *inovar* para sair da pobreza.

Para mim, é incrível ver o Scrum voltar às suas raízes. Quando dei início ao método, fui inspirado pela forma como o banco Grameen e outras instituições de microfinanciamento ajudavam grupos de pessoas pobres a trabalhar juntas para sair da pobreza. Elas formavam uma equipe com alguns indivíduos e pediam que cada um desenvolvesse um plano de negócios explicando como aplicaria 25 dólares. Talvez alguém quisesse comprar um carrinho para vender frutas na praça da cidade. Outra pessoa talvez desejasse comprar uma máquina de costura para fazer vestidos e depois vendê-los. Somente quando todos os empréstimos da equipe fossem quitados o grupo poderia receber mais dinheiro emprestado. Os integrantes da equipe se reuniam toda semana para ver como podiam ajudar uns aos outros. Os resultados foram incríveis. No início, era possível que a mulher com a máquina de costura ganhasse dinheiro suficiente para alimentar seus filhos. Algumas semanas mais tarde, talvez ela fosse capaz de comprar sapatos para eles. Depois, poderia matriculá-los na escola. Após alguns ciclos, era possível que ela tivesse um pequeno negócio e pudesse começar a construir uma casa de verdade. Na época, eu dizia aos programadores de software com quem estava trabalhando: "Essas pessoas pobres não têm sapatos, mas ainda assim conseguem se alavancar para sair da pobreza. *Vocês* têm sapatos, mas não têm um software. Esses indivíduos descobriram uma maneira de trabalhar em conjunto para sair da miséria. Vocês estão dispostos a fazer o mesmo?" E assim nasceu o Scrum.

Organizações sem fins lucrativos são apenas uma das áreas em que podemos inovar para fazer o bem para a sociedade. Que tal abordarmos a maneira como nos organizamos? Será que podemos melhorar o governo?

Governo

O governo não é apenas nossa forma de organizar a esfera pública – o meio pelo qual obtemos estradas, policiamento, tribunais e órgãos como o Detran. Ele é também a maneira como formalizamos nossa identidade como povo. É uma codificação daquilo que acreditamos que somos. Nos Estados Unidos, as aspirações fundamentais do povo americano foram registradas em um documento assinado por um grupo de rebeldes que certamente teriam sido enforcados se não andassem juntos: a Declaração da Independência. Escrita por um latifundiário aristocrata, idealista e escravocrata, a Declaração capturou de modo surpreendente um conceito radical do tipo de povo que os americanos da era revolucionária queriam ser:

> Consideramos estas verdades evidentes: que todos os homens são criados iguais, que são dotados pelo Criador de certos direitos inalienáveis, entre os quais estão a vida, a liberdade e a busca da felicidade. Que, para assegurar esses direitos, governos são instituídos entre os homens, derivando seus justos poderes do consentimento dos governados.

Nos dias atuais, é difícil compreender como essas palavras representam uma fuga à norma. As ideias do Iluminismo tinham começado a se espalhar. No entanto, não existiam democracias naquela época. As leis eram impostas de cima, advindas do direito divino dos reis e do poder das armas. Grandes impérios governavam boa parte do mundo – não apenas a Grã-Bretanha, mas também a França, a Áustria, a Rússia e o Império Otomano. A ideia de que os indivíduos eram *dotados* de direitos em vez de receberem esses direitos dos poderosos era, para dizer o mínimo, revolucionária.

A "república" foi uma forma de governo que emergiu desses ideais. Assim como o robô de Rodney Brooks fazia enquanto aprendia a andar, os Estados Unidos cambalearam, tropeçaram, caíram e, de vez em quando, tomaram o caminho errado. Mas aqueles ideais inspiraram revoluções no mundo inteiro e, hoje, a maioria das potências é governada, ao menos formalmente, pelos povos que pretendem representar.

O problema, claro, são os 200 anos de acúmulo de burocracia – interesses permanentes incorporados à própria estrutura do governo que fazem com que as vozes do povo enfrentem dificuldades para serem ouvidas. A corrupção, seja em pequena escala – burocratas que recebem subornos por serviços – ou em grande escala – grandes bancos que acumulam riquezas ao privatizar os lucros e repassar as perdas para a sociedade –, é resultado da falta de transparência e da centralização do poder nas mãos de poucos.

Na maioria das capitais do mundo, proliferou uma classe similar a uma corte que constitui o governo permanente. Os indivíduos ganham licitações, dinheiro e poder de acordo com o critério de "quem você conhece", não de "o que você é capaz de fazer". É evidente como políticos, generais e burocratas poderosos se revezam constantemente entre cargos no governo e no mundo dos negócios. É impressionante o número de generais de quatro estrelas que comandam empresas que ganham licitações das Forças Armadas, ou de senadores que se tornam lobistas, ou de ex-funcionários do governo que dirigem grupos empresariais.

Contudo, como enfatizei no Capítulo 3, é inútil tentar apontar as pessoas ruins; em vez disso, devemos procurar os sistemas ruins. Façamos uma pergunta que tem uma chance real de mudar as coisas: "Quais são os incentivos que impulsionam as atitudes ruins?" Duvido que qualquer um dos bandidos no governo americano se veja como um mau indivíduo e aposto que a maioria deles é de fato bem-intencionada. Foi o *sistema* que falhou com eles e conosco. Mas como podemos mudar isso? Como podemos incentivar a transparência, o estabelecimento de prioridades e a tomada de responsabilidades? Você sabe a resposta: com o Scrum.

Vamos começar por um local a milhares de quilômetros a oeste de Washington D.C., na capital do estado de Washington, Olympia. Lá, os dois últimos governadores adotaram o que chamam de governo enxuto. O governador Jay Inslee disse o seguinte em uma entrevista durante a campanha de 2012: "Boa parte do que o Estado faz é tomar decisões. Queremos encontrar uma maneira de acumular menos papel na mesa."[1]

O plano do governador tem cinco pontos que podem ser encontrados em qualquer plataforma de campanha: 1. um sistema educacional "de ponta", desde a pré-escola até a faculdade; 2. uma "economia próspera"; 3. tornar Washington um líder nacional em energia sustentável e meio ambiente limpo; 4. comunidades saudáveis e seguras; 5. governo eficiente, eficaz e responsável.

Esses objetivos não são revolucionários. São simplesmente aquilo que as pessoas *deveriam* esperar do governo. O próprio fato de que soam como clichê é um indicador de sua importância. Afinal de contas, um clichê é apenas uma verdade repetida tantas vezes que se torna banal. Mas o governo Inslee é *diferente* na forma como atinge esses objetivos. Eles apelidaram sua nova abordagem de Smart, acrônimo em inglês para metas Específicas, Mensuráveis, Tangíveis, Relevantes e que seguem um Cronograma. Em outras palavras, o governo quer usar o Scrum.

O diretor de tecnologia da informação do estado de Washington é responsável não só pela tecnologia que é comprada, mas também por como ela é produzida. O departamento é composto de 20 pessoas cuja função é garantir que enormes falhas de TI, que podem custar dezenas de milhões de dólares, não ocorram. Ao mesmo tempo, a equipe lida com atualizações para setores do governo que fazem de tudo – emitem carteiras de motorista, distribuem seguro-desemprego, regulam a pesca e a fauna etc. Em 2012, o departamento supervisionou 80 pedidos, que totalizaram mais de 400 milhões de dólares. Além disso, o setor emite normas e orientações para várias agências do governo sobre como implementar políticas estaduais.

Para fazer isso, o departamento usa o Scrum. Os funcionários de fato derrubaram as divisórias de suas estações de trabalho e se organizaram na forma de equipes Scrum.

Michael DeAngelo, o vice-diretor de tecnologia da informação, conta que toda semana a equipe tenta entregar aos departamentos estaduais políticas que possam ser postas em prática: "Estamos atualizando o processo de como nossas agências apresentam planos de investimento. Estabelecemos o objetivo de mudar uma coisa por semana. Nossa abordagem é progressiva. Toda semana temos um produto potencialmente utilizável e que pode ser experimentado pelas agências. Elas recebem algo tangível." "Produto utilizável", nesse caso, significa que as mudanças nas políticas estaduais podem ser postas em prática. Não precisa ser uma grande transformação; só tem de ser algo que crie valor.

Em vez de tentar criar um documento enorme e superabrangente que preveja cada parte do processo, a equipe decidiu dividir o trabalho em partes. O objetivo é entregar toda semana uma melhoria na forma como o estado é administrado.

DeAngelo conta que as reações têm sido controversas. Há um grande medo de que o departamento não entregue o produto perfeito. Em agosto de 2013, ele disse: "Na semana passada, fizemos uma alteração na forma como os clientes podem entrar em contato conosco. Mas os contatos antigos ainda não foram alterados em vários lugares – no nosso site, em documentos, esse tipo de coisa. Então havia todas essas outras coisas que a gente teria de mudar (antes). Decidimos não esperar, simplesmente mudamos o contato. Vamos atualizar a documentação no próximo sprint. A alternativa era não dar ao público uma forma de atendimento melhor durante meses [...], mas aí estaríamos privando-o de valor."

O departamento de TI também está tentando implementar o Scrum em toda a burocracia estadual. É por isso que seus processos foram adaptados ao Scrum: para que a equipe sirva de exemplo, para que possa falar por experiência própria. Há tantos benefícios que é injustificável não aplicar o método.

Mas existem alguns obstáculos. DeAngelo conta que eles perceberam que, em alguns casos, o método em cascata foi incorporado às leis estaduais. Mudar isso pode ser difícil. O estado de Washington realiza seus financiamentos em ciclos de dois anos. "Você é obrigado a pedir grandes volumes de trabalho. Não podemos falar que vamos agregar valor até que nos digam que já fizemos o suficiente", afirma DeAngelo.

"O governo quer saber que vai custar uma determinada quantidade de dinheiro e que vamos obter uma determinada quantidade de valor em um determinado período de tempo. Isso é feito para que o governo possa apresentar os projetos para os cidadãos. Mesmo que a gente saiba que é um método muito menos eficiente."

Parte do problema é que, nos Estados Unidos, tanto no nível federal quanto no estadual, os legisladores são divididos em comitês. Um grupo cuida da educação, outro se incumbe dos crimes, outro trata do orçamento e ainda há outro que se concentra nos serviços sociais.

"Eles são divididos. Nunca examinam o quadro completo", diz Rick Anderson, que atua como consultor para agências estaduais, condados e cidades em Washington, no Oregon, na Califórnia e no Havaí. Anderson já trabalhou com legisladores e diz que, embora isso possa levar algum tempo, é necessário que haja mudanças.

Ele acredita que os legisladores devem começar a definir metas baseadas em desempenho. "Certo, Agência X, aqui estão seus objetivos, aqui estão os resultados esperados. Quando tivermos isso, poderemos começar a elaborar legislações baseadas em resultados", afirma Anderson.

Em um mundo reformulado, conduzido de acordo com o Scrum, em vez de aprovar um plano específico para construir uma ponte sobre um rio, um órgão legislativo diria para o Departamento de Estradas: "Queremos que um número X de pessoas seja capaz de atravessar esse curso de água em uma quantidade Y de tempo com um custo Z. Como fazer isso é com vocês." Isso permitiria que houvesse descoberta e inovação.

Em vez disso, hoje em dia a norma são projetos de construção que ultrapassam o orçamento em centenas de milhões de dólares. O motivo? À medida que trabalham no projeto, as equipes descobrem novos problemas e novas formas de resolvê-los. Em vez de sufocar essas inovações com conselhos de controle de alterações e uma quantidade gigantesca de relatórios, deveríamos encorajá-las.

E aqueles ideais com os quais comecei este capítulo, quando uma sociedade se molda através de um documento? Digamos, a Constituição? Bem, um país decidiu que, para elaborar uma Constituição que de fato representasse a vontade do povo, o Scrum deveria ser posto em prática.

Em 2008, uma crise financeira que poderia ter sido evitada atingiu o mundo. Os grandes bancos elevaram os preços às alturas, reerguendo-se repetidas vezes por meio de inúmeros empréstimos que nunca poderiam ser pagos. Um dos países mais atingidos foi a Islândia. Lá, bancos privatizados foram desvinculados do governo e se arriscaram imensamente no mercado financeiro. Como dizem em Wall Street, se não sabe quem é o otário na sala, então o otário é você. Nesse caso, a Islândia era o otário. A quantidade de dinheiro que eles pegaram emprestado era surpreendente para um país tão pequeno. Em dado momento, os bancos foram avaliados em 12 vezes o tamanho do orçamento nacional. Quando tudo desabou, o "milagre econômico" islandês foi destruído.

Indignados, os cidadãos de Reykjavik tomaram as ruas e bateram panelas do lado de fora do Althing, a sede do parlamento do país. O governo, que supervisionara as práticas financeiras, foi derrubado naquela que ficou conhecida como a "Revolução dos Panelaços", renunciou, e uma nova liderança prometeu uma nova constituição.

Para redigir essa constituição, algumas autoridades decidiram adotar uma abordagem aberta que envolvesse o povo. Então formaram um comitê constituinte que resolveu usar o Scrum. O comitê se reunia toda semana, resolvia uma parte do documento e a entregava ao público toda quinta-feira. Depois recebia o feedback das pessoas através do Facebook e do Twitter. Em questão de meses, o comitê tinha uma nova constituição que ganhara o apoio esmagador da população islandesa. Era uma nova expressão de como o povo via a si próprio.

Infelizmente, os poderes que tinham se beneficiado da fraude financeira contra-atacaram. Após promover atraso após atraso – depois de confundir, protestar e agir contra a vontade do povo –, um novo parlamento constituído pelos mesmos partidos que haviam supervisionado a destruição da economia islandesa decidiu ignorar a nova constituição. Uma das principais exigências da revolução foi negada. Pelo menos por enquanto.

O mundo está mudando e, em pouco tempo, aqueles que lucram com segredos e embustes não vão poder mais se esconder. O Scrum está mudando tudo à volta deles. Eles podem lutar na retaguarda, mas as transformações são inevitáveis. A estrutura do Scrum é tão mais rápida, transparente e sensível à vontade do povo que acabará por derrotar os políticos que se colocarem no seu caminho.

É mudar ou morrer.

Como todos nós trabalharemos um dia

Já falei neste livro sobre o conceito *Shu Ha Ri*, que vem das artes marciais. Os indivíduos no estado *Shu* seguem as regras de maneira estrita, para aprender as ideias por trás delas. As pessoas no estado *Ha* começam a criar seu estilo dentro das regras, adaptando-as a suas necessidades. Os indivíduos no estado *Ri* têm uma existência que transcende as regras; eles incorporam os ideais. Assistir a um verdadeiro mestre no estado *Ri* é como observar uma obra de arte em movimento. As ações parecem impossíveis, mas isso ocorre porque o mestre se transformou em uma filosofia de carne e osso, uma ideia materializada.

Digo tudo isso porque *há* algumas regras no Scrum, e você faria bem em aprendê-las e transcendê-las. Eu as listei no Apêndice deste livro, “Implementando o Scrum – Como começar”, e em todos os capítulos expliquei por que essas regras existem, incentivando você, espero, a aplicá-las em sua vida pessoal, em sua empresa e em sua comunidade. Porém o paradoxo dessas regras é que elas eliminam fronteiras e criam liberdade – e, para muitos, a liberdade pode ser assustadora.

Uma empresa que aprendeu a deixar seus funcionários livres *e* a otimizar a inovação é a Valve. Observando essa empresa, vemos como todos nós temos a capacidade inerente de organização, seja para desenvolver softwares melhores, ajudar as pessoas a saírem da pobreza, planejar um casamento ou reformar uma casa.

Criada na década de 1990 como uma produtora de videogames que desenvolveu sucessos revolucionários como Half-Life e Portal, a Valve é totalmente autofinanciada e dona de toda a sua propriedade intelectual. Quase todos os seus mais de 300 funcionários trabalham em um único edifício em Bellevue, no estado de Washington. A empresa tem mais de 50 milhões de clientes e uma receita de centenas de milhões de dólares por ano. E não há ninguém realmente no comando.

A Valve se originou da Microsoft. Hoje em dia, a Microsoft é uma empresa muito diferente, mas na década de 1990 ela era o epítome da corporação comandada de cima para baixo. Todo mundo se definia pela posição que ocupava na pirâmide corporativa em relação ao fundador e CEO, Bill Gates – que naquela época era o homem mais rico do mundo e continua entre os mais ricos.

Greg Coomer faz parte do grupo que fundou a Valve. Ele trabalhava para Gabe Newell, que dirigia um grupo de desenvolvimento da Microsoft. Greg descreve como a supervalorização dos cargos corporativos influenciava até mesmo as ferramentas que os funcionários usavam: "Na Microsoft, havia um plug-in do Outlook chamado 'Org Chart'. Quando recebiam um e-mail, todas as pessoas clicavam nesse plug-in para ver qual era o nível do remetente dentro da organização. A quantos cliques de distância de Bill esse funcionário estava, quantos subordinados diretos tinha, se era um inimigo ou um aliado – tudo isso podia ser descoberto a partir da posição do indivíduo no Org Chart."

Greg diz que, se diminuísse o zoom, você via uma pirâmide gigantesca com Bill no topo. Se aumentasse o zoom, havia blocos de pirâmides menores. "Eram pirâmides e mais pirâmides."

Exceto no grupo de Gabe Newell. Havia algumas centenas de pessoas nele e todas elas se reportavam diretamente a Newell. "O departamento se destacava visualmente no aplicativo Org Chart", conta Greg. "Era algo que não se encaixava. E isso estava causando problemas políticos, porque Gabe não tinha a quantidade certa de gerentes ou a estrutura correta." A resposta da empresa foi similar à que ocorre quando os glóbulos brancos do sangue se concentram para atacar uma infecção. Hoje em dia, é claro, a Microsoft já tem 3 mil pessoas que trabalham em equipes Scrum e pretende aumentar esse número para cerca de 20 mil pessoas. Mas naquela época a "infecção" precisava ser eliminada.

Então Gabe, Greg e alguns outros colegas saíram da Microsoft e montaram a própria empresa, a Valve. Há alguns anos, Greg tentou formular um manual do funcionário explicando como a Valve funciona. O documento não listava níveis de remuneração nem dizia se óculos eram dedutíveis do imposto descontado em folha. Em vez disso, era uma tentativa de transmitir o espírito da Valve.

"Descobri que as pessoas estavam levando de nove a 16 meses para internalizar o jeito Valve de fazer as coisas. Demorava muito tempo para as pessoas se sentirem no controle", diz Greg. O documento tinha como objetivo fazer com que os indivíduos se sentissem à vontade mais rápido, mas Greg e os outros fundadores tiveram dificuldade com as palavras, porque não queriam que a explicação parecesse vir de cima. A primeira seção é "Bem-vindo à Horizontelândia":

> Esta é a nossa forma abreviada de dizer que não temos gerência e ninguém "é subordinado" a ninguém. Temos, sim, um fundador/presidente, mas nem mesmo ele é seu gerente. Nesta empresa, você dirige – em direção a oportunidades e para longe de riscos. Você tem o poder de aprovar projetos. Você tem o poder de enviar produtos.
>
> Uma estrutura plana remove todas as barreiras organizacionais entre o seu trabalho e o cliente que desfruta desse trabalho. Toda empresa lhe dirá que "o cliente é o chefe", mas aqui essa declaração tem peso. Não há nenhuma burocracia que o impeça de descobrir por si próprio o que nossos clientes querem e, em seguida, dar isso a eles.

Se estiver pensando "Uau, isso parece muita responsabilidade", você está certo.[2]

Eis como um projeto começa na Valve: alguém decide começá-lo. Só isso. Você decide qual é o melhor uso do seu tempo e da sua energia, o que vai servir à empresa e ao cliente da melhor maneira e executa esse plano. Como consegue trazer pessoas para trabalhar no projeto? Você precisa convencê-las. Se uma pessoa achar que sua ideia é boa, ela entra na sua equipe, ou "conspiração", como eles chamam na Valve. Todas as centenas de mesas na Valve têm rodinhas. Quando começam a trabalhar juntas em um projeto, as pessoas aderem com suas mesas, movendo-as para uma nova configuração.

Greg explica como esse sistema funcionou em um produto chamado "Big Picture". Um dos maiores produtos da Valve é a plataforma Steam, que oferece videogames e softwares para os usuários. Tanto jogos da Valve quanto jogos de terceiros estão na plataforma. Hoje, ela é a forma de entrega mais comum para jogos de PC. Mas, como Greg recorda, em dado momento ele e alguns colegas temiam que já estivessem alcançando o maior número possível de clientes, mais de 50 milhões.

"Começamos a pensar em como nossa empresa estava crescendo e em como o Steam estava crescendo e pensamos que já tínhamos o número máximo de clientes que poderíamos atingir. Queríamos alcançar pessoas em outros lugares, nas salas de estar, em dispositivos móveis, no que fosse."

Então ele começou a falar com algumas pessoas – designers e profissionais de outras áreas. Ele as convenceu de que era uma boa ideia inventar algo que funcionasse em televisores, celulares e tablets, e o grupo criou a ideia do Big Picture – um meio de fornecer videogames para essas plataformas. Mas os indivíduos que Greg tinha convencido não possuíam todas as habilidades necessárias para executar o projeto. Eles sabiam como queriam que fosse o Big Picture, mas não tinham a capacidade de implementá-lo.

"Começamos a fazer um protótipo de como poderia ser a interface e, em seguida, fizemos um filme para mostrar como seria legal. E usamos esse filme para recrutar pessoas para o projeto. Nós não tínhamos como escrever o código, por isso precisávamos recrutar pessoas que tivessem essa habilidade."

E foi o que fizeram. O produto foi lançado cerca de um ano depois. Quem decidiu quando lançá-lo? As pessoas que trabalharam nele. Quem decidiu que estava bom o suficiente? As pessoas que trabalharam nele.

"Quando uma empresa se otimiza em torno da inovação, ela costuma mudar de modo fundamental, eliminando estruturas e hierarquias internas, qualquer estrutura interna", declara Greg. A Valve opera dessa forma o tempo todo. Eles não esperam ser obrigados a mudar por conta de uma crise; mudam *constantemente*. É assim que a empresa é tocada no dia a dia. O manual da Valve declara:

> A Valve não é avessa a toda estrutura organizacional – ela acaba brotando em muitas formas o tempo todo, temporariamente. Mas surgem problemas quando a hierarquia ou as divisões codificadas de trabalho não são criadas pelos integrantes do grupo ou quando tais estruturas persistem por longos períodos. Acreditamos que, de maneira inevitável, essas estruturas começam a servir a suas necessidades, e não às necessidades dos clientes da Valve. A hierarquia começará a reforçar sua estrutura por meio da contratação de pessoas que se encaixem em seu formato e pela adição de indivíduos para preencher funções subordinadas de apoio. Seus membros também são incentivados a desenvolver comportamentos de busca de ganhos pessoais que se aproveitam da estrutura de poder em vez de se concentrarem em simplesmente entregar valor aos clientes.[3]

Pode parecer que a Valve é vulnerável a aproveitadores – pessoas que querem se aproveitar do sistema –, mas há constantes avaliações entre os colegas. Claro, os indivíduos podem decidir em que querem trabalhar, mas, se não conseguirem convencer ninguém de que sua ideia é boa, talvez ela realmente não seja. Greg diz que, em vez do *luxo* de ter alguém para lhe dizer o que fazer, você tem um grupo de colegas que declaram o que pensam daquilo que você decidiu fazer.

Não é um sistema perfeito. Nenhuma organização humana é perfeita. Mas na Valve, em geral, questões relativas a funcionários são levantadas por colegas de equipe que conversam entre si. Eles podem decidir consultar outras pessoas. Isso pode resultar em feedback, em uma advertência severa ou até mesmo em demissão. Mas a decisão é tomada em conjunto.

A exceção ocorreu em 2013, quando a Valve desenvolveu um problema com o qual seu sistema não foi capaz de lidar. Pela primeira vez, eles contrataram um grupo grande de pessoas ao mesmo tempo. A empresa tinha decidido se aventurar no setor de hardware e dispositivos móveis, mas a equipe não tinha as habilidades necessárias para isso. Então várias pessoas foram contratadas para resolver a questão.

Mas a contratação simultânea de tantas pessoas que não eram acostumadas à cultura da Valve acabou causando problemas. Surgiram bolsões de funcionários que não tomavam as decisões segundo a tradição da Valve. *Eles diziam a outras pessoas o que fazer.* E, pior ainda, não tinham um desempenho compatível com os padrões da Valve. Normalmente, outros membros da equipe não iam tolerar esse tipo de comportamento, mas, como todos eram novos no grupo, seus colegas não confiavam suficientemente no método da Valve para tomar uma atitude.

"Então um grupo de funcionários do núcleo da Valve, que trabalhava na companhia havia bastante tempo, entrou em ação para proteger a cultura da empresa. Embora eles tenham precisado agir de uma maneira que *não correspondia* à cultura para fazer isso", conta Greg. A empresa demitiu dezenas de pessoas de uma vez. Ao conversar com Greg, pude perceber que ele encara isso como um fracasso. Ele descreve a situação como uma reação quase biológica, estranhamente similar à forma como a Microsoft agiu em relação aos fundadores da Valve: organismos que atacam invasores externos para proteger o todo.

"Temos conversado muito sobre o que significa, para nossos objetivos declarados, o fato de termos agido de um modo que não corresponde a eles", reflete Greg. "E sobre como podemos evitar isso no futuro, para não precisarmos contar com um grupo de pessoas que estão na empresa há muito tempo." Ele faz uma pausa e então diz, confiante: "Em um ano, vamos ter resolvido isso."

Greg tem fé no que a empresa realizou: uma tentativa reiterada de maximizar a liberdade, a capacidade e a criatividade humanas. Podem ter surgido percalços ocasionais, mas essa forma de funcionamento é poderosa demais para não ser replicada.

"Esta é uma inovação capitalista tão poderosa quanto muitas das inovações industriais que mudaram a natureza do trabalho", comenta. "Ela é tão útil e tão bem-sucedida que não é possível que não seja uma força de mudança no mundo."

A Valve usa o Scrum? Bem, segundo Greg, se andar pelos corredores, você verá um monte de quadros brancos sobre rodinhas cobertos com post-its. Mas eles não *obrigam* as pessoas a usar o método; permitem que os funcionários decidam qual processo é o melhor para o seu grupo. Como acontece com a maioria dos assuntos, Greg e os outros fundadores se abstêm de dizer às pessoas o que fazer. Mas muitos funcionários da Valve resolveram que, já que podem escolher o método que quiserem, eles preferem o Scrum. E isso basta para mim.

Ainda não existem muitas empresas como a Valve. No entanto, mais e mais surgem a cada dia. E não só no universo dos softwares. A Morning Star, líder mundial em processamento de tomates, não tem chefes. Cada funcionário negocia suas funções e responsabilidades com os colegas, quer elas envolvam vender os produtos, dirigir caminhões ou elaborar projetos sofisticados. Em qualquer empresa, em primeiro lugar, você precisa que os funcionários se libertem e, em seguida, tem de fazer com que eles aceitem a responsabilidade que provém disso.

Ou, como o Funkadelic disse nos idos de 1970: "Liberte a sua mente... e seu traseiro a seguirá."

O que não podemos fazer?

Talvez o ceticismo seja uma resposta racional ao desespero, mas ele é uma das concepções humanas mais corrosivas. Os primeiros anos deste século têm sido abundantes em termos de elementos que causam ceticismo: guerras sem sentido disfarçadas de patriotismo, terrorismo niilista fantasiado de fé, ambição disfarçada de razão ideológica, políticos ambiciosos que perseguem os próprios fins egoístas.

O cético suspira com conhecimento de causa e diz: "É assim que o mundo funciona. Os seres humanos são essencialmente corruptos e egoístas. Fingir o contrário é ingenuidade." Dessa forma, eles justificam restrições e racionalizam limites.

Ao longo das últimas duas décadas, mergulhei na leitura de textos sobre o que gera a excelência. A resposta surpreendente é que, em sua essência, os seres humanos *querem* ser grandes. As pessoas querem fazer algo que tenha um propósito, querem tornar o mundo um lugar melhor, ainda que só um pouquinho. O segredo é se livrar do que está atravancando seu caminho, eliminar aquilo que impede que você se torne quem é capaz de ser.

É isso que o Scrum faz. Ele define metas e, de forma sistemática, passo a passo, desvenda como chegar lá. E, o que é ainda mais importante, identifica o que está nos impedindo de chegar ao nosso destino.

O Scrum é o código do anticético. Ele não espera passivamente por um mundo melhor nem se rende ao que existe. Pelo contrário, é um método prático e acionável para implementar a mudança. Conheço projetos Scrum destinados a entregar vacinas para crianças em situação de risco, construir casas de forma mais barata, eliminar a corrupção, capturar criminosos perigosos, erradicar a fome e enviar pessoas para outros planetas.

Os projetos que mencionei não são desejos utópicos. Pelo contrário, são planos que podem ser colocados em prática. Não se engane, esses planos terão de ser inspecionados, adaptados e modificados a cada passo do caminho, mas eles estão em *movimento*. No mundo inteiro estão ocorrendo ciclos rápidos que nos impulsionam em direção a uma realidade melhor.

É isto que eu espero que você leve deste livro: o conhecimento de que é possível – de que você pode mudar as coisas, de que você não tem de aceitar a maneira como elas são.

> Todos os homens sonham, mas não da mesma forma. Aqueles que sonham de noite, nos recessos empoeirados de suas mentes, acordam de manhã e descobrem que era tudo vaidade. Mas aqueles que sonham de dia são homens perigosos, pois podem realizar seus sonhos de olhos abertos, tornando-os possíveis.[4]
>
> – T.E. Lawrence, *Os sete pilares da sabedoria*

Não dê ouvidos aos céticos que lhe dizem o que é impossível. Surpreenda-os com aquilo de que você é capaz.

RESUMO

- **O Scrum acelera todos os empreendimentos humanos.** Não importa o tipo de projeto ou problema – o Scrum pode ser usado para melhorar o desempenho e os resultados em qualquer empreendimento.
- **Scrum para escolas.** Na Holanda, um número crescente de professores usa o Scrum para dar aula no ensino médio. Eles veem uma melhora quase imediata de mais de 10% nos resultados de provas. E têm obtido o engajamento de todos os tipos de aluno, desde os que querem seguir uma profissão mais simples até os superdotados.
- **O Scrum contra a pobreza.** Em Uganda, a Fundação Grameen usa o Scrum para fornecer dados agrícolas e de mercado a agricultores

pobres. O resultado: o dobro da produção e o dobro da receita para algumas das pessoas mais pobres do planeta.

- **Rasgue seus cartões de visita.** Livre-se de todos os títulos, de todos os gerentes, de todas as estruturas. Dê às pessoas a liberdade de fazerem o que acham melhor e a responsabilidade pelas suas decisões. Você se surpreenderá com os resultados.

APÊNDICE

Implementando o Scrum – Como começar

Agora que você já leu o livro, eis um resumo de como começar um projeto Scrum. Esta é uma descrição bem generalizada do processo, mas deve ser o suficiente para começar. O livro até aqui lhe deu o *porquê* por trás do Scrum. Este apêndice lhe dará, de forma abreviada, o *como*.

1. Escolha um **Product Owner**. Essa pessoa é quem tem a visão do que sua equipe fará, produzirá ou realizará. Ela leva em consideração os riscos e as recompensas, o que pode ser feito e aquilo pelo que se tem paixão. (Veja o Capítulo 8: Prioridades, para mais informações.)

2. Selecione uma **equipe**. Quem serão as pessoas que realizarão o trabalho? Essa equipe precisa possuir todas as habilidades necessárias para pegar a visão do Product Owner e concretizá-la. As equipes devem ser pequenas – de três a nove pessoas é a regra geral. (Veja o Capítulo 3: Equipes, para saber mais.)

3. Escolha um **Scrum Master**. Esse é o indivíduo que treinará o resto

da equipe na estrutura do Scrum e ajudará os outros integrantes a eliminar qualquer coisa que esteja diminuindo seu ritmo. (Veja o Capítulo 4: Desperdício, para saber mais.)

4. Crie e ordene, de acordo com as prioridades, um **backlog** do produto. Trata-se de uma lista de tudo que precisa ser construído ou realizado para que a visão se torne realidade. Essa lista existe e evolui ao longo de toda a vida do produto; ela é o mapa do produto. A qualquer momento, o backlog é a visão única e definitiva de "tudo que a equipe poderia um dia vir a realizar, em ordem de prioridade". Só existe um backlog do produto. Isso significa que o Product Owner precisa tomar decisões sobre como priorizar as tarefas ao longo de todo o projeto e deve consultar todos os envolvidos e a equipe para se certificar de que está representando tanto o que as pessoas querem quanto o que é possível ser feito. (Veja o Capítulo 8: Prioridades, para mais informações.)

5. Refine e estime o **backlog**. É crucial que as pessoas que irão de fato completar os itens da lista estimem quanto esforço eles demandarão. A equipe deve olhar para cada item do backlog e ver se ele é realmente factível. Há informações suficientes para realizar a tarefa? Ela é pequena o bastante para ser estimada? Existe uma definição de "Feito", isto é, todo mundo concorda com os critérios que devem ser cumpridos para que algo seja considerado "Feito"? A tarefa cria valor visível? Deve ser possível exibir, demonstrar e – espera-se – entregar para o cliente qualquer um dos itens. Não estime o backlog em horas, porque as pessoas são péssimas nisso. Estime as tarefas de acordo com um tamanho relativo: pequeno, médio ou grande. Ou, melhor ainda, use a sequência de Fibonacci e estime o valor de cada item em pontos: 1, 2, 3, 5, 8, 13, 21 etc. (Veja o Capítulo 6: Planeje a realidade, não a fantasia, para saber mais.)

6. **Planejamento do sprint**. Essa é a primeira reunião do Scrum. A equipe, o Scrum Master e o Product Owner se sentam para planejar o sprint. Os sprints sempre têm uma duração determinada, que deve ser inferior a um mês. Hoje em dia, a maioria das pessoas realiza sprints de uma ou duas semanas. A equipe olha para o topo do backlog e prevê quantas tarefas conseguirá realizar no sprint em questão. Se já tiver realizado alguns ciclos, o grupo deve verificar o número de pontos que realizou no sprint anterior. Esse número é conhecido como a **velocidade** da equipe. O Scrum Master e o grupo devem tentar aumentar esse número a cada sprint. Essa é outra oportunidade para que a equipe e o Product Owner se certifiquem de que todos entendem exatamente como esses itens contribuirão para completar a visão. Além disso, durante esse encontro, todos devem entrar em acordo em relação a uma meta do sprint, o que todo mundo quer realizar nesse ciclo.

   Um dos pilares do Scrum é que, uma vez que a equipe tenha se comprometido com o que acredita que pode realizar em um sprint, esse objetivo seja selado. Ele não pode ser mudado e nada pode ser acrescentado a ele. A equipe precisa trabalhar de forma autônoma durante o sprint para completar aquilo que previu que faria. (Veja o Capítulo 4: Tempo, e o Capítulo 6: Planeje a realidade, não a fantasia, para saber mais.)

7. **Torne o trabalho visível**. A maneira mais comum de fazer isso no Scrum é criar um **Quadro Scrum** com três colunas: "A Fazer", "Fazendo" e "Feito". Post-its representam as tarefas que devem ser realizadas e a equipe move esses itens pelo quadro Scrum conforme eles vão sendo completados, um a um.

   Outra maneira de tornar o trabalho visível é criar um **gráfico de *burndown***. Um eixo representa o número de pontos que a equipe designou para o sprint e outro representa o número de dias. Todo dia o Scrum Master calcula o número de pontos realizados e acrescenta essa informação ao gráfico. O ideal é que haja uma linha descendente em direção a zero ponto restante no último dia do sprint. (Veja o Capítulo 7: Felicidade, para mais informações.)

8. **Reunião diária em pé** ou **Scrum diário**. Essas são as batidas do coração do Scrum. Todo dia, no mesmo horário, durante não mais do que 15 minutos, a equipe e o Scrum Master se reúnem e respondem a três perguntas:
   - O que você fez ontem para ajudar a equipe a concluir o sprint?
   - O que você fará hoje para ajudar a equipe a concluir o sprint?
   - Há algum obstáculo que esteja impedindo você ou a equipe de alcançar a meta do sprint?

   Só isso. A reunião se resume a isso. Se ela levar mais de 15 minutos, isso significa que você a está realizando da forma errada. Esse encontro ajuda a equipe inteira a saber exatamente em que ponto as coisas estão no sprint. Todas as tarefas serão completadas a tempo? Há oportunidades para auxiliar outros integrantes do grupo a superar obstáculos? Não existe a prática de delegar tarefas de cima para baixo. A equipe é autônoma, são os integrantes que fazem isso. Ninguém faz um relatório detalhado para a gerência. O Scrum Master é responsável por fazer com que os obstáculos ao progresso da equipe sejam eliminados. (Veja o Capítulo 4: Tempo, e o Capítulo 6: Planeje a realidade, não a fantasia, para saber mais.)

9. **Revisão do sprint** ou **Demonstração do sprint**. Essa é a reunião em que a equipe mostra o que realizou durante o sprint. Qualquer um pode participar, não apenas o Product Owner, o Scrum Master e a equipe, mas também todas as partes interessadas, como a diretoria da empresa, os clientes etc. Essa é uma reunião aberta em que a equipe demonstra o que conseguiu mover para a coluna "Feito" durante o ciclo.

   A equipe só deve demonstrar o que atender à definição de "Feito", ou seja, o que estiver totalmente terminado e puder ser entregue sem mais nenhum trabalho. Pode não ser um produto completo, mas deve ser uma funcionalidade completa de um produto. (Veja o Capítulo 4: Tempo, para mais informações.)

10. **Retrospectiva do sprint**. Depois que tiver mostrado o que conseguiu realizar durante o último sprint – aquilo que está "Feito" e já pode ser enviado para os clientes para que receba feedback –, a equipe se reúne e pensa no que deu certo, no que poderia ter sido melhor e no que pode ser melhorado no sprint seguinte. Qual é o aprimoramento no processo que os integrantes da equipe, em grupo, podem implementar de modo imediato?

    Para que seja eficaz, essa reunião requer certa maturidade emocional e um clima de confiança. O segredo é se lembrar de que vocês não estão procurando alguém em quem pôr a culpa; estão examinando o processo. Por que isso aconteceu dessa maneira? Por que não percebemos aquilo? Como podemos trabalhar mais rápido? É crucial que o grupo se responsabilize pelo processo e pelos resultados e busque soluções em equipe. Ao mesmo tempo, as pessoas precisam ter estrutura emocional para abordar as questões que as incomodam de modo a buscar uma solução, de maneira não acusatória. E o resto do grupo precisa ter maturidade para ouvir o feedback, levá-lo em consideração e procurar uma solução em vez de ficar na defensiva.

    Ao fim da reunião, a equipe e o Scrum Master devem combinar qual é o aprimoramento no processo que será implementado no sprint seguinte. Esse aprimoramento, que às vezes é chamado de *kaizen*, deve ser incluído no backlog do sprint seguinte, com testes de aceitação. Assim, o grupo pode verificar com facilidade se conseguiu implementar a melhoria e qual foi o efeito dela na velocidade. (Veja o Capítulo 7: Felicidade, para saber mais.)

11. Comece de imediato o sprint seguinte, levando em consideração a experiência da equipe em relação aos obstáculos e os aprimoramentos no processo.

Agradecimentos

Nenhum projeto é resultado do trabalho de uma só pessoa, e sim o produto de uma equipe, e este livro não é exceção.

Em primeiro lugar, gostaria de agradecer a meu filho, J.J. Sutherland, que deu a sugestão de escrevermos juntos um livro sobre a extraordinária jornada pela qual o Scrum me levou há alguns anos. Ele queria dar uma pausa depois de uma década correndo atrás de guerras e desastres para a NPR e achava que contar a história de como o Scrum surgiu, por que o método funciona e como ele mudou o mundo não seria apenas importante, mas também muito divertido. O livro que você tem nas mãos, apesar de conter minha história, é o produto de muitas horas que passamos juntos, mas foi ele quem pôs as palavras no papel.

Howard Yoon, o agente literário mais esperto que existe, pediu que pensássemos grande, em algo mais amplo e abrangente. Suas dicas, seus conselhos, sua sabedoria e seu know-how perspicaz não apenas tornaram este livro possível, mas também o elevaram a outro patamar.

Não é sempre que alguém tem a chance de trabalhar com um verdadeiro mestre em seu ofício, e tive muita sorte em ter essa oportunidade com Rick Horgan, do Crown Publishing Group. Seu trabalho hábil e meticuloso torna as coisas *melhores*. E ele faz tudo parecer tão *fácil*. Tiro o meu chapéu e agradeço de verdade a ele.

O Product Owner chefe Alex Brown, Joe Justice e o resto da equipe da Scrum, Inc. compartilharam suas ideias críticas, sua energia ilimitada e sua experiência profunda.

Também gostaria de agradecer:

Aos professores Hirotaka Takeuchi e Ikujiro Nonaka, cujo trabalho foi a centelha da ideia do Scrum e que, desde então, tornaram-se bons amigos.

A meu cocriador, Ken Schwaber, cuja obstinação irascível ajudou a formatar o Scrum e a torná-lo a força que é hoje.

Acima de tudo, a minha esposa, Arline. Ela esteve ao meu lado desde o começo e, como ministra unitário-universalista, apresentou o Scrum a muitas igrejas. Ela tornou o mundo um lugar melhor quando nos mostrou como aplicar o Scrum em uma organização inteira.

E, por fim, gostaria de agradecer às centenas de milhares de Scrum Masters, Product Owners e equipes ao redor do planeta que realmente vivem o Scrum todo dia. Vocês fazem com que o Scrum seja essa força vibrante e positiva no mundo e nunca deixam de me impressionar com tudo que conseguiram realizar com ele.

Notas

Capítulo 1

1. Eggen, Dan; Witte, Griff. "The FBI's Upgrade That Wasn't; $170 Million Boughtan Unusable Computer System" (A melhoria do FBI que não se concretizou; 170 milhões de dólares gastos em um sistema de computador inútil). *Washington Post,* 18 de agosto de 2006.
2. *Status of the Federal Bureau of Investigation's Implementation of the Sentinel Project* (Status da implementação do projeto Sentinel pelo FBI). Departamento de Justiça dos Estados Unidos, Gabinete do Inspetor-geral. Relatório 11-01, outubro de 2010.
3. Ibid.
4. Ohno, Taiichi. *O Sistema Toyota de Produção: além da produção em larga escala.* Porto Alegre: Bookman, 1997.
5. Roosevelt, Theodore. "Cidadania numa República". Discurso dado na Sorbonne, Paris, França, em 23 de abril de 1910.

Capítulo 2

1. Takeuchi, Hirotaka; Nonaka, Ikujiro. "The New New Product Development Game" (O novo jogo para desenvolvimento de novos produtos). *Harvard Business Review*, janeiro/fevereiro de 1986: 285-305.
2. Schwaber, Ken. "Scrum Development Process" (Processo de desenvolvimento Scrum). In: Sutherland, J.; Patel, D.; Casanave, C.; Miller, J.; Hollowell, G. (orgs.). *OOPSLA Business Object Design and Implementation Workshop*. Londres: Springer, 1997.
3. Deming, W. Edwards. "To Management" (Para a gerência). Discurso dado no Centro de Conferências Mt. Hakone, Japão, 1950.

Capítulo 3

1. Takeuchi, Hirotaka; Nonaka, Ikujiro. "The New New Product Development Game" (O novo jogo para desenvolvimento de novos produtos). *Harvard Business Review*, janeiro/fevereiro de 1986: 285-305.
2. MacArthur, Douglas. "The Long Gray Line" (A grande linha cinza). Discurso dado em West Point, Nova York, 1962.
3. Ibid.
4. Feynman, Richard. *Report of the Presidential Commission on the Space Shuttle Challenger Accident*, Appendix F – Personal Observations on Reliability of Shuttle (Relatório da comissão presidencial sobre o acidente do ônibus espacial Challenger: Apêndice F – Observações pessoais quanto à segurança da espaçonave). Relatório (1986).
5. Warrick, Joby; Wright, Robin. "U.S. Teams Weaken Insurgency In Iraq" (Equipes americanas enfraquecem a rebelião no Iraque). *Washington Post*, 6 de setembro de 2006.
6. Flynn, Michael; Jergens, Rich; Cantrell, Thomas. "Employing ISR: SOF Best Practices" (Aplicação da pesquisa de sistemas de informação: melhores práticas das forças de operações especiais). *Joint Force Quarterly*, 50, 3º trimestre de 2008: 60.
7. Lamb, Christopher; Munsing, Evan. "Secret Weapon: High-value Target

Teams as an Organizational Innovation" (Arma secreta: equipes para alvos de alto valor como uma inovação organizacional). Institute for National Strategic Studies: Strategic Perspectives, nº 4, 2011.

8. Brooks, Frederick P. *O mítico homem-mês: ensaios sobre engenharia de software*. Rio de Janeiro: Elsevier, 2009.
9. Cowan, Nelson. "The Magical Number 4 in Short-Term Memory: A Reconsideration of Mental Storage Capacity" (O mágico número 4 na memória de curto prazo: uma reconsideração da capacidade de armazenamento mental). *Behavioral and Brain Sciences*, nº 24, 2001: 87-185.
10. Nisbett, Richard; Caputo, Craig; Legant, Patricia; Marecek, Jeanne. "Behavior as Seen by the Actor and as Seen by the Observer" (Comportamento conforme percebido pelo agente e como percebido pelo observador). *Journal of Personality and Social Psychology*, 27.2, 1973: 154-164.
11. Milgram, Stanley. "The Perils of Obedience" (Os perigos da obediência). *Harper's Magazine*,1974.

Capítulo 4

1. Marvell, Andrew. "To His Coy Mistress" (Para sua recatada amante), 1681.

Capítulo 5

1. Ohno, Taiichi. *O Sistema Toyota de Produção: além da produção em larga escala*. Porto Alegre: Bookman, 1997.
2. Strayer, David; Drews, Frank; Crouch, Dennis. "A Comparison of the Cell Phone Driver and the Drunk Driver" (Uma comparação entre o motorista que fala ao celular e o motorista bêbado). *Human Factors*, 48.2, verão de 2006: 381-391.
3. Sanbonmatsu, D.M.; Strayer, D.L.; Medeiros-Ward, N.; Watson, J.M. "Who MultiTasks and Why? Multi-Tasking Ability, Perceived Multi-Tasking Ability, Impulsivity, and Sensation Seeking" (Quem realiza multitarefas e por quê? A capacidade de realizar multitarefas, a capacidade percebida de

realizar multitarefas, a impulsividade e a busca de sensações). *PLoS ONE*, 8(1): 2013.

4. Weinberg, Gerald M. *Software com qualidade*. São Paulo: Makron Books (vários volumes).
5. Pashler, Harold. "Dual-task Interference in Simple Tasks: Data and Theory" (Interferência dual de tarefas em tarefas simples: dados e teoria). *Psychological Bulletin*, 116.2, 1994: 220-244.
6. Charron, Sylvain; Koechlin, Etienne. "Divided Representation of Concurrent Goals in the Human Frontal Lobes" (Representação dividida de objetivos concomitantes no lobo frontal dos seres humanos). *Science*, 328.5976, 2010: 360-363.
7. Wilson, Glenn. "The Infomania Study" (O estudo da infomania). Resumo disponível em: http://www.drglennwilson.com/Infomania_experiment_for_HP.doc. Acesso em 6 de junho de 2016.
8. Womack, James P.; Jones, Daniel T.; Roos, Daniel. *A máquina que mudou o mundo*. Rio de Janeiro: Elsevier, 2004.
9. Avnaim-Pesso, Liora; Danziger, Shai; Levav, Jonathan. "Extraneous Factors in Judicial Decisions" (Fatores externos em decisões judiciais). *Proceedings of the National Academy of Sciences of the United States of America*, 108.17, 2011.
10. Vohs, K.; Baumeister, R.; Twenge, J.; Schmeichel, B.; Tice, D.; Crocker, J. *Decision Fatigue Exhausts Self-Regulatory Resources – But So Does Accommodating to Unchosen Alternatives* (Fadiga de decisão exaure os recursos autorreguladores – mas se ajustar a alternativas não escolhidas provoca o mesmo), 2005.

Capítulo 6

1. Cohn, Mike. *Agile Estimation and Planning* (Estimativa e planejamento ágeis). Upper Saddle River, NJ: Prentice Hall, 2005.
2. Bikhchandani, Sushil; Hirshleifer, David; Welch, Ivo. "A Theory of Fads, Fashion, Custom, and Cultural Change as Informational Cascades" (Uma teoria sobre modismos, moda, hábitos e mudança cultural como cascatas informativas). *Journal of Political Economy*, 100.5, 1992: 992-1026.

3. Thorndike, Edward Lee. "A Constant Error in Psychological Ratings" (Um erro constante em classificações psicológicas). *Journal of Applied Psychology*, 4.1, 1920: 25-29.
4. Dalkey, Norman; Helmer, Olaf. "An Experimental Application of the Delphi Method to the Use of Experts" (Uma aplicação experimental do método Delphi para o uso de especialistas). *Management Science*, 9.3, abril de 1963: 458-467.

Capítulo 7

1. Lyubomirsky, Sonja; King, Laura; Diener, Ed. "The Benefits of Frequent Positive Affect: Does Happiness Lead to Success?" (Os benefícios do sentimento positivo frequente: a felicidade leva ao sucesso?). *Psychological Bulletin*, 131.6, 2005: 803-855.
2. Spreitzer, Gretchen; Porath, Christine. "Creating Sustainable Performance" (Criando um desempenho sustentável). *Harvard Business Review*, janeiro/fevereiro de 2012: 3-9.
3. Ibid.
4. Shakespeare, William. *Rei Lear.* Porto Alegre: L&PM, 1997.

Capítulo 8

1. Shook, John. "The Remarkable Chief Engineer" (O incrível engenheiro-chefe). Lean Enterprise Institute, 3 de fevereiro de 2009.
2. Ford, Daniel. *A Vision So Noble: John Boyd, the OODA Loop, and America's War on Terror* (Uma visão tão nobre: John Boyd, o ciclo OODA e a guerra dos Estados Unidos contra o terror). S.l.: Create Space Independent, 2010.
3. Boyd, John. *New Conception.* 1976.
4. Ibid.

Capítulo 9

1. Shannon, Brad. "McKenna, Inslee Outline Plans to Bring Efficiency to Government" (McKenna e Inslee traçam planos para trazer eficiência ao governo). *The Olympian*, 6 de outubro de 2012.
2. *Valve Handbook for New Employees* (Manual da Valve para novos funcionários). Bellevue, WA: Valve Press, 2012.
3. Ibid.
4. Lawrence, T.E. *Os sete pilares da sabedoria*. Rio de Janeiro: Record, 2000.

Sobre os autores

Jeff Sutherland é CEO da Scrum, Inc. e consultor sênior da OpenView Venture Partners, onde oferece coaching para empresas de investimento de capital de risco. Cocriador do Scrum e o maior especialista do método, percebeu que seus benefícios não se limitam a softwares e ao desenvolvimento de produtos, tendo adaptado a estratégia de sucesso para vários outros segmentos, como finanças, saúde e telecomunicação.

Jornalista premiado, **J.J. Sutherland** passou a maior parte da carreira cobrindo guerras, conflitos, revoluções, desastres e ataques terroristas para a National Public Radio, dos Estados Unidos. Hoje escreve, ensina e presta consultoria para corporações e ONGs sobre como utilizar o Scrum.

CONHEÇA OS LIVROS DE J. J. SUTHERLAND

Scrum

Scrum – Guia prático